Chumo Yindu De Qianshouqianyan

触摸印度的千手千眼

——一个中国美学家的印度文化之旅

華大博雅 人文艺术馆

邱紫华 著

華中师範大学出版社
2014年·武汉

新出图证(鄂)字 10 号

图书在版编目(CIP)数据

触摸印度的千手千眼——一个中国美学家的印度文化之旅/邱紫华　著.
—武汉:华中师范大学出版社,2013.11
ISBN 978-7-5622-6351-7

Ⅰ.①触…　Ⅱ.①邱…　Ⅲ.①文化史—印度　Ⅳ.①K351.03

中国版本图书馆 CIP 数据核字(2013)第 260951 号

触摸印度的千手千眼
——一个中国美学家的印度文化之旅
© 邱紫华　著

责任编辑:庞　丹　**责任校对:**王　炜　**封面设计:**罗明波
编辑室:学术出版中心　**电话:**027－67863220
出版发行:华中师范大学出版社
社址:湖北省武汉市珞喻路 152 号
电话:027－67863426(发行部)　027－67861321(邮购)
传真:027－67863291
网址:http://www.ccnupress.com　**电子信箱:**hscbs@public.wh.hb.cn
印刷:武汉中远印务有限公司　**督印:**章光琼
字数:327 千字
开本:787mm×1092mm　1/16　**印张:**19.5
版次:2014 年 1 月第 1 版　**印次:**2014 年 1 月第 1 次印刷
定价:49.00 元

欢迎上网查询、购书

前　言

多年来，我一直在研究东方美学、东方艺术和东方文化。在不断的学习和阅读中，我经常感慨自己对东方各民族的生活与文化的无知！对于许多民族，我缺乏对他们的日常生活的最起码的了解，真是感到有些羞愧！遥远而陌生的西亚和中亚且不说，我连中国人最近的邻居，如朝鲜、韩国、日本和东南亚、南亚各国，尤其是印度，都不了解，显得非常无知！后来我惊奇地发现，不仅仅是我一个人对周围的邻居不了解，绝大多数中国人对日本，尤其是印度，都了解甚少。不了解邻居，怎样同邻居打交道啊！早在19世纪末至20世纪初，不少日本人就跑遍了中国大地，连许多中国人都没有去过的边远地方都留下了他们的足迹。可以说，偌大的中国的一切情况，都被收进了他们的背囊之中。在欺诈盗取我国敦煌文物的外国人中，就有日本人！日本人非常了解中国。鲁迅就曾说他的日本朋友内山完造是个“中国通”，并为此写了一首诗来描述内山完造对旧中国的感受：

廿年居上海，每日见中华。
有病不求药，无聊才读书。
一阔脸就变，所砍头渐多。
忽而又下野，南无阿弥陀。

日本军队发动侵华战争时，他们手中使用的五万分之一的军用地图，对中国的城镇交通和乡村的地形描绘之详细、之精准，连中国军队的高级指挥官都没见过。指挥抗战的国共双方的将军们都因为获得了一份侵华日军的军用地图而欣喜万分。邻居如此了解中国，中国人却不了解邻居。所以在日本帝国主义发动的战争中，中国人吃了老大老大的亏。

那么，在和平年代，我们怎样同邻居打交道呢？“他山之石，可以攻玉”嘛！怎样学习别人的长处，为我所用呢？怎样才能够知道，我们的邻居们是如何生活的？他们是如何看待中国的？他们又是如何在琢磨中国人的？这方面，我们知道得太少、太少，接近于无知！当下，十三亿中国人中，有多少人的口中能一下子溜出日本的五个以上的城市？又有多少人能说出印度、巴基斯坦、越南和缅甸三个以上的城市？我同许多人一样，有着同样的毛病：既不了解我们的邻居，往往碰上些事却又喜欢发表一些不着边际的评论。我国著名的戏剧家、前文化部副部长英若诚先生曾经说过，在中外人士的交流中，"我经常遇见双方的无知。我们对外国的无知和外国对我们的无知"，"现在国际关系舞台上最重要的事实是：占全世界五分之一人口的中国已不再闭关自守。中国的国门已经打开，这是自最高领导层到街上的普通老百姓一致的共识。历史不会再开倒车了"①。看样子，在了解周边邻居的人文地理和文化知识方面，中国人应当尽快进行全民补课！

我认为，从历史上看，我们最不应该忘记和忽视的重要邻居是印度。因为，古代中国最早出去的留学生就是去的印度。晋代的大和尚法显和唐代的大和尚玄奘，以及历代更多的、不为人们知道的中国和印度两国的学者、商人，他们把印度最优秀的文化思想传播到了中国，对中国文化产生了重大的影响。例如，20世纪中国著名的学者谭云山和徐梵澄在介绍、引进印度文化方面就作出了重大的贡献。在中国，每个人都熟悉的神话英雄孙悟空，他有那么大的本事，能够七十二变，一个筋斗就翻越了十万八千里，这个本事从哪里学来的？是从印度学来的！《西游记》中就说，孙悟空的本事就是从西天的须菩提老祖那里学来的。

尤其是后来成为中国文化三大思想支柱（儒、道、佛）之一的佛教思想和文化，就是印度人馈赠给中华民族的最厚重的礼物。八十多年前，日本侵略军发动罪恶的侵华战争，残酷屠杀中国人民的时候，当时的印度国大党的领导人对中国人民的抗日战争给予了真正的兄弟般的支持。当时印度国大党主席鲍斯组织了许多印度正义人士参加了中国的抗日战争。例如，柯棣华医生等一大批印度友人在中国血染沙场，这些优秀的印度青年，"把中国人民的解放事业当作他自己的事业。这是什么精神？这是国际主义的精神！"（毛泽东语）这些人是印度的"白求恩"。今天的中国人民应当永远铭记那些曾用血肉之躯帮助过我们

① 转引自《南方人物周刊》编辑部：《英家俊杰》，载《南方人物周刊》，2010年第4期。

爷爷奶奶的印度人!

然而，当下有多少中国人了解我们这个邻居呢？我猜想，中国人中很少有人能够一口气说出印度5个以上的城市，很少有人能够说出印度共和国的三个政府总理的名字，很少有人能够说出印度是佛教徒多还是伊斯兰教徒多？很少有人知道印度的汽车比火车跑得快!

在中国大家经常听说印度火车出轨，或者是火车相撞；或者是大水灾，灾民无家可归；或者是城市里鼠患成灾，老鼠与人同吃同住；或者是各种疾病肆虐；或者说受教育的人很少，教育很不发达等。尤其是人们看了好莱坞的电影《贫民窟的百万富翁》之后，恐怕更加深了这种印象。总之，在中国老百姓看来，印度的现状非常贫苦和落后。加之，近年来新闻中频频报道国际恐怖组织在印度的活动十分猖獗，例如，2003年12月13日，恐怖分子袭击了印度国会大楼，2008年11月恐怖分子在孟买制造了血腥的屠杀事件，这些更加使人把印度看成遍布火药桶的危险之地而不敢走近它。

面对这些被放大了的事实或传闻，不仅印度在我们心目中被扭曲变形了，而且中国人在印度人的心目中也被扭曲变形了!

曾任印度总理经济委员会顾问的古鲁斯瓦米先生，关于中印关系的现状，说过一段有趣的、意味深长的话："一个十分尴尬的现实是，由于缺乏直接交流，中印两国长期以来其实都在通过西方的视角观察对方。误会、曲解、偏见随处可见，尽管我们两国领土相连，国情相似。"在他看来，中国人眼中的印度和印度人的形象，其实是从大量的西方著作和传媒中窥视而来的；印度人眼中的中国和中国人的形象同样如此①。

奇怪的是，中国人往往因为不了解邻居而深深地误解邻居，中国人中有不少人像阿Q那样，总觉得自己很富有，力大无穷，把邻居看成像小D那样的弱者或穷汉。甚至在国门开放三十年之后，有的人还觉得印度连一点旅游的价值都没有，居然对"世界十大旅游目的地"之一的印度表现出群体性的冷淡！面对这种莫名其妙的自负无知，我只能感叹，21世纪了，中国的阿Q还这么多！还关闭在自家的四合院中摇头晃脑地吟唱"地大物博，人口众多"，"满山遍野的大豆高粱"。针对同胞们这种类似于阿Q的"自负病"，我打开一张针灸的穴

---

① 转引自杨洁勇：《印度能超越中国吗》，中国财政经济出版社，2009年，第3页。

位图，对比印度的实际情况，扎扎自己的穴位！

如果可以简单地给印度画一张现代化脸谱的话，这张脸谱应当是这样的。

印度有11亿人口，约有三亿中产阶级，富有的中产阶级占国民的四分之一还多。

在印度，很难见到抽烟的人。我到了德里五天左右，才在我的寻找和关注下，发现了两位烟民：一位是推着三轮车卖菜的小贩，他抽的是纸烟；另一位是开摩托三轮车的司机，他是用嘴咀嚼一种什么烟叶，他把一小撮切细的烟叶用一小片绿色的植物叶包起来，塞进嘴里慢慢咀嚼。我在印度的日子里，在去过的不少城市中，几乎没有看见烟民，也仅仅只看到三五处小摊点有人卖香烟。印度的小摊点，你可以只买一支香烟。我手中没有中印烟民的统计数据，总之，就我亲眼看到的情况而言，我坚信，印度的烟民人数绝对大大少于中国，与中国庞大的烟民数量相比，构不成比例，甚至可以忽略不计！

印度人信奉各种宗教，这些宗教的戒律中都有禁酒的规定。在印度的小商品店中，充满了各种西式或印式的饮料，却很难看到酒，尤其是烈性酒。在印度期间，我没有看见一个在大街上东歪西倒走路的、飘飘欲仙的酒鬼，也没有听说什么因醉酒驾驶汽车在大街上频频发生惨剧！在印度，向印度教徒赠送酒类的礼物是极不礼貌的行为，就像赠送他们牛肉一样！

没有大量的烟酒的消费，可以想象印度政府的财税收入少了多大一笔进账啊！

印度是世界上屈指可数的信息产业的超级大国。它南部的班加罗尔是世界上著名的“印度的硅谷”，是印度信息技术的中心。早在1985年，印度前总理拉吉夫·甘地就说过：“我们已经错过了工业革命，决不可再错过电子革命！”那时，他就提出了要“用电子革命把印度带入21世纪”的口号。

1991年6月，印度第一家软件技术园区在班加罗尔建立，十年中，印度在全国共建立了18个软件技术园区。近年，美国《财富》杂志所列的全球性1000家大公司中，有260多家向印度购买软件。在印度400家一流软件大公司中，已有250家获得ISO9000认证。更重要的是，其中27家公司已经获得软件最高质量标准SEICMM五级的资格认证。截至2001年底，印度软件产业共雇用了约41万名高级专业科技人员工作。

印度的软件业占全球的45%以上，已成为了同美国比肩的大国。

近二三十年中，印度诞生出了许多IT业巨头。例如，总部位于班加罗尔的

Infosys 信息技术有限公司在海外 15 个国家和地区设有办事处或分公司，Infosys 近年已位居福布斯全球排行榜的 20 强以内。

中国人中可能有一些人知道印度的信息产业在全世界的地位，但又有多少人知道印度在原子能技术、空间技术、绿色农业革命、生物工程技术、海洋开发技术等领域所取得的长足进步以及在国际上的领先地位呢?

几十年来印度开展的农业绿色革命使印度的粮食产量自给有余，印度不依靠进口粮食而养活了 11 亿人口。印度的白色革命（牛奶生产及牛奶制品业）使印度全国养牛量达 3 亿头，印度的牛奶产量稳居世界首位，而且从没有听说过出现什么类似“三鹿奶粉”等添加三聚氢胺的事件。印度虽然不富裕，是穷人很多的国家，但是它的政府却能够为全国1.5 亿的 6 岁至 11 岁的小学生提供免费的午餐！并且，印度高等法院把儿童在学校中获得免费的午餐规定为“是儿童应当享受的权利”。

就我所知，20 世纪以来，印度本土的学者、名人中，拥有好几位获得诺贝尔奖的世界名人：一位是大名鼎鼎的大诗人泰戈尔（1913 年获奖）；一位是获得诺贝尔物理学奖的拉曼教授（1930 年获奖）；一位是获得和平奖的特里莎修女（1979 年获奖）；一位是获得诺贝尔经济学奖的印度经济学家阿马蒂亚·森（1998 年获奖）。此外，还有一些获得诺贝尔奖的印度学者是属于印裔外国学者，就像华裔学者李政道、杨振宁、丁肇中、高锟等人一样。

印度的高等学校的办学规模和整体教学水平明显高于中国。其标志是：在印度的多所大学之中，有为数不少的大学在世界上名列前茅，为世界一流大学。其中著名的“印度理工学院”(Indian Institute of Technology）在世界大学排行榜中居第 50 位。在世界性的工科院校中名气仅次于美国麻省理工学院(MIT)。

印度的大多数大学属于综合性大学，由数量众多的学院组成。这类大学的规模相当庞大，学生人数多者可达十几万乃至二十万。例如，著名的马德拉斯大学的学生人数已将突破 20 万；加尔各答大学、孟买大学、德里大学等十余所大学在校学生的数量都在 10 万以上。

近些年来，印度留学美国的学生总数已连续多年超过中国。到 2008 年时，印度同英国之间实现了让 25000 名官费留学生在对方国家的学校学习和研究的目标。

印度一般博士生的英文写作水平远在中国的大学教授之上；印度的大学教

授的英语水平远远高于中国的大学教授；在印度全国11亿人口中，有将近5亿人能够流利地使用英语。

在我看来，在教育和科学技术方面，印度有两点非常值得我们关注：一是独立60多年来，印度的教育和科学技术一直处于缓慢但稳步的发展中，从来没有经历过人为的、反复的、较大的折腾；二是印度的科学家和教师的工资收入稳定而优厚。他们生活优裕，不必为生活操心，更不为其他非业务、非研究的事务干扰，他们在一生的许多年中，都可以心无旁骛，专心于研究之中。这是包括中国和其他许多国家的教师、科研人员都难以做到的。

印度的文化产业在世界上处于领先地位。其标志是：印度的出版业，尤其是报业仅次于英美两国；地处印度孟买的“宝莱坞”每年生产的电影片多达一千部，多年来能够持续不断地在二百多个国家和地区发行放映，产量稳居世界第一。

从这些事实看，印度似乎正在憋足了劲头追赶中国。

英国牛津大学终身校长彭定康在他的书中曾引用印度前工商部长的一句话：“中国可能赢得短跑，但印度将在马拉松中获胜。”①

据高盛公司的最新预测：近年来，印度的年经济增长率在2006—2007年度已接近中国，达到前所未有的9.4%，在近几年内，可能在与中国的经济增长率持平之后，很有可能在2015年超过中国。这当然是高盛公司的一家之言而已！

从这些数据看来，这是一张美丽的、生气勃勃的、现代化的印度的脸！

当然，我们还可以为印度画一张丑陋的脸谱，这张脸谱同样真实可信，形象准确。

在印度首都德里的大街上，或者说在许多大城市的大街上，在一阵阵尘埃和汽车尾气的浓雾中，你可以同时看到各种各样的生物——牛、狗、大象、骆驼、小银松鼠、猴、鸟以及数量众多拥挤不堪的人！

在印度任何一个城市中，你很容易就碰上交通堵塞。这时，你看到的是满大街拥挤在一起的车辆：自行车、脚踏三轮车、摩托三轮车（斯库达）、拖拉机、公交大巴士、五花八门的各种牌子各种样式的小汽车、工程车等。这些车辆争先恐后，旁若无人、见缝插针地勇往直前，许多摩托车从车辆的缝隙中挣

① 李倩：《政治家校长彭定康》，载《南方人物周刊》，2010年第12期。

脱出来，在人行道上进行正向或逆向行驶。车辆排出来的废气和车轮掀起来的尘埃，几乎使人窒息。在拥挤和混乱中，你可以看到满街上的不同种族与不同肤色的人：从白色到黑色，从富人到极度贫困的人。尤其是车辆堵塞时，在车辆的缝隙中穿梭着乞讨的儿童和妇女。他们很瘦弱、很肮脏。妇女手中都抱着一个非常瘦弱的小孩，脸上一副悲苦的神情，向你伸出瘦骨嶙峋的、像鸡爪般的手向你要钱。许多年仅七八岁的小孩子不断地穿梭在车辆的缝隙中，大声向你叫嚷着“哈罗！哈罗！”只要你心一软，给了其中某一个人 5 卢比或者 10 卢比的话，那么，讨钱的人们不知用什么方式传递信息，刹那间都拥过来，别人的汽车开动了，你的车再也动不了啦！这种情况下，你真是无法应付了。在异国他乡，他们又听不懂你所说的“多乎哉？不多也！”对于一个外国旅游者，这是很容易就碰上的困境！

印度人有着施舍和主动乞讨的传统，事实上，也没有任何人认为接受施舍是不光彩的事！在印度，现在还有许多“圣人”也依靠乞讨度日，据说，有不少著名的人物也曾经经历过乞讨度日的人生阶段！相比较，中国的文化传统是倡导“宁可饿死，也不吃嗟来之食”！乞讨被看作很不光彩的事！

截至 2001 年，根据印度政府的统计数字，现在的印度社会中，还有 3400 万的寡妇，依然被几千年前的《摩奴法典》中对寡妇约束和制裁的条文所困扰，她们仍旧处于被歧视、被践踏、被伤害的境地！无论印度政府采取立法的方法，或者采取禁止和宣传的办法，仍旧不能完全阻止寡妇被逼殉夫或被逼守节的悲惨命运！

在德里（新、旧德里已连成一片，没有明显的界线），与现代化的街道和建筑形成对比的是最刺目的贫穷与落后的景象。例如，在印度门附近就有小贩在地上摆摊，或用三轮车设点；在国家大道（庆典检阅的仪仗大道，相当于天安门前的长安街段落）旁的小树林中，随时可以看到有人随地小便；在任何大街的墙壁边，不时可以看到有人背对大街撒尿。随时随地可以看到墙边路口堆放的垃圾和污物；只要你一走进小街小巷，就面临乱、脏、差的环境。德里的老城区有许多陈旧、腐朽的房屋还住满了人，说不定哪天就会因坍塌而被压死。更可怕的是在建设中的城市里，到处都有荒地，荒地上总是挤满了低矮破烂的棚房。有的棚房最高处离地仅一米多高，人们为了防潮就在地面铺上牛粪饼，然后就睡在上面！棚房与棚房之间除了垃圾就是污水。孩子们就在这种环境中长大。

印度的铁路运输实在让你无法恭维。如果你要乘坐印度的火车，上车、下

火车站台

车等环节都没有广播通知，一切要靠自己询问同车的印度旅客。火车站没有候车室，旅客进站后全部拥到站台上候车；火车永远都晚点，一般晚点两三个小时太正常了，没有人会责怪和抱怨铁路当局。因此，站台上永远都挤满了人，如果你不愿意坐在水泥地上，就没有可坐的地方。火车在运行中除了看见辛勤跑动的卖水和咖啡的侍者外，很难看见列车员。我坐了好几次长途火车，没见着一个列车员，倒是看见不少人坐在车厢顶上风餐露宿。最要命的是，火车车速太慢，每小时50—60公里，而且停站太多，任何一个小站都要停上几十分钟，坐惯了时速160公里的直达火车的中国人会很不习惯。

在印度两个极端分化（甚至多极化）的事物并列在一起的现象比比皆是，而且在我看来，许多极端的反差的、根本不能协调的东西，却硬被糅合在一起，展示在你的面前。

对于印度，这些杂多事物的交织和对立现象的相互缠绕，使你很难用一句话，很难用最概括的语言来描述印度。因为你太多地感受到印度人文风俗的复杂性和丰富性。从这个意义上讲，印度诗圣泰戈尔所说的，不要把印度看作一个“国家”，而把它看作一个“世界”似乎更符合它的实际，也更符合它给人的真实的印象。

总之，在印度，传统与现代交织，富裕与贫穷并存，发达与落后并存。这些对立的现象给人的感受特别鲜明，非常刺目。这些特点似乎又是东方的发展中国家共有的特点，而以印度最鲜明，最有代表性。

在印度，我在亲身感受它的过程中是这样的印象。在离开它之后的日子里，我在反复回味这些感受时，印象依然是这样。要想准确地对别人清楚地说明什么是印度的本真和实相，恐怕只有用你的敏锐目光、真挚的情感和不带偏见的态度，去具体地触摸这个神秘古国的千手千眼，去具体地感触、体验、观察和探索印度生活的方方面面才行。只有这样，你才能真正触摸到印度。

目　录

第一部分

印度风情

一、千面之城

凌晨，我乘坐中国东方航空公司的空中“公共客车”C340 宽体飞机从上海飞往印度德里。这趟航班上的乘客绝大多数都是中国人，人不多，空的座位不少。有的人登机后，很熟练地找到没人的座位，掀起座位上的扶手就躺了下去，一个人享受四个座位，一下子就把座位改成了“卧铺”，空姐们看到也不干涉。其中有的人同空姐不断搭话或聊天，这说明这些人是经常来往于这条航线上的旅客，这种情况更表明中国同印度交往的人数和范围开始增多。这些人或许从事经商，或是从事工程建设，但是像我这样去进行学术交流的人还不多。这次航程需五个多小时，尽管是凌晨起飞的班机，但机上照例供应丰美的饭食和饮料。吃完饭后，人们横七竖八地睡去。“空客”C340 机舱宽大，而且飞行平稳，我去西藏考察时曾乘这种飞机从成都飞往拉萨。在隐约的发动机声中我进入了梦中。

纷杂的谈话声使我醒来，一看表，时间已近早晨 5 点。这时，机上的广播通知，飞机已到达德里，即将降落在英迪拉·甘地国际机场上。

德里时间同北京时间相差 2.5 个小时，现在北京时间是 5 点，而德里时间为凌晨 2 点 30 分。下了飞机，办完入境手续后，来到出口的大厅，等候天亮再进城。现在到天亮还有四个半小时，有的是时间来观察机场的环境和来来往往的印度人。

我在德里机场休息室第一眼看到的景象是多种族的印度人和他们绚丽多彩的服装，顿时就明显地感受到自己身在异域，好奇心油然而生。

眼下，机场休息厅中的印度人，他们的穿着样式不同，着装的色彩各异，给人的总的印象是五彩缤纷，十分多样化，再加上不断到达的各国航班的乘客，更给人一种全球化的印象。

印度的人种，据说大的分支有六种，如果细细地从小的分支来说，那就说不清楚了。印度的人种结构太复杂了，可以说是“剪不断、理还乱”，印度素来就有“人种博物馆”之称。现今的 11 亿人口中就有一百多个民族。人口达一千万以上的民族就有 7 个。不同的民族就有不同的长相。皮肤从白色到浅褐色，从浅褐色到深褐色，乃至从灰黑色到黑色，应有尽有。后来，我在加尔各答，有几次我都产生了错觉，以为我身处中国，因为周围不少人同东南亚人和中国人的皮肤、长相、头发非常相似。

坐在椅子上等候天亮的近百人中，绝大多数是印度人。这些人中，有印度斯坦族人和锡克族人，也有穆斯林，还有泰卢固族和孟加拉族等。种族众多，加之皮肤和长相又不同，人们的穿着打扮也有明显的特点和区别。不同的民族的人身穿不同样式的服装，佩戴不同的首饰。最突出的就是锡克人戴着用布缠绕的伊斯兰圆拱顶式的帽子；印度斯坦人穿着我们熟悉的白长衫加上各种色彩的背心。总体上讲，印度人的脸型同欧洲人的脸型相同之处是，如果从侧面看，都是以鼻子为中心向前突出，这大概是因为他们的先祖都是雅利安人或临近的种族罢！中国人、印度支那地区的人、朝韩人、日本人等都属于蒙古人种，最大的特点就是脸型显得平面化，不像欧洲人和印度人种的脸部那样向前突出。印度人与欧洲人或美洲人的区别则是在身材和皮肤上。印度人总体上讲，身材没有西方人高大，皮肤显得灰黑，面部轮廓很清晰优美，但皮肤显得粗糙，只要稍加观察，就很容易把他们同西方人区别开来。

印度已婚的妇女大都穿着传统的短袖长筒裙，披着纱丽，年轻的女人则穿西式衬衫和牛仔裤，基本上不穿传统的服装。三个多小时中，我只看见一位年轻女人穿着白色的短袖长筒裙，披着红色的纱丽。青年男人几乎都穿着衬衫和牛仔裤。从服装上看，印度的传统服装正在受到西方服装的冲击，我感受到，印度人的传统的审美趣味正在加速地发生着改变。往后我所看到的许多现象，证实了我的感受。

种族众多，语言种类就多。印度的语言有多种多样，据说，在日常生活中，有 1500 种语言用于交流。印度百分之九十的人，大约使用着 16 种语言。我们只要手拿一张印度的纸币（卢比）看，钞票上面就印有 14 种官方认可并规定使用的语言。如果你能够精通这 14 种语言，你就可以称得上是世界顶级的语言学家。在日常生活中，人们都是把英语与印地语夹杂或交替使用。所以，在我们外国人听来，印度人的英语同印地语没有明显的界线，英语中总是出现印地语的颤音。

在机场休息大厅等到德里时间 6 点钟，天尚未明亮，但人们已经开始陆续离去。

在印度的航空港怎样搭乘出租汽车呢？原来，在机场休息大厅的一个角落有一个标有“TAXI”字样的出口处，这里设置了一个专门负责安排旅客乘坐出租车的服务台。服务人员负责安排车辆并预先收取车费，然后叫你乘上指定的车辆。这种服务既避免出租车私下拉客和宰客，又方便了初次到德里的旅客，为旅客安全离开机场负责。相比较，这一点许多中国的机场都没有做到位。中国的机场主要是通过公共大巴士来输送出港的旅客，进城后，最终还得由旅客自己来解决如何到达目的地的问题。

我们乘上出租汽车前往印度学者水运(T. R. Sareen)博士家。博士家在新德里一个名叫“Kaveri Apartment”的小区里。天刚亮，我们到达了小区门口。水运博士已在大门口迎接我们。

来印度之前，水运博士就邀请我们在德里期间住在他家，这样不仅便于我们之间的交谈，也便于他为我们安排参观印度的大学和接触印度的学者。吃过早饭之后，我们在水运博士的安排和陪同下，开始了我们的活动。

今天先走马观花地在德里城观光。第一次世界大战后，英国殖民者开始在离德里不远的地方建造“新德里城”。1950 年印度共和国成立时，德里区分为新、旧两城，中间隔着一座德里门，并以著名的拉姆利拉广场为界，广场以南为新德里，广场以北为旧德里。新德里被确定为印度共和国的首都。

事实上，经过几十年的发展，老德里和新德里现在已完全联结在一起。现今，印度老百姓说起首都时也直称“德里”，而不说“新德里”了。所以，当下人们称印度首都为“德里”似乎更符合现实。德里城位于印度伟大的河流“恒河”的一条支流——朱木那河畔。在这块土地上，历史上曾先后出现过七个德里城。传说第一个德里叫做“因陀罗普拉斯特”，意为“因陀罗神的住所”，是史诗《摩诃婆罗多》中的英雄所建。

8 世纪时，曲女城的土邦王迪里重建此城，由于古代诸侯割据，征战不休，德里几经兴衰，历尽沧桑。12 世纪末，来自阿富汗的突厥人征服了印度土著国王，建立了德里苏丹的穆斯林王国。德里苏丹王国开始在德里建都。17 世纪中叶，莫卧儿王朝第五代皇帝沙·贾汗把首都从阿格拉迁移到德里，用长达 10 年时间建成了七个德里城中的最后的一座。19 世纪中期，英国吞并印度，英属印度的首都迁至加尔各答。1911 年，英属殖民统治者再次宣布德里为首都。随即在德里城外的西南部开始兴建一座现代化的城市，这个新城于 1931 年完工，这就是新德里。1950 年 1 月 26 日，独立后的印度宣布成立印度共和国，定都新德里。

今日的德里是印度的政治、经济、文化中心，也是重要的交通枢纽。它占地 1485 平方公里，今天，德里的人口达到 1378 万人，是印度第三大城市（孟买、加尔各答居第一、二位)。德里是印度的心脏，在这里可以感受到整个国家运行的脉搏。同时，德里又是一面镜子，既可以看到印度辉煌的历史，也可反映出印度现代的身影。老德里、新德里连成了一片，古老与现代交相辉映，组成了一幅引人入胜的历史画卷。在印度全境，被联合国授予的“世界自然与文化遗产”共有 27 处，德里就拥有 3 处（胡马雍陵寝、库特布高塔和红堡）。

总统府

如果说旧德里展现了印度悠久的历史和灿烂的古文化，新德里则是印度近代摆脱贫困独立前进的影子。新德里是从 1911 年开始在旧德里南面的荒野陆续兴建而成的。它现在是印度的政治中心，印度中央政府各部门都设在这里。新德里是一座身披绿装的花园城市，街道宽阔整齐，到处是花坛草地，它与世界上一些名都相比，毫不逊色。在德里市中心的顿西纳小山上，耸立着一座豪华雄伟的宫殿，原名维多利亚宫，是英国殖民统治的总督府。现在是印度总统府。总统府规模宏大，有觐见厅、宴会厅、图书馆等华丽的厅堂，还有无数喷泉水池、亭榭长廊。小山东北的议会大厦和王子公园里的印度门，也都是壮丽的建筑。总统府的大门外，有一条宽阔整洁的大街，长约千米。大街的两旁，建造有几十幢形状一致的、像王宫一样富丽堂皇的政府大楼，其中分布着许多政府机构，如外交部、国防部、财政部等。这里环境整洁优美，绿树葱茏，碧草如茵，终年繁花似锦，清静幽雅。

可以说，德里是一个花园式的首都，绿化面积达百分之八十，也是吸引全世界旅游者的旅游城市。这里的旅游胜地之多，除了北京以外，是其他许多国家的首都无法相比的。

它的旅游点可以罗列一大串名单：德里皇宫、康诺特广场、天文台——疆塔尔曼塔尔、吉祥天女——纳拉亚那庙、“伊斯兰力量”清真寺、阿育王柱、胡马雍陵、莲花庙、甘地陵、总统府、新德里国会大厦、印度门、印度国家博物馆、国立现代美术馆、国立铁道博物馆、甘地博物馆等。

我将在本书中对这些景点为大家进行美学的和文化的解读。

二、印度民族酷爱装饰

“爱美之心，人皆有之。”人人都一样，各民族都一样。但是，印度民族是一个特别喜欢装饰和打扮的民族，自古以来，他们对于装饰、打扮就有一种狂热的喜好。在追求装饰打扮上，印度人显得有些过分，甚至可以说，他们心中满怀着装饰的激情，渴望装饰的心理呈现出泛滥之势。因此在世界各民族中，格外引人注目。在印度，斑驳的花纹诉说着历史，缤纷的色彩装饰着贫穷！这对于持有“要好看，素打扮”观念，追求天然之美的中国人来说，印度人的装饰打扮显得颇为刺眼。

大象的装饰

印度人在生活中，无论是人的身体或日常生活用品，无论是所使用的工具和驱使的动物，他们都要加以装饰、打扮、美化，都要想法让这些东西靓丽起来，美起来。印度人脸上常年都点上福痣，在家中有亲人给你点上福痣，在神庙中有祭师给你点上福痣，在婚礼上有长辈或主婚人给你点上福痣。至于描眉画眼，那更是印度妇女每日必不可少的功课。妇女们身上的装饰就更多了：鼻子上有金属制的小巧的鼻痣，脖子上有项链，手腕上有手链，脚腕上有脚链或脚铃，手和脚的指甲上都要涂上色彩，在妇女众多的场合，妇女们使用各种各样的香料、香水，奇特的香气足以令你头昏脑胀！至今在节日庆典活动中，有一些民族仍喜欢用鲜艳的色彩文身。在集市上，到处挂满了彩旗，营造出热闹的气氛。

无论是日常生活，还是节日庆典，印度的妇女们都身穿长裙，身披各种色彩鲜艳的纱丽，使街道、公园成为流动的色彩的漩涡！我在德里的洛迪公园就看到一些正在做清洁的女工，身穿靓丽的长裙，身披鲜艳的纱丽在除草扫地。

你可以经常看到印度人把大象的顶额、面颊也涂上白色、红色、蓝色、黄色的花纹；他们给骆驼也包装打扮，搞得像贵族的战马！印度的大卡车，几乎每一辆车的车身也画满了鲜艳的图案，用刺目的色彩写上字！更显得过分的是，哪怕是一辆非常普通的脚踏三轮车，也被装饰得花里胡哨，连三轮车后边的狭窄的避震钢片上，也画上显眼的花纹！

卡车的装饰

三轮车的装饰

在新德里和其他城市的大街上，即便是人行道的台阶也涂上了黄色、黑色相间的线条，既是交通警示符号，又是一种特有的装饰。在德里，我看到正在兴建的一些高架轻轨桥梁也有意地用半圆形的凹槽来装饰桥墩。

建筑上的装饰

古代印度建筑的墙壁上，门楣上，窗口上，廊柱上，都被各种花纹、线条、图案装饰得密密匝匝的，几乎没有空隙！众多的土邦国王的宫殿外部和内部都装饰得流金溢彩、富丽堂皇。在佛教衰颓式微的时代，印度的工匠们雕刻的佛像，其身体和面部几乎被各种装饰品淹没，装饰的泛滥差不多遮盖了菩萨的圣容！

不仅如此，印度民族的装饰激情冲击了全部艺术！印度音乐是举世闻名的，它的旋律非常丰富多彩，旋律和节奏的变化可以说是神出鬼没，非常有特色。但是，印度音乐有一个突出的特色，就是在歌唱和器乐演奏中，演唱者和演奏者都要即兴地加上许多装饰音和颤音，没有装饰音和大量的颤音，就不是印度音乐！

古代笈多王朝是印度艺术的古典主义时期，“庄严”的美学思想对于印度古典音乐，乃至后世印度音乐的装饰特性有着重大的影响。婆罗多的《舞论》中就说，如果“一首旋律没有了装饰就好像夜里没有月亮，河里没有流水，树上没有花朵，妇女没有了珠宝”①。这说明，音乐中的装饰是让乐音变得更美、更动听的重要手段。

滑音、装饰音和装饰乐句的大量使用是印度音乐区别于欧亚其他民族音乐的重要特点之一。当代印度著名音乐家拉维香卡指出：“在我们的音乐中，从一个音进行到另一个音常常不是直线条的，而是一种精致巧妙的运动，各种装饰音和滑音可以软化、美化这种音的运动。在印度音乐中，装饰音是自然生长的，而不是从外面任意加上去的。这种修饰也是我们音乐的基础，印度音乐的特色是轻微起伏的曲线，精巧典雅成对的螺旋式的细部。”②

“印度所特有的，是‘变奏’和‘装饰音音符’的普遍存在。……（乐师）十分丰富而杂乱地分配其‘装饰音’，以致很难分辨出原来的曲调。……这些装饰音倾向于占据所有可用的线间空白。特里久的一名卡达尔人不能为我演奏出他乐器上的简单音阶，因为他装饰了所有的音符。”③

在印度音乐中，装饰音始终伴随着旋律的发展，由滑音、装饰音、装饰乐句形成的音色几乎相当于西方复调音乐中的另一旋律。现今，印度音乐的装饰手段已发展为一种技巧体系。它包括由一组组乐音组成的各种装饰“乐句”——阿拉曼克尔（Alamkara）以及 15 种装饰音“卡马克”（Gamaka）。卡马克包括各种滑音、颤音、摇摆音等。这些丰富而微妙的装饰音同样也在各种“拉格”（调式）中得到淋漓尽致的表现，是与“拉格”紧密联系在一起的旋律中不可或缺的有机组成部分。装饰音的大量使用，不仅表现出了印度民族在音乐中竭尽全力追求表现“情味”美的意念，也表现出了印度民族追求美的心境。

① ［印］婆罗多：《舞论》，引自金克木译：《古代印度文艺理论文选》，人民文学出版社，1980 年，第 6 页。

② 转引自俞人豪、陈自明：《东方音乐文化》，人民音乐出版社，1995 年，第 178 页。

③ ［英］G. T. 加勒特：《印度的遗产》，陶笑虹译，上海人民出版社，2005 年，第 346 页。

三、印度民族追求混合的心理

印度人喜欢把一切事物都加以混合，哪怕这些东西是对立的，他们也不顾一切地把它们混杂并糅合在一起。在印度，某些极端化的事物比比皆是，有许多在我们看来是对立的、不能融合的东西，不可以混杂在一起的东西，硬是被他们杂糅混合在一起。从整体看来，印度社会有极大的包容性和容纳性，是冰火可以并存的社会。印度学者指出：印度的历史就是一个不间断的、多民族调和的历史。不同的种族，不同的生活方式、宗教信仰、文化思想在这里相遇、冲突，彼此消磨和吸收，以至于各个民族原有的习性与文化都被碾碎并重新加以调和，熔铸成新的综合体。“今天，印度的任何事物，不管是一种意识，一种字汇，一种艺术形式，一种政治制度，或者一种社会风俗，都是许多不同的性质和成分的混合。”①

当你置身于印度时，你满眼看到的东西，你深感惊奇的现象，都有把什么东西都要混杂糅合在一起的特点！

从宗教信仰来说，古代印度各派宗教都把地、水、火、风、空等不同的自然元素混合在一起，并把这种混合说成是一切事物的本质，是事物存在的根本。就是说，天下一切事物都是由地、水、火、风、空等元素组成的。尽管古代的印度佛教和耆那教是反叛婆罗门教的新兴宗教，但它们的教义中，又有不少观念、见解是混杂和糅合了婆罗门教原有的东西的，例如，万物都有生命、万物都有情感，生死轮回、因果报应等都是婆罗门教原本就有的东西。“不杀生”也是印度教、佛教、耆那教都坚持的、共有的原则。

公元8世纪后，伊斯兰教进入印度，伊斯兰教的建筑同印度传统建筑样式又混合为一种新的印度-伊斯兰建筑。你看到的印度建筑中，那向内缩进的尖拱门、尖塔、屋顶上的半球形的或球茎状形的圆顶、室内巨大的穹顶、镂空的石

① [印] 许马云·迦比尔：《印度的遗产》，王维周译，上海人民出版社，1958年，第34页。

波斯-伊斯兰建筑

材窗口等，都是典型的波斯-伊斯兰的风格；而同一个建筑的屋顶上的小巧纤细的凉亭、轻巧的方形柱式以及突出在窗户下和柱子两旁的钟乳石形的托架，则是典型的印度式的。波斯-伊斯兰建筑与印度传统建筑的融合，形成了一种新的独特的、既简洁明快又富丽堂皇的印度-伊斯兰建筑风格。不是研究古代建筑的专家，你很难区分出哪种形式是伊斯兰教的，哪种样式是印度的。近代，基督教进入印度以后，又与印度教、耆那教、锡克教等宗教并存，为印度文化注入了新的元素。

印度式托架

总之，那些原本是对立冲突的文化元素在印度都被碾碎并重新熔铸成新的混合的样式！

就人种来说，古代印度的原住民是达罗比荼人，而信奉婆罗门教和后来的印度教的雅利安人是从伊朗高原来的。10 世纪时，伊斯兰教徒在北印度建立了莫卧尔政权；现今的印度是多民族的聚集地，印度人成为一个杂多的混合的称呼。1947 年印度独立之时，宪法规定官方语言为 14 种，后来又增加到 18 种，现今政府规定的官方语言为 22 种。仅从语言的多种类性就可以看出印度民族的混杂、糅合的程度。

不过有点搞笑的是，就像古代建造“巴别塔”的巴比伦人，因为杂乱的语言而无法沟通思想，“巴别塔”就造不成，印度人之间也因语言种类太多而无法交流。因此，印度联邦政府规定，联邦政府通用的语言为印地语，然而印度人中又只有 40%的人说印地语，其他民族的人根本听不懂；并且议会中众多的议员，加之在政府各部门中工作的大量的公务员都来自各地，来自各个民族，他们既听不懂印地语，又听不懂彼此的话，又如何商讨国家大事呢？再说，印度各邦之间的交往也会因为语言的阻隔而无法进行。实在没有办法了，联邦政府只好决定把英语作为通用语（lingua franca），把英语当成官方的辅助语言，使用期为15年。如今早就过了好多个15年了，原本作为辅助语言的英语反倒成了全印度的“普通话”，反倒坐上了“主席台”，现今，任何人只要口操英语，就可以毫无障碍地周游印度，就可以同印度任何一个民族的人交流！

就印度人的食品来说，也是混合型的。印度饭菜的外形大多是做成泥状的，根本看不出它的原材料是什么。各种各样的蔬菜被剁得相当细小，几乎看不出它原本是什么蔬菜。多种这样的菜泥，再配上一些类似于姜黄、辣椒泥、花椒泥之类的调料（这些调料本身也是多种香料混合起来的!），构成了印度餐。印度菜不像中国菜一样，每个菜是独立的，可以单独吃；印度的泥状的菜是拌着饭吃的，米饭中还要加上些植物油，用手抓着吃。印度的米饭中混合着多种蔬菜和香料，散发着各种刺鼻的气味。在印度，我同其他的中国人一样，一闻到这混合饭，不仅没有勾起食欲，反倒是引起强烈的呕吐感。

就服装样式和色彩来说，印度人的服装只讲色彩的鲜艳醒目而不讲究色彩的搭配和协调。在装饰其他东西时同样是这样。印度人的服装也是多民族服装样式混合的结果。现在除了锡克教徒的圆拱顶似的帽子和伊斯兰教徒的白色小帽之外，很难从服装上区别他是什么民族的人。

印度人喜爱混杂硬糅的思维方式也体现在现代科技的创造上。印度想称霸南亚，就竭尽全力发展军事力量。印度人极力想把那些根本不能兼容的众多国家的制造技术和武器的功能混杂硬糅在一起。在这方面，最典型的例子就是印度军方自行研制的“阿琼”坦克的设计思路。

在总体设计方案上，“阿琼”坦克采用了德国“豹2”坦克的主体形状；从火力配置上看，“阿琼”采用了与英国“挑战者2”型坦克相似的120毫米线膛坦克炮，却装备了印度本土研制的全数字化火控的“萨吉姆”系统；配备了英国的激光测距仪；测距范围达到400～7000米，精度在10米之内。“阿琼”采用了印度自行研制的复合防护甲，据说防护力达到了美国MIA坦克的水平。动力配备了德国ZF公司生产的1400马力柴油机和自动液压传动装置。

单从这些指标看，这是一流的配置和优化的技术组合，可以认为“阿琼”坦克将是现代主战坦克中的极品。

但“阿琼”坦克研制了许多年（据说是几十年!），直至2009年10月，改进版的阿琼坦克才开始交付作战部队使用。这是因为前些年“阿琼”坦克的样车制造出来后，军方发现，它在多方面都不适用，毛病多多！例如，驾驶员无法在开窗的状态下驾驶，因为炮塔转动起来会碰到驾驶员的头！当火炮处于正前方位置时，驾驶员没有办法进出驾驶舱！填装炮弹的速度非常缓慢，容易等着挨打！士兵在使用高射机枪射击的同时，却无法填装坦克的炮弹！并且这种坦克的火炮必须仰到一定角度才能够装炮弹，每次又只能装3发炮弹，而陆军要求的是每次至少要装上12发炮弹！此外，炮塔还容易卡弹！坦克乘员的工作条件很差，既拥挤又不舒服！通过多年的不懈努力，最终样车坦克是造出来了，但没法投入使用！2009年10月，改进版的阿琼坦克终于亮相了，但它最终是否能成为军队的主战坦克并且在实战中得到肯定，还成问题哩！

这大概就是印度思维中，喜爱把不同的东西融合混杂硬糅在一起的结果！

四、印度不是拒绝某些东西，就是改变某些东西

印度民族的文化传统丰厚而坚实。历史上，一个外来的民族可以攻破它的城堡，占领它的土地，却没有一个外来民族能够改变它的传统，改变它的思想观念和生活方式！印度的文化传统犹如一个钢铁的胃，它可以碾碎任何坚硬的食物，消化它们，汲取它们，却没有任何力量可以割除这个胃！

历史上，不断有其他民族来到印度这块土地，这些民族不断地被原住民的文化传统所融合，成为其中的一部分，从而形成印度文化中的新的文化要素。进入印度的雅利安人是这样，进入印度的阿拉伯人是这样，最后进来的英国人还是这样！近代以来，印度的文化人中从未出现过类似于日本的“脱亚入欧”或中国思想界中关于“全盘西化”的争论！面对强势的帝国主义和西方文化，印度人依然以传统的“以柔克刚”的态度来应对它们。强势的西方文化只是给印度社会增添了一些新的元素而已。例如，在现代商务活动中穿西服，外国投资公司在德里或其他城市修建的高楼，新闻传媒及报业，“宝莱坞”的现代化的

电影制作手段，以及各方面的科技的利用，等等。印度民族真正做到了“印体西用”！以自己为本，以外来的东西为用。如果外来的东西不适宜本民族所用，他们就坚决不用！

以下方面的事实可以证明。

印度民族是能歌善舞的民族，印度音乐十分迷人而且丰富多彩！

有意思的是，我在印度德里期间住在博士家，时间长达一个月。这是一个较高档的住宅小区。这期间，我在小区中没有听见哪一家传出钢琴或小提琴的琴声；我到过临近的一些高档小区，也没有听到过钢琴和小提琴的声音。倒是在深夜里，听见旁边的印度教寺庙中不断传出的缓慢而悠长的吟唱经典的歌声！我在印度其他城市旅游时，也特别注意到这些城市中，没有人学习和演奏钢琴或小提琴。水运博士告诉我，没有孩子学这些乐器。相比较，作为素质教育的一种手段，中国有三千万孩子学习钢琴！可能也有相同数量的孩子们在学习小提琴或其他西洋乐器！

中国有近百家由国家出钱建立的西方交响乐团，有若干家芭蕾舞团，有近百家的西方式的话剧团，有几百所西方式的音乐学院或艺术学校……

印度没有建立国立或私立的交响乐团，没有芭蕾舞团，没有西方式的话剧团，也没有西方式的音乐学院。马克思说过：一个民族对于理论的引进的程度，与这个民族需要理论的程度成正比。这说明印度民族不欣赏西洋音乐，不需要西洋音乐！

我在印度期间，只有几次看到迎亲婚礼和竞选拉票的场合中，有几个青年的吹鼓手在吹长号、小号和萨克斯管。

印度音乐在当代已有某些变化和发展，但古典音乐传统依然保持着巨大的影响。印度传统音乐与近代渗透进来的西方音乐的关系表现在两个方面：一方面，西方音乐进入印度后在某种程度上被重铸、改造，为我所用，成为独特的印度音乐的一种新因素；另一方面，印度传统音乐一直谨慎地保持着与西方音乐的距离。对于前者，最能说明问题的是，西方乐器传入印度之后，其外形毫无变化，但它表达的内涵、所采取的演奏方法与技巧、所表现出来的音乐风格等都彻头彻尾地印度化了，即在西方乐器的躯壳中放置了印度音乐之灵魂。属于这类乐器的有小提琴、曼陀林、吉他、黑管、萨克斯等。在演奏上，改变最大的是小提琴。为了适应演奏南印度的卡纳提克古典音乐的需要，小提琴的定音由 G、D、A、E 改变为 C、G、C、G；演奏姿势从站立改变为席地而坐；持琴的姿态也从腮部与左肩夹持改变为放在胸前与右脚之间的立式持琴。现在，小提琴与南印度的卡纳提克音乐早已融为一体，是演奏印度传统音乐的主要乐器了。印度风格的小提琴演奏艺术早已成为了一个独立的体系，其独特的持琴姿态，独特的、大量运用滑音和颤音的演奏技巧，以及像蛇一样曲折蜿蜒行进的旋律等，都令欧洲音乐家和听众瞠目结舌。

印度社会对西方的管弦乐和声乐在审美要求上表现出惊人的冷淡。在这一点上，印度的态度与中国、日本积极引进西方管弦乐和声乐的热烈兴趣形成强烈的反差。

印度民族喜爱自由散漫、率性而为。西方音乐中的管弦乐曲一般有相当的长度，演奏时必须按照乐谱精确地表现，而这两方面都与印度传统音乐格格不入：印度音乐由拉格（调式）组成的旋律系统一般都较短小，由变化来发展旋律；再加之可以自由地配置各种装饰音，因此，演奏的自由度极大。此外，印度音乐自古以来就缺乏和声、复调和配器的传统，而西方音乐在这方面经过数百年之久的发展早已形成了一整套完善的技巧。印度不少音乐家和音乐传媒为改变印度传统音乐，使之“现代化”而做出了不少的努力，但收效甚微。由此，也可以看到印度音乐在坚持传统方面的独特性。

据说，印度也有一些走乡串村的“草台班子”，在某些场合中，有人演奏小提琴。但这种演奏完全被印度化了！印度的小提琴演奏者是坐在地上演奏小提琴。他们把小提琴直竖起来，像拉大提琴一样放在左腿上拉，并且，小提琴四根弦的排列方式与西方传统的小提琴完全相反，西方传统的小提琴是C、D、A、E的排列，高音的弦在右边；印度的演奏者为了方便演奏竖起来的小提琴，就把小提琴的弦按E、A、D、C排列，高音的弦在左边。他们用小提琴来演奏印度乐曲，把装饰音、颤音和抹音技巧发挥到了极致！仅凭声音，你根本听不出是小提琴发出来的声音。

印度歌舞名扬天下，但印度人跳的舞蹈，几乎是清一色的民族民间舞蹈。在印度人的派对和婚礼上，完全看不到西洋的交谊舞和现代摇滚舞，都市中也没有专门经营性的歌舞厅。印度人在节日里，在家庭聚会中，甚至在旅游中，只要兴之所至，激情迸发就不觉足之蹈之、手之舞之，翩翩起舞。印度传统的舞蹈有着丰富的肢体语汇，这些舞蹈语汇具体分为手势语、眼神语、表情语、姿态语。这些舞蹈姿态、动作、手势、眼神、表情都具有特定的含义，人们可以通过丰富的舞蹈语汇，明确理解舞者要表达的含义。但是，这么一个舞蹈之国中却几乎没有人跳西方的芭蕾舞，更没有芭蕾舞的学校和剧团。这实在是一种令人惊讶的文化现象！

印度人坚守本民族文化传统的心理，也给他们减少了许多麻烦。例如，在印度音乐界，不存在什么“西洋美声唱法与民族唱法的区别和界定”，也不存在所谓的“民族唱法与民间唱法”的界定，更不存在所谓“原生态”唱法与其他唱法的区别。从而摆脱了中国音乐界那些繁琐而毫无意义的学究式的争论。

同样是东方古国，中国和日本不仅有芭蕾舞学校，还有世界著名的芭蕾舞团；不仅有芭蕾舞学校和演出团体，还有一大批热心的观众！中国和日本不仅有专门的西方体制的音乐学院，还有许多著名的交响乐团，有不少世界知名的歌唱家和演奏家，有广泛的西方音乐的爱好者。

在音乐文化上，印度的坚守和中国、日本的开放，同样令人瞠目结舌！

五、宗教决定着生活的方方面面

印度人的宗教传统长达几千年。在世界各民族中，他们持续不断地信仰宗教的时间最长，信仰的人数最多，他们所信仰的宗教的种类最多，现有的各类宗教的庙宇和历史遗存最多，对于宗教的执着和狂热最突出！

无论印度众多的宗教在教义上的分歧多么大，相互之间的对立与矛盾又如何持续不断，但是，它们却有着某些共同的、一致的理念。

首先，印度的宗教都认为：万物都有生命、有情感，万物都有生命的价值和生活的权利，一切生命都应受到尊重和保护，由这种信念而衍生出了著名的“不杀生”的信仰和生存原则。在“不杀生”的生存原则的引导下，印度的宗教社会就成为世界上最早的、人数最多的、持续时间最长的“绿色和平组织”，印度人可以称得上是最优秀的“自然生态主义者”！

最初的婆罗门教是杀生的，每逢重大的祭祀，动辄就杀掉几百头牲畜。例如，史诗中，国王举行的“马祭”，一次就杀掉五百匹马。在有的祭祀中，则宰杀大量的牛或羊。婆罗门祭师们频繁的祭祀和大量宰杀牲畜的做法，遭到了“持不同政见者”——佛教、耆那教和类似的教派的反对和抗议！佛教和耆那教主张“不杀生”，教徒见着蚂蚁都要绕道走，有的耆那教徒做得更彻底、更绝对：他们在行走中，戴上纱巾口罩，喝泉水时，用纱布过滤，生怕在不经意中，吸进了或者吞了细小的生物！所以，佛教和耆那教徒都是素食主义者。

在古代，佛教曾经非常兴盛，在阿育王执政时期（约公元前3世纪）曾经被崇奉为印度的国教，印度全境信仰佛教的人很多，素食主义风行全国。尽管后来佛教凋零式微了，经过改造后的婆罗门教重新成为主流的宗教，但佛教作为“榜样的力量是无穷的”，佛教“不杀生”的主张深入人心，后来的印度教的教徒接过佛教的“不杀生”的旗帜，“不杀生”成为了印度教的主张。如今，印度吃素的人约占全国人口的20%～30%，按12亿人口计算，约有4亿人吃素！

大街上流浪的牛

在印度教中，牛被赋予了神圣的地位。占全国人口近一半的印度教徒除喝牛奶外，绝对不杀牛，不吃牛肉。喝牛奶是正当的行为，就像人人都要喝母亲的奶一样。当奶牛不再产奶的时候，当公牛丧失了交配能力之后，它们就获得了“自由”，严格地说，是被饲养者抛弃，把它们放逐到社会上流浪，交给社会上的人们来饲养。这些“流浪的牛”每天缓慢地穿行在城市的大街小巷中，四处找寻被丢弃的香蕉皮、蔬菜叶或其他垃圾物，只要能吃的都吃，就像西方和中国的流浪狗一样。

当然，也有好心的人或慈善团体，专门雇人，每天在固定的时间来喂养这些无家可归的牛。我在参观斋浦尔土邦王宫时，在王宫前的广场上，就看到有几个工人用拖拉机拉来两大车的嫩嫩的青草，撒在地上喂养围聚在广场上的十多头牛。

这些在大街小巷中游荡的牛，有时困倦了，就躺在大街上休息。如果有几头牛同时躺在大街上，交通就顿时陷入瘫痪。我在圣城瓦拉纳西的大街上就看到有趣的景观：有十来头圣牛聚集在一起，横七竖八地躺在十字路口的街心中，很快各种车辆都没法通行了！牛群、车流、人流密密匝匝地拥堵在一起，其混乱程度就像政客们召开竞选大会一样，乱七八糟！即便是这样，警察只是一边疏通交通的同时，一边轻轻地拍拍躺在地上的牛，好像是在打招呼："伙计！换个地方休息吧！"这些流浪的牛在躺了一会之后，大概也觉得四周太嘈杂，不舒服，就慢腾腾起身，晃晃悠悠离开街心，交通才慢慢恢复。

在印度，不仅圣牛得到优厚的礼遇和爱护，即便是令人讨厌的老鼠，也被人们看作神圣生命中的一种，它们也有生存的权利。北印度的人甚至认为，老鼠也是自然界生命轮回的链条中的一个环节，老鼠也可能是某些人死后的灵魂转世的一种形态。因此，老鼠也得到宗教徒的容忍和爱护。

老鼠能得到人们的容忍和爱护，这事本身就令人惊讶，更令我惊讶的是，印度人居然还为老鼠专门建立了神庙，虔诚顶礼膜拜！

在北印度的比卡涅尔市的城郊外有一个村庄，就专门建立了一个"老鼠神庙"(Karni Mata Temple)。"老鼠神庙"中常年供养着上千只老鼠，既有专门的人定时喂养，又有参观的人不断地抛撒食物；为了老鼠们的安全，为了它们不被天上的鹰、鸟伤害，神庙的顶上露天的部分还安装上了铁丝的防护网！这里的老鼠相比较世界各地的老鼠来说，它们过的是顶级的天堂般的生活，因为它们生活得安全、舒坦而有尊严！既然老鼠都有生存的权利，它们的生命都能得到保护，那么作为老鼠的近亲——松鼠们就同样有自由生存的权利。在印度各地的园林中、公园里、名胜古迹中，甚至政府大楼的花丛中都看得到它们小巧灵活的、有着又大又长的尾巴的可爱的身影。印度的"不杀生"信仰，使这些可爱而柔弱的敏感的小动物居然敢于与人近距离接触，它们一边吃着瓜子、坚果等食物，一边斜着眼睛注视着你，然后才"嗖"地一下子跑掉！

水运博士夫人信奉的是"迦尼萨神"(Ganesha)——"象头神"。有一天我在一处寺庙中看到象头神的画像，象头神的脚下，画有一只老鼠，我感到很奇怪。夫人笑着回答说："老鼠是象头神的坐骑呀！"庞然的大象居然骑的是羸弱的小老鼠，这更使我觉得印度人很会搞笑！由此可见印度人的思维特征：通过大胆的自由而任意的想象，把根本不可能的事居然变成了事实！

在印度除了圣牛之外，猴子是另一种地位很高而受人膜拜的动物。为什么猴子能享受这种礼遇呢？这是因为猴子的祖先是神，现今的猴子是神的后代。印度最古老的史诗，也是最著名的经典之一《罗摩衍那》中，有一只神猴，名叫哈奴曼。史诗中的故事是这样的：罗摩（天神毗湿奴的化身，下凡为罗摩王）被父王的后妃设计陷害，被迫放弃王位继承权，并遭到放逐。罗摩的美丽的妻子悉多坚持要与丈夫生死不离，同甘共苦，一同流放到森林之中。在森林中，悉多被来自楞伽岛的十头魔王罗波那抢劫而去。罗摩到处打听悉多的消息，在艰辛地寻找妻子的过程中，罗摩同弟弟来到了猴国，兄弟俩支持猴国的国王夺回了被篡夺的王权，恢复了自己合法的统治。猴国国王感谢罗摩兄弟的帮助，就派出神猴哈奴曼去打听悉多的消息。哈奴曼聪明灵巧，能腾云驾雾，他一个跟斗就从猴国来到了楞伽海岛上。哈奴曼终于打听到了悉多被魔王罗波那关押在后宫的无忧园中，罗波那一直在逼迫悉多与他成婚。哈奴曼悄悄接近悉多，给她通报罗摩在寻找她并要来救出她的消息。在攻打楞伽岛的战斗中，猴王派出了大量的猴子军团攻打恶魔罗波那。在战斗中，哈奴曼两次盗出罗波那的仙草救活了罗摩兄弟的性命。在战斗最激烈的时候，哈奴曼用火点燃自己的尾巴，用力一甩，点燃了楞伽岛的宫殿，所有的宫殿随即燃起了大火，大火又延烧到整个楞伽岛。最后十头魔王罗波那被斩首，悉多被救出，回到了罗摩的身边。战争胜利后，哈奴曼又护送罗摩王和王后悉多返回到阔别多年的家乡十车国的阿逾陀城，并辅助罗摩当上了国王。由于哈奴曼为天神毗湿奴立下了巨大的功勋，神猴哈奴曼就成为印度人心中的大英雄，成为人们崇拜的对象。神猴的子子孙孙当然就受到尊敬爱护了。

印度教徒十分崇敬神猴哈奴曼。每年三月，他们都要庆祝哈奴曼的诞辰(Hanuman Jayanti)。教徒们在沐浴和斋戒后，去膜拜哈奴曼的神像。印度政府所确立的国家三大节日之一的“十胜节”（Dussehra）中，全国放假，人们竖起一个高大的纸人——象征十头魔王罗波那，像中装上火药烟花，在夜里爆炸燃烧。这一仪式象征邪恶势力的灭亡。当然，神猴哈奴曼在这个节日中，就成为人们崇拜的大神。这种文化情结使生活在印度的猴子大大沾光！这些猴子可以在大街小巷窜来窜去，在每户人家的阳台上聚会、打闹，在屋顶上喧哗大叫！来印度旅游观光的外国游客们，只能驻足于总统府花园四周的栅栏外，朝里面窥视，而猴群们却若无其事地自由进出于铁制的栅栏内外！

印度的“不杀生”的信仰，使各种动物，天上飞的，地上跑的，水中游的，都获得了生存的权利，生命得到了充分的尊重。在印度的公园中，街道的绿地中，庭院中，树林中，总是能看到有小小的瓦钵中盛满了清水，供小鸟或其他小动物饮用；有的地方还有人撒下小麦和豆类，喂养小动物。

“不杀生”的生存原则也使印度人养成了吃素食的传统。

印度教徒不吃猪肉、牛肉、羊肉、狗肉，这些东西被称之为“红肉”；鸡、鸭等家禽肉叫做“白肉”。有的印度教徒一般都吃鸡蛋，偶尔也吃一点鸡肉。我在加尔各答的宽广的恒河支流上，看见有几只渔船在捕鱼，这说明印度人中有人吃鱼，至于是印度教徒或者是其他种族的人吃鱼就不清楚了。在印度人的餐桌上，经常看到的是米饭、面饼、面条、酸奶、奶酪和各种做成泥状的蔬菜。他们饮用的是牛奶、水或果汁。

据说，美国的快餐食品，如麦当劳或肯德基，在德里和其他城市都有专卖店，但我一次也没有看到，可见得，以鸡和牛为主要原料的美式快餐在印度不得人心！

印度人的“不杀生”信仰表明了印度人对生命的尊重；他们的素食主义，的确保护了众多的生灵！

其次，印度宗教都认为：生命的生与死是轮回不断的，轮回的结果是好是坏，要看你此生的行为是善或是恶，此生的善行将会得到好的报应，恶行将会遭到神（梵天、湿婆、毗湿奴，真主、上帝或其他绝对的神）的惩罚而陷入万劫不复的苦难之中。因此，印度的宗教都强调善行，都以“利他主义”作为生存的基本原则，要求每一个人的心中要有强烈的道德自律心理和对神的敬畏恐惧心理！

人的本性中，既有善，也有恶，就看你约束什么，释放什么。当一个人无所顾忌、无所敬畏时，他就会在思想中漠视一切，就会在行为处事上肆无忌惮，就会把伤天害理的事当作随心所欲的事。这种人就是人类中的洪水猛兽！如果他当国王，就是暴君；如果他当家长，就是狼爸虎妈；如果他当上了某个单位的领导者，他一定是独裁而凶狠的山寨大王；如果他是同学、同事，他就是害群之马！这种恶劣的人，就是毫无道德禁忌的人！这种人，心中缺少道德的自律、自制；面对苍天，毫无敬畏之心和恐惧之感。所以，一个有道德的人，有善良人性的人，他心中总是有着强烈的敬畏之心和恐惧之感！德国大哲学家康德说："有两样东西，时刻在我的心中：一个是广袤无垠的星空，一个是我心中的道德律！"

宗教提供给人们的，就是神圣的敬畏之心和强烈的恐惧之感。印度民族严格的宗教意识使印度人的心中有着强烈的道德律。只有他们，才能够提出"不以暴力抗恶"的口号！

再次，在生活中，印度人都把"恶"看成是不洁的行为，把那些对人的生命有害无益的东西当作是"不洁净"的东西。例如，屠杀牲畜，人的排泄物，以及丑恶的行为和肮脏的东西，都是"不洁净"的、令人厌恶的。在印度也不时看到街边的垃圾，但街道总体上是清洁的。

由于拥有强烈的宗教意识，印度人在自己的家门边和室内，都供养着一位或几位自己所尊崇的神。为了证实这一点，我乘电梯在所住的小区中，把楼上楼下跑了个遍，的确，几乎家家如此。我所居住的水运博士家，门口就供奉着一尊石雕的毗湿奴大神像；他的家中，也供奉着毗湿奴神和有着大象头的迦尼萨神，他们每日都会按时焚香祈祷。

迦那神

宗教信仰深刻地影响着印度人的生存生活方式。为了宗教信仰，有的人把一生都奉献给宗教。他们不成家，不繁衍后代，不工作，四处流浪，居住在树林之中，到处化缘，依靠别人施舍度日。他们蓬头垢面，却显得气宇轩昂，眼神深沉镇定。他们手持手杖、漉囊（古代是羊皮制作的水壶，现代是塑料水壶），游走四方。他们每日主要的事就是"静修"，就是"悟道"。这就是在印度常常能见到的"圣人"，大史诗《摩诃婆罗多》和迦梨陀娑的《沙恭达罗》中称这些人为"仙人"。我在著名的胡马雍陵园前面的草地上和瓦拉纳西的恒河边，就见到多名身穿橘黄色长袍的“圣人”，并拍下了他们的照片。

游荡的圣人是印度的一道奇特的景观！

印度的“圣人”

早在60多年前印度刚独立时，著名的尼赫鲁总理就对于“圣人”现象有过一番严厉的评论：“据说，印度有五百二十万圣人和乞丐。他们当中有一部分人老实巴交。但毫无疑问，大部分人都是一帮无用之徒，脑子里尽想着一些坑蒙拐骗的勾当，成天无所事事。”这是受过西方教育的现代印度知识分子对待传统的“圣人”们的看法。

印度的“圣人”存在了几千年，可谓连绵不绝！

我认为，几千年来大批“圣人”能够游荡在社会上，并不断地生存下来，可能与古代婆罗门教的“人生四期”的生存生活方式有直接的联系，并形成传统。

早在公元4世纪以前，古代印度的婆罗门教在《奥义书》(Upanisad)中就规范了正常人的生活道路，这就是“人生四期”：即求学期、家居期、林栖期、漫游期。

所谓求学期也称之为“梵志期”，是幼年的男孩在教师经营的学馆中读书，学习《吠陀》经典的时期。入学时，亲属要为他举行庄严的入学仪式。老师则授予学生“圣线”佩带在学童身上。孩童入学的年限不等：婆罗门的孩童是8岁，刹帝利的孩童为11岁，吠舍的孩童为12岁。进入梵志期学习的孩子们必须身穿宗教徒的圣服，天天在学校朗读和背诵《吠陀》经典，按时沐浴净身，学习繁缛的祭祀仪式的一切细节。梵志期的学习年限规定为12年、24年、36年、48年，由学生自己立志决定。在经过长期严格的宗教经典和祭祀仪轨的学习后，学生成年后就返回家中，过正常的家居生活。有个别的人，“至死不离本师，终身不娶者，为壁理诃”，通常叫做“老梵志”。

居家期，是指成年后，要着手成家立业，聚集资财，完成世俗生活中生育子女，赡养老人的责任。这期间，可以充分享受和体验人生的一切欲乐和愁苦，以便对人生有透彻的体验和了解。两性的快乐和天伦之乐是这期间最重要的内容。

林栖期，是指一个人已经尽到了世俗生活的基本责任，完成了成家立业，生儿育女，赡养老人的社会责任后，进入退休时期。进入林栖期的人，隐居在离家不远的森林中，体验苦行者的生活，终日在树下冥思玄想，品味人生和宇宙的真谛。但不完全脱离社会生活，同家庭保持着一点点联系，衣食由子女供养。

漫游期也叫做出家期，是指在经过一个时期的“住林静修”之后，本人已具备了高妙的哲思能力，已拥有真知灼见，参透了人生的真谛，又拥有丰富的人生体验之后，再进一步去实践人生的终极的目标，追求生命的最高境界——灵魂的解脱！这时期，修炼者舍弃儿女和亲属，也抛弃了圣线、经书和研习工作，他们手持木杖、身披肩巾、围上腰布，以出家人的身份云游四方，开始过“处处无家处处家”的游荡生活。古代印度的许多哲学、宗教和道德的玄奥思想就是这些林栖者和漫游者所“妙悟”出来的。有人说，印度深刻的精神文化产生于森林之中，是有一定道理的。例如，乔达摩·悉达多（释迦牟尼）就是在菩提树下悟出了佛教的人生观与世界观的。

如今，印度大地上仍然飘荡着身穿显目的橘黄色袈裟的“圣人”们。这是一个令人捉摸不透的神秘的群体。印度民众对他们的看法和态度也十分不同。有的人认为这些人拥有神秘的魔法，可以驱鬼祛邪；有的人认为他们可以预知未来的天下大事，预测个人的命运；有的人认为他们是智者，能够洞察一切；有的人认为他们拥有超越凡人的能力或本领，例如，英国吉尼斯世界大全记录了一位印度圣人，他创下了十七年如一日站立不动的纪录。无独有偶，古代印度史诗《罗摩衍那》中，就描写了一位“仙人”为了修炼而长期站立不动，以至于小鸟在他的头上筑了鸟巢，蚂蚁在他身下筑了巨大的蚁穴，这个仙人的名字就叫做“蚁蛭”（蚂蚁窝）。还有一位登上了吉尼斯纪录的印度圣人，他的本领是连续爬行了（叩长头）1400公里！据说，还有的圣人被埋在棺木中呆上几十天不死！

与今天的圣人不同的是，印度古代的圣人们一生都沉湎在精神世界中，探求人生的真理，求证人生的终极目标；今天的圣人们却大施苦行，大展魔法，已失去了精神导师的品味！

在印度，宗教不仅影响着人们的生存生活方式，也影响着人们的死亡方式。至今还有不少印度人，把人生当作“过客”，把来世当成“永驻”。“如何死，才能使来生更美好”就成为他们今生思索的主要内容；“如何好死”就成为他们想方设法追求的目标。在圣城瓦拉纳西的恒河河岸上，有不少为了死得好，为了在“来世”过得更美好的人，早早就来到圣城等待死亡！他们中的一些人，一住就是几年、十几年、二十几年。他们的志向就是为了能够死在圣城，死在恒河边，能在恒河边火葬，能够把遗骨撒在恒河的河水中！在他们看来，这就是完美的人生！

在当今世界上，一心一意期待着死亡的人们真不多！对来世充满了美好憧憬的人，大概数印度人最多！这大概是印度思想与世界潮流最不合拍的地方。

六、印度时间

我讲的印度时间，不是指按地球的经度所划分的时区。所谓印度时间，是许多外国人，尤其是长期呆在印度的英国人的一个习惯性的说法。它是指印度人长期生活在农业社会中所养成的懒散的工作态度和对待时间的观念。印度人的时间观念很差，早一点、晚一点似乎都无所谓。这种民族性格同现代化社会要求工作的高效率和时间的高精准，就显得格格不入，给外国人留下了深刻的印象。

我最初感受到“印度时间”是在德里的“现代艺术中心”。当我进入这个中心，发现它的院落正在维修之中。宽敞的院子里有二十来个男女工人正不紧不慢地干活。早就听说印度人的工作节奏缓慢，工作效率很低。看到眼前正在干活的这些印度人，传闻得到了印证。妇女们用小筐装着一点点土——大约二三公斤吧，慢慢地捧起小筐，把土运到大约 20 米之外的低凹处倒掉。男人们挖了几下土，就一屁股坐在石头上休息。从他们慢腾腾的动作中，就可以想见工作的效率。三个小时后，我从展览室出来，他们也没挖多少土，也没有运多少土！

劳作的妇女

一个星期后，我再一次来到“现代艺术中心”，打算补拍一些照片，看到的情景与上次来看到的差不多，工程状态似乎没有明显的变化！印度人的工作效率之低令我吃惊！

后来，我在瓦拉纳西的鹿野苑，徜徉在古代寺庙的废墟中时，看到一些又瘦又黑的妇女在那里劳动。她们不急不忙地用小筐盛上泥土，或端在胸前，或顶在头上把土运走，她们的工作速度真像考古工作者一样！我在这里呆了一整天，并没有感到她们工作的绩效。我又一次体验到了“印度时间”！

在德里期间，每当我乘车行进在德里的公路上，看到正在兴建的空中“轻轨”交通时，总是看到坐着休息的人比正在干活的人要多得多。其中，不时有三三两两的工人在轻松地聊天……

有一次，我同德里大学历史系的唐卡教授约定，去德里大学参加一个学术研讨会。我们按约定的时间前到达了德里大学，等待着唐卡教授。但唐卡教授迟迟没来，早已过了约定的时间了，会议可能也快结束了吧！这又令我想起了“印度时间”。

后来，我回国时在加尔各答机场候机室里碰见了一对年轻的来自中国四川的小夫妻。男的是中国石油天然气公司四川分公司的高管，妻子则是利用丈夫公司在印度海德拉巴市承建工程的机会来探亲、旅游。“老乡见老乡，两眼泪汪汪！”我想，这位男士和他的公司在印度工作好几年了，应该是个印度通了吧！因此，我就直奔主题，希望他谈谈对印度的感受和各种深刻的印象。四川人天性率直、豪爽，我的这位老乡也对我畅谈了他对印度两个方面的深刻的印象：其一是印度人松散的工作态度；其二是令人无法下咽的印度饭菜。

十多年前，已经有多家中国大型石油、建筑、水利、铁路、矿山公司登陆印度。他们在印度各地建设大型水库、露天矿藏、大型桥梁和工厂。这位老乡的公司长期在海德拉巴一带施工。印度政府非常欢迎中国公司在印度承建工程。因为中国公司的策略是“薄利多销”，标价不高，在招标中往往胜出。中国的建筑公司对工程实行全额承包性质：从材料到施工，再到交付使用等环节全部承包。中国人能保证按时按质交货，不拖不欠！十多年来，中国公司在印度已经赢得了极高的信誉。现在已经是从“抢滩登陆”阶段转到“向内地纵深发展”了！

起初，中印双方政府商定：中国公司必须聘用一定数量的印度工人，由中方公司统一管理。这位中国高管对我讲，最初，他的公司来印度施工时，大量雇用廉价的印度工人。但是，印度工人很懒，做事总是“腰来腿不来”，慢腾腾的，你急他不急，效率很低！但是，没过几天，中国公司的工程的速度和劳动强度让印度工人感到吃不消了——同样的活，印度工人的动作总是比中国工人的动作要慢上两拍，影响进度的永远都是印度工人。有时，因为气候的原因——如狂风暴雨或露天极端的高温等，工程需要加班加点——当然加班费也少不了，中国工人就像军人一样，没有任何条件可讲，领导者一声令下，就咬牙坚持工作。印度工人则抗拒加班，宁可不要加班费！印度人觉得中国工人太能吃苦了，太能加班了！不久，印度工人们大叫不行了！干不了啦！随后，他们不是迟到，就是消极怠工。他的公司承包的工程进度很慢，眼看无法在合同规定的期限内完工。后来，公司只好紧急从国内调来中国工人，才解决了工程进度问题。

对于印度工人的种种表现，中方经理经常叫印方管理人员亲临工作现场观看。由于多次的、同样的事实摆在那里，印度有关方面不得不承认，印度工人无法满足中方公司需要的工作进度和工作强度。印度工人最终只有离开“中国工地”，回到他们早已习惯了的“印度团队”。看来，印度工人还缺乏危机感，还没有体会到“今天工作不努力，明天努力找工作”的生存危机。

现在，中方也还在聘用一部分的印度工人。但这些印度工人都是由中方管理人员自主挑选过的、在工作上肯干的工人。这些工人现在已经培训成了优秀的技术工人。

当这位高管向我谈起印度工人的普遍的懒散劲时，我就马上想起了在德里“现代艺术中心”所看到的情景。

中国公司的工程所需全部从中国运来，原材料、工具、机械设备、管理人员和工人，甚至食堂以及加工四川菜的各种配料、调料什么的，都从国内运来。除了酷热难耐的气候外，其他都同国内的工作和生活条件没有什么差别！

印度政府对中国的劳工管理很严。印度的签证限制很死：每人每次在印度只能呆上三个月，到时候必须离境；但同时，印度政府又搞了一个“变通”的办法：就是在签证到期前一个星期，中国工人可以重新在印度驻中国总领馆等处申请签证，然后再次进入印度。这样一来，每一个中国工人在印度干上三个月就必须返回中国，在昆明、深圳、南宁、成都等地呆上几天，算是休息，然后又重返印度工作。经过这样一番折腾，除了增加中国公司的运营成本以及耽误工作之外，简直就毫无意义！

这次，这位男士由于签证到期，只得飞回昆明休息两三天，也算顺便陪妻子回国。

关于“印度时间”，有一位长住印度安德拉邦的中国公司的高管人员谈到印度工人的工作方式时说：印度人喜欢耐心地从容不迫地做事，印度人所遵循的是内心中的、传统的“印度时间”。如果不了解印度人的不慌不忙的处事方式和对任何事都不急于求成的心理，就很难与印度人相处。

后来，我在印度的旅行过程中，更深刻地体验到印度人的这一特点。

我从德里去瓦拉纳西是乘火车。火车原定于晚上 8 点 25 分开出，但直到晚上 11 点钟才开车；原定于上午 8 时抵达瓦拉纳西的快车，直到 11 点多钟才抵达。这就是“印度时间”。在印度，列车晚点是常态，不晚点是变态。即便是在当今，在采用计算机控制系统调度列车的情况下，印度的火车依然普遍晚点，正点运行似乎是“天方夜谭”。

我想，独特的国度总有些独特的玩意！

此外，我的这位老乡认为，中国人长期在印度工作所面临的最大的困难是无法下咽的印度食品。当初刚来印度时，中国工人吃不下去印度食品，公司连忙叫随后入境的人带上一箱一箱的方便面救急。很快，中国公司就采取自办食堂的方式来解决工人们的伙食问题。他对印度食品中那些说不出来种类的、有强烈刺激的辛香料简直无法接受。中国工人们每次回国都要带上一些家乡的小吃和小点心之类的东西。他正说着，他的妻子就立即拿出几包川味食品请我吃。平日里，我不会这样随便就接受别人的馈赠，但是当我闻到久违的美食的香味，我无法再客气了，家乡的美食真是无法抗拒，面对川味美食你无法保持学者的矜持！

现在当我回味印度时，总是想起这一对幸福的、善良的小夫妻。

第二部分

多彩的德里

一、印度的心脏——德里国家大道巡礼

孟买的印度门

德里的印度门

德里的心脏就是著名的印度门。印度门就像北京的天安门、巴黎的凯旋门、柏林的勃兰登堡门和古罗马的提图凯旋门（Arch of Titus）一样赫赫有名。然而，不同的是，其他国家的标志性建筑总是唯一的，而在印度却有两座“印度门”。最早建成的“印度门”是建在印度西海岸的大城市孟买的一个码头边的那座“印度门”。它建于1911年，是当时的英国殖民地总督为了迎接英国国王乔治五世和玛丽皇后视察和访问印度而修建的纪念性建筑。这是一座歌功颂德的纪念性建筑。这座印度门高度为26米，设计上沿袭了印度传统的古吉拉特式建筑的造型特征。门的上半部用装饰性的花边分隔成视觉上的两个部分；门两边的门柱一直延伸向塔顶，两面的门柱顶上建造了4个高耸的塔楼；孟买的印度门的大门洞的样式采用了莫卧儿王朝传统建筑的尖拱顶门，在体积和规模上，比德里的印度门要小得多。

德里的印度门（India Gate）建成于1931年，是为了纪念在第一次世界大战中战死的普通的印度士兵们而修建的。这是一座为了安抚亡灵的建筑。第一

次世界大战爆发后，作为殖民统治者的英国将印度民族强行地拖入了战争。当时印度的民族主义者们也支持印度民众参与这场战争。民族主义者的想法具有很强的实用功利性。他们希望通过帮助英国获得这次战争的胜利，来换取英国允许印度独立的承诺。在第一次世界大战期间，在欧洲，有 9 万多印度士兵战死沙场。然而，战后英国殖民统治者却没有丝毫兑现承诺的迹象。这一态度激起了印度人民的不满，印度的民众与士兵都破口大骂英国政府！为了安抚印度人民的不满情绪，英国政府于 1921 年决定出资修建“印度门”来纪念那些在第一次世界大战中阵亡的印度士兵和英国士兵，并把那些找得出姓名的士兵的名字镌刻在印度门的墙面上，据说，这些阵亡将士的名字多达一万多个。因此早些年，印度门曾经称之为“印度战士纪念碑”。

德里的印度门建在新德里拉杰巴特大街的东端的王子花园广场上面。印度门的外形酷似巴黎的凯旋门。但是，门两侧的墙面上少了凯旋门上的庆祝战争胜利的欢乐人群的浅浮雕群像。凯旋门是为了欢庆胜利，而印度门则是为了悼念亡魂，毕竟设计的主题和理念不同，所以造型特点也就不同。

印度门全部由粉红色的红砂石建成。自莫卧儿王朝以来，全部印度豪华宫殿的建筑材料都是采用红砂石建成。著名的阿格拉“红堡”和德里“红堡”都是用红砂石建成。

德里的印度门

印度门通高 48.7 米（约十六层楼高），宽 21.3 米，中间的圆顶拱门高 42 米。门楣顶上，建有一个直径 3.5 米的圆形石盆，这是印度门的“大油灯”，每逢节日都要点燃门顶上的这个大油灯，油灯燃烧的火焰高达几米，人们在很远的地方都看得见熊熊的火焰。印度门东边的空地上，竖着三个旗杆，上面分别悬挂着印度陆、海、空三军的军旗。拱门的下面，建有一座象征性的坟墓，有仪仗兵笔直地站立在旁边守护。印度门两边门框的中部，开有巨大的窗口，窗口上分别雕刻着装饰性很强的巨大的火炬。整个印度门的造型风格完全不同于印度传统的建筑风格。传统的印度建筑风格以繁琐复杂、不厌其烦的细致为特点。印度门则以简洁、明快、抽象为特点，给人以明快而洁净的美感。

近年来由于印度屡遭恐怖分子的袭击，印度门周边二十来米的地方设置了警戒线，除了值勤的士兵，任何人不能跨越警戒线。许多外国人和本地人都在印度门周边瞻仰和拍照。游客身后，总是有开“司库达”（机动三轮车）的司机和乞讨的人紧紧尾随。如果有人拍下这样的场景，照片中的你看起来肯定像一个“老大”——不然身边怎么会有这些随从呢？

从印度门看总统府

以印度门为中心，呈放射状地向外伸展出六条大道，通向远远的街区。其中有一条从印度门的正面向西面延伸的宽阔整洁的大道，直通印度总统府，总长约2.5公里。这条大道名为“拉杰巴特街”，有的印度人自豪地称这条大街为“国家大道”。你站在印度门下，就可以看见远处斜坡上的总统府的圆顶大楼。这一条大道是举行印度国家重大庆典的地方，每年1月26日的“共和国日”国庆庆典和盛大的阅兵仪式等都在这里举行。2008年北京奥运会的火炬传递活动也是从印度门跑向总统府的，整个活动历时40分钟，前来观看的印度民众真是人山人海。

我来德里时，德里正在全面拆除于1月26日举行的“庆祝印度六十周年国庆庆典”的观礼台和临时搭建的电视转播建筑等设施。

总统府

总统府坐落在拉杰巴特街的最西端。它建在一座小山岗上。印度总统府原来的名称叫做“维多利亚宫”，原本是英国殖民统治者修建的“总督府”，修建于1929年。

1947年印度独立后，维多利亚宫被改为印度总统府。

这座总统府的华丽和气势与世界任何一个国家的总统府相比都不显得寒酸，甚至可以说，算得上是首屈一指的总统府邸。当我乍一看到英国人给印度留下的这座帅气十足的总统府和豪华壮丽的行政大楼，我倒真的愣在那里了！我真想不通：为什么作为殖民统治者的大英帝国居然在海外殖民地上能够修建如此豪华气派的总督府，而在英国伦敦唐宁街10号的“首相府”的外观为什么竟如此的小气而寒酸呢？

印度的总统府是一座气势恢宏的圆顶的宫殿式建筑，很像美国的国会大楼。总统府不对外开放，我们只能在四周的铁栅栏外向里面窥视。好在卫兵们虽然一直密切注视着我们，但不加以干预。当我冲着卫兵点头时，卫兵也友好地报以微笑。在这里，拥有自由进出总统府权利的是一群猴子。它们对游客很友好，绝不龇牙咧嘴地吼叫，毕竟是总统府中的猴子嘛，总有些贵族气派，总有些矜持，游客扔给它们食品，它们不会慌忙跳过来争抢，却是不紧不慢，一边打量着客人，一边拿取食品。

据说，总统府内部也是一个巨大而复杂的建筑群，其中有觐见厅、宴会厅、图书馆等种种各具用途的厅堂；有大大小小的花园、草坪和喷泉；有各种风格的亭榭和长廊。

总统府往东是一条笔直宽广的大道，直达印度门。总统府和外面大街两边的高大的整齐的楼群组成了既各自独立又有机联系在一起的大型建筑群体。这些大楼就是印度政府的各个部门：外交国务部、国防部、财政部、交通部、农业部、文化部等，一家一座楼。在这些政府部门的大楼前，停满了印度国产的白色的“大使牌”小轿车。大使牌小轿车是印度著名的国有重工业企业塔塔

政府大楼

大使牌轿车

（TATA）公司生产的。大使牌小轿车的形状很不时髦，像20世纪30～40年代西方制造的古董车：车厢真像轿子，车窗较高，大概为了适应炎热的气候而加高车内的空间吧，前后车窗线条基本垂直于前后车盖，显得古板而矫情！印度政府规定政府各部门只能使用大使牌小轿车，这表明了印度政府全力扶持国产汽车工业的决心。

任何外国人，面对印度总统府和这些一幢幢整齐排列的行政大楼显示出来的宏大而典雅的气派，都不得不承认，只有一个强大的国家才可能具有这样的气派。现代的印度精神的崇高性在这里得到了充分的展现！

走下“总统山”，在这组建筑群的东北方向，离这里大约一公里的地方，就是印度议会大楼所在地。可以说，印度议会大楼的设计理念充分体现了印度共和国的创始人的伟大的政治理想。

印度议会大楼

议会大楼是一个巨大的白色的圆形建筑。主体建筑占地约5公顷。议会大楼所采用的白色，是最能表达印度民族的理想的、圣洁的色彩。它的形状像一个巨大的车轮：其中心是一个圆穹顶的会议中心，是这群建筑的主楼。连接圆穹顶会议的中心的是几条廊柱形的通道，这些廊柱通道构成了这个大车轮的车毂。议会大楼的造型选择为巨大的圆形车轮，它的象征的含义有两个方面：其一可能是为了表明它蕴藏的理念是统一和团结，国家在统一、团结的理念下运行。可见，统一和团结对于印度来说，是至关重要的治国的理想，也是这个国家最难达到的而又力图达到的政治目标。其二，在印度传统的文化中，车轮代表时间，是象征永恒理念的符号。在印度教和佛教艺术的图形中，就经常用车轮来象征“永恒的存在”。在佛教艺术中，释迦牟尼塑像胸前的“卍”（万字）符号就是车轮的抽象化和简化的形式。

为什么印度议会大楼的设计要追求统一、团结和永恒的理念呢？

这正是因为印度是一个各种宗派并存、多种民族并存的、难以治理的国家。所以，统一和团结是最重要的事！

在独立前，印度的政治家的目标非常明确和一致。这就是摆脱英国的殖民统治，实现国家和民族的独立。但是，在如何去实现国家和民族的独立问题上，用什么方法去达到这一伟大的政治目标问题上，政治家们却产生了严重的分歧，由此形成政治上的不同的对立的派别。且不说印度各个政治派别之间激烈的党争，即便是印度的第一大党——印度国大党内部也是宗派林立、相互拆台、相互诘难、争吵不断。20 世纪 30 年代的国大党主席鲍斯同圣雄甘地之间也是谁都不服谁，各有自己的政治理念。印度人要达到团结一致真是难上加难！

独立后的印度议会，几乎每一天，在每一件事上都要扯皮拉筋，许多意见对立，争执不断，因此每一件事情的决定并付诸执行都要拖上好久。例如，20 世纪 80 年代初，那场大规模的、惨烈的种族冲突，导致了许多无辜的平民死亡和伤残。议会中的各派政治人物都觉得政府应当负责安抚和赔偿这些平民。但是在如何赔偿和安抚的具体问题上，争执不断，难以达成共识，这样，一直扯皮拉筋了二十多年，终于在近年内达成了协议，并对死伤的平民实施补贴和赔偿。但是，时间已经过去了二十多年，那些曾经非常需要政府救济的人中，不少人已经死亡，救助金对他们说来是“迟到的爱”，他们再不可能享受政府的安抚了；即便是活着的人，这点赔偿金已经没有多大的意义了，它无法补偿这些年的伤痛了！

除了政治上的不同政见外，印度是一个多民族国家，种族繁多。各民族、种族之间由于宗教信仰的不同，生活生存方式的不同（例如，伊斯兰教徒要吃牛肉，生活中离不开牛肉；相反，印度教徒和锡克教徒则把牛视为最神圣的东西，绝对不允许打杀。再如，印度教徒把能够在恒河沐浴，死后骨灰能抛洒进恒河中看作一生中最幸福和美好的事；然而，锡克教徒却公然规定信徒不能在恒河中沐浴），各自的打算不同，为了争得各自教派的利益，各种宗教和教派的民众之间矛盾重重，对立情绪普遍，有些问题甚至根本无法协商和讨论。不同种族的政治家对于印度独立，有着不同的打算；即便是同一种族的政治家，又因为在独立方式上的不同而分道扬镳，彼此不合作，甚至互相拆台。例如，20 世纪30 年代的印度国大党主席鲍斯同甘地、尼赫鲁之间的对立和分歧就是这样。

20 世纪 80 年代中期，印度的“铁娘子”——著名的总理英迪拉·甘地就因为采取铁腕手段，悍然命令军队攻占锡克教徒所占领的“金庙”，打死了许多锡克教徒，血洗了这座“金庙”。最终她被自己身边的锡克教卫士开枪打死！这一血腥的事件既暴露出了印度国内党派之间复杂的政治博弈，又揭示出了印度众多民族之间深重的、难以缓释的民族矛盾。

锡克教是现今印度的五大宗教之一。锡克教徒的人数仅占印度全国人口的2%左右，然而，锡克教的信徒却在印度政府中占有不少重要的职位。他们出任的职务包括总统、国家安全部门以及军队的高级将领。2004 年 5 月，印度前财政部长曼汉·辛格（Manmohan Singh）被正式任命为印度政府总理，从而使辛格——这位印度经济改革的设计师成为印度第一位锡克族的总理，锡克教徒们因此感到莫大的荣耀，他们尊称辛格为“锡克之王”。

16 世纪印度西北部的旁遮普地区出现了一个新兴的宗教——锡克教。“锡克”（Sic、Sikh）是旁遮普语的“门徒”的意思。锡克教徒都自称为“Sic”或“Sikh”，可以说，“锡克教”一词的原意就是某位或某些导师的“门徒所纠合而成的团体”。中国话可翻译为某某人的“哥们”或“兄弟们”。

旁遮普地区是伊斯兰教徒武力进入印度的主要通道，也是伊斯兰教徒最先占领的地区。那里的人民最早饱受战火的摧残，他们同穆斯林的矛盾也最激烈。锡克教徒同穆斯林的冲突持久而尖锐，对立情绪持续了几百年！锡克教一方面汲取了伊斯兰教的某些教规，也保存了印度教的某些教规；另一方面又扬弃了这两种宗教的某些规定。例如，抛弃了印度教的“偶像崇拜”、“苦行主义”、“沐浴恒河”及“日常祭祀”等教条，但同伊斯兰教和印度教一样强调内省，注重精神上的律己和修炼，信仰“轮回业报”等。

锡克教徒格外自尊自负。锡克教徒既不跟穆斯林一起“玩”，也不跟印度教徒一起“玩”。他们对于伊斯兰教和印度教来说是“持不同见解者”。15 世纪后期，锡克教的创始人纳拉克决定玩自己发明的那一套玩意，让兄弟们一起崇拜自己创造出来的神。经过十位“古鲁”（师尊）持续不断的努力，逐渐完善了锡克教的教规和生活原则。

锡克教徒虔诚信仰的是精神性的“真名”（全知全能的宇宙万物的创造者——相当于基督教的“上帝”）和十位“上师”以及“经典上师”（即 5890 首“经诗”）。他们的庙堂叫做“上师之家”，中文翻译为“锡克庙”。锡克教徒到庙里做礼拜时，先是对着两箱子的经典叩头，然后退后坐在地上打坐，进行静默反省。

锡克教徒特别注重表现自己的独立性，处处都要求与众不同，要尽可能地与其他宗教区别开来。例如，他们一律留长发，头发盘起来后再带上圆拱顶形的帽子；穿短裤，以区别印度教徒身穿的长袍；他们手腕带着钢镯，表示永恒的团结；男人都佩带匕首；信徒的名字上加上“猛狮”（Singh，辛格）的称号。

在道德伦理方面，锡克教徒提倡人人平等、男女平等、相互友爱，因而反对印度教的种姓制度。锡克教的教义强调：不偷盗、不奸淫、不抽烟草、不吸毒品、不背叛教、不乞讨、随时帮助教友。

由于锡克教产生的地区是民族和宗教冲突相当激烈的地方，所以，自古以来，锡克教徒为了反抗莫卧尔王朝的压迫和奴役，他们相互抱成团，逐渐发展为一种准军事的组织。锡克教徒中的男人好勇斗狠，敢于赴死拼杀，因此，锡克教徒以能征善战著称。几百年来，由锡克教徒组成的军队一直是印度军队中的铁军劲旅。18 世纪下半叶以来，统治印度的英国殖民者充分利用锡克教徒能打善拼的特点，把锡克教徒作为印度军队的中坚力量加以重用。那时，锡克教徒在军队中的人数占到了印度军队的四分之一；现在，印度军队中依然有 15% 的士兵是锡克教徒，锡克教徒中任军官的人数也是相当多的。他们独特的漂亮的军服也是印度军队中一道独特的风景线。

锡克族军人

1947 年英国殖民统治者在讨论印度独立时，有意无意之间做了一件“后患无穷”的坏事。英国殖民统治者按印度伊斯兰教徒与印度教徒的分布情况，将印度划分为印度和巴基斯坦（东巴基斯坦和西巴基斯坦）两个独立的国家，后来的东巴基斯坦于 1972 年又独立为孟加拉共和国。英国殖民统治者的这种划分，不仅种下了以伊斯兰教徒为主的巴基斯坦同以印度教徒为主的印度共和国的公开的仇恨，而且弄得锡克教徒心中不平衡了！他们心中也想在旁遮普地区建立一个独立的“卡利斯坦国”。以前的印度独立运动包括了伊斯兰教信徒、印度教信徒以及其他的宗教的信徒们的共同努力，正是这共同一致的努力奋斗才迫使英国殖民者放弃了殖民统治。现在，锡克教徒们要闹独立，想自治，却已是时过境迁。他们面对的不再是人人都痛恨的英国佬，他们只能向印度共和国施加压力，企图从印度共和国的身体上砍下一条大腿或胳膊。如果其他的宗教的教徒，例如印度南部的耆那教徒也要求独立的话，那么印度共和国不是活生生地被肢解了吗？这是印度政府绝对不能容忍的事。所以，印度独立以来，锡克教徒同以印度教徒为主的执政党——印度国大党政府的冲突不断，而且愈演愈烈。

1977 年 3 月，印度政坛上的“铁娘子”英迪拉·甘地领导的国大党在大选中惨败给结盟参加竞选的人民党和阿卡利党，挥泪辞去政府总理的职务。英迪拉·甘地的下台，结束了赫赫有名的印度国大党自独立以来 30 年的执政历史，这预示着印度历史翻开了新的一页——多党轮流执政的新的格局的形成。所以当时的政治评论说“英迪拉·甘地已被抛进了历史的垃圾堆”。然而，为了东山再起，为了谋求国大党重新成为执政党，英迪拉·甘地不得不冒险去寻求同锡克教极端派领导人宾德兰瓦勒合作。宾德兰瓦勒在英迪拉·甘地的支持下，向执政的阿卡利党不断发难，提出了许多令执政的阿卡利党人难以接受的要求，弄了一些让阿卡利党人无法实施的提案，从而导致了阿卡利党的分裂。英迪拉·甘地为了在旁遮普地区获得更多的选票，就进一步拉拢锡克教派和他们的首领宾德兰瓦勒，并向他们许诺：如果国大党重新执政的话，就同意把旁遮普邦的行政管理权交给锡克人，并撤走中央政府派遣到旁遮普邦的所有印度教的官员。英迪拉·甘地许诺的这一条件，无疑是变相同意锡克人拥有最大的自治权。英迪拉·甘地的许诺可以说是养虎为患。

在宾德兰瓦勒的搅和、支持下，1980 年英迪拉·甘地领导的国大党在大选中获胜，又重新执政。英迪拉·甘地又昂首阔步走进了总理府。宾德兰瓦勒则利用英迪拉·甘地的许诺，在暗地里大量发展自己的宗教势力。他在锡克族中大量招募失业的青年和极端的宗教分子，组成他可以随意差遣的锡克教志愿军，并在阿姆利则金庙建立自己的总部。宾德兰瓦勒率领的志愿军在旁遮普地区经常与警察、军队及印度教徒冲突，他们实施抢劫、谋杀、绑架、敲诈，他们的恐怖行为令人难以容忍。这时，国会中的八个重要的党派组成了联合阵线，强烈要求英迪拉·甘地赶紧采取有力的措施，制止旁遮普地区的非法武装的暴力行为，否则就让英迪拉·甘地立即辞职。

英迪拉·甘地上台后不仅没有兑现先前给锡克教徒的承诺，即容许旁遮普邦最大限度自治的诺言，反而在反复劝阻宾德兰瓦勒无效的情况下，忍无可忍，被迫采取强硬的行动来制止锡克教徒的极端行为。1981 年 9 月 21 日，宾德兰瓦勒刚走出金庙，就被早已埋伏在外面的警察们一拥而上，塞进警车里，送进了监狱。虽然宾德兰瓦勒被关进了监狱，但他仍然非常嚣张，一再寻找机会煽动信徒们发动暴乱。一时间，旁遮普地区骚乱四起，政局失控，处于无政府的状态。每天都有数百人死于教派冲突的骚乱之中，宾德兰瓦勒的志愿军还劫持了一架印度航空公司的波音客机，用炸毁客机和杀死旅客来要挟英迪拉·甘地政府。英迪拉·甘地只好满足劫机者的条件，释放被关押了九天的宾德兰瓦勒。

锡克教金庙

宾德兰瓦勒出狱重回金庙后，立即着手购买大量的武器弹药，组成了一千多名有作战经验的大胡子士兵作为贴身的警卫队。同时，宾德兰瓦勒又公开打出了政治上的旗帜：要用武装斗争的方式争取锡克人独立，建立锡克人的独立的国家；同时又不断地向其他的教派宣布使用暴力。

为了恢复法律和社会秩序，英迪拉·甘地宣布解散旁遮普邦政府，改由总理直接管辖；调动大批军队进驻旁遮普邦。宾德兰瓦勒则公开对抗，号召旁遮普邦的民众采取“不合作”态度，不要把粮食运出该邦。旁遮普邦历来就是“印度的粮仓”，提供了印度全国一半的商品粮。宾德兰瓦勒这一做法可以说是击中了英迪拉·甘地政府的“软肋”和“命门”。如果旁遮普邦一旦停止向全国运送粮食的话，这对于印度经济将是灾难性的打击。加之，新的一轮大选在即，全国性的经济失控更令英迪拉·甘地心急如焚。在毫无其他更好的办法可行的情况下，铁娘子英迪拉·甘地咬着牙，痛下狠心，决定采取武装镇压的方式解决问题。

1984 年 5 月，英迪拉·甘地总理秘密召见西部军区司令，制定了代号为“蓝星”的攻占阿姆利则金庙的作战计划。从 5 月 30 日开始，英迪拉·甘地派遣七万印度军警包围了阿姆利则金庙，要求占据金庙的锡克教极端分子立即放下武器，走出金庙，无条件投降。宾德兰瓦勒仰仗着金庙内的一千多人的武装人员以及上万名锡克教信徒的支持，并且错误地估计英迪拉·甘地的政府和军队绝不敢肆无忌惮地发动武装进攻，不敢造成重大的流血惨案。因此宾德兰瓦勒和他率领的锡克教极端分子们顽固地拒绝投降。

宾德兰瓦勒和锡克教极端分子在金庙内加紧修筑工事，在金庙的制高点上安置机枪；金庙中的锡克教信徒们大声朗诵经书，昼夜不停！政府的军警则把坦克开到金庙前的广场上，炮口对准金庙的各处建筑；直升机不断地盘旋在金庙的上空，入夜后，直升机上的灯柱像节日庆典的探照灯光一样照在金庙上空，政府的广播不断呼吁金庙内的人出来投降；金庙内的锡克教徒则大声呼叫："除非印度政府同意锡克人独立，建立哈利斯坦共和国，否则战斗永不会停止。"双方的对峙形成了悲剧性的冲突！悲剧性的结局很快来临。6月5日在反复要求锡克教武装人员投降而没有结果后，印度军队同守卫的锡克教武装人员交火，到第二天凌晨，政府军开始进攻金庙。英迪拉·甘地命令军方不能用重武器攻击金庙，政府军只能凭借坦克的掩护，缓缓地向金庙推进。坦克撞开了金庙的大门后，躲在沙包工事后面的锡克教武装人员用猛烈的火力封锁住了从大门到广场上的通道，许多政府军士兵死伤。到了上午9时，政府军依靠强大的火力，控制住了金庙的所有的出入口，直升机上的火力也让躲在沙袋工事中的锡克教的武装人员无处躲藏。政府军一步步地进逼锡克人的阵地；同时，政府军的大喇叭也不断地播放政府的"劝降通告"。但是，锡克教武装人员至死也没有一个人放下武器。打到中午以后，政府军失去了耐心，开始采用炮火进攻，锡克教武装人员占据的据点逐一被摧毁……宾德兰瓦勒在战斗中被打死。经过两天一夜的战斗，政府军攻占了金庙。金庙被打得一片狼藉，瓦砾、鲜血、死尸、衣物、弹药布满了广场和庙宇各处！在这次悲剧性的冲突中，共死亡了576人：政府军84人、锡克教徒492人；受伤的人员多达348人，被拘捕的人数是1417人。

血洗锡克族金庙的事件震惊了全世界！

悲剧性的冲突必然导致一方或双方的毁灭。政府军人和锡克教徒都有不少人死亡！锡克教武装人员的领导人宾德兰瓦勒在激战中死亡了；印度总理英迪拉·甘地也因此在战后死亡了！

金庙事件后，全印度的锡克教徒都无声地披上了黑巾，以示哀悼死去的人们，也表示对政府的抗议。锡克教徒开始袭击印度教徒，砸毁印度教徒的商店，殴打印度教徒，民族矛盾空前激化。一些锡克教的士兵发动叛乱，有一些锡克教徒携带枪支潜入德里，企图对政府高官进行恐怖谋杀。

印度情报部门向英迪拉·甘地发出了警告，请她注意安全。但是"铁娘子"英迪拉·甘地毕竟是"铁娘子"，她有着钢铁般的意志。事后，她不顾劝阻，到处演说，以求得印度教徒同锡克教徒之间达成谅解。在一次演说中，扔向英迪拉·甘地的石块砸中了她的面部，她顿时血流满面，但她并没有停止演说，她仍然坚定地说："我所做的一切，都是为了维护印度的统一与国家的利益，纵然我因为国效劳而死，我也感到光荣，我的每一滴血都会使这个国家更加茁壮。"

人们经常说：一语成谶。英迪拉·甘地的死有其必然性。印度政府的安全部门考虑到总理的安全，加强了对她的保卫工作，并建议英迪拉·甘地撤换她身边的锡克族警卫，但这个建议遭到了英迪拉·甘地的拒绝。她说："没有理由因为别的原因换掉这些忠心耿耿的人。"谁会想到，远在挪威寻求政治避难的印度前外交官、锡克族人哈林德·辛格秘密收买了总理卫队中的锡克族人本特·辛格和萨达万特·辛格，叫他们向"民族的敌人"复仇。

1984 年 10 月 31 日，英迪拉·甘地在本特·辛格的护送下，前往总理府花园会见英国客人。当她走向花园的拱门时，门前的卫兵萨达万特·辛格向总理举枪致敬，但他并没有像往常一样两手向前伸直胳膊平举，却是把枪端到胸前，枪口对准英迪拉·甘地，但他并没有开枪。这时，非常着急的本特·辛格却迅速跃到了英迪拉·甘地面前，抽出一把左轮手枪猛扣扳机，英迪拉·甘地只来得及说了一句："你疯了吗?"就倒在了地上。萨达万特·辛格随即也扣动了板机。短短的几秒钟之内，这两个杀手就把枪中的子弹全部打光了！本特·辛格大声喊叫道："该干的我已干完了，来干你们所要干的吧!"

其他的卫兵迅速扑上来，一拥而上夺下了两名杀手的枪。但本特·辛格又挣脱出了双臂，扑向另一名士兵，企图夺他的枪。萨达万特·辛格也拔出了匕首……枪声又响起来，本特·辛格被乱枪打死，萨达万特·辛格被打成重伤。

当天下午，印度政府宣布了英迪拉·甘地遇刺死亡的消息。这个消息像在一个大城市中引爆了一颗原子弹一样震惊了世界!

就在当天，有人给美联社驻新德里办事处打电话："这是整个锡克族的行动。我们已经报了大仇，锡克族万岁!"

英迪拉·甘地以她的决断和血腥的手段阻止了锡克族人的独立和分裂国家的企图，用她的死捍卫了印度的统一和完整。她的死一方面掀起了种族矛盾的波澜；另一方面又告诫了政治家们：面对民族冲突，对话比对抗更有效；和解比冲突更可取。

但是，印度国内的种族冲突不是一时就能化解的，它是印度政治生活中难以消除的痼疾，也是一个不定时的、随时都可能引爆的"炸弹"。

印度国内，不仅存在深重的种族冲突，即便是占全国人口百分之八十四的印度教徒内部，又因种姓问题和贫富悬殊问题不断对立。进入 21 世纪的今天，印度的种族纠纷一直令国家领导者头痛不已。另外国际上的恐怖主义组织多次发动对印度的恐怖袭击，甚至公然袭击议会大楼。可见，印度政府面对的局面非常复杂而严峻。

2001 年 12 月 13 日上午 11：45 分，五名恐怖分子满载弹药武器，乘坐一辆白色的有执勤标志的警车混进了议会大楼的入口。这辆警车直扑副总理的办公室门口。这奇怪的举动引起了一位执勤的警察的怀疑，他立即上前质问。恐怖分子立即开火，战斗由此打响。印度军警采取了有效的措施，保护着刚开完议会的两百名议员疏散，同时又迅速地增派部队。在四十分钟的交火中，5 名恐怖分子全部被击毙，有 6 名军警战死，14 名军警受重伤，当时的场面非常恐怖和血腥。

此刻，我凝视这气派的圆形的议会大楼，不禁想到，印度国家如果能充分利用它现行的民主政治体制，尽快实现真正的民族统一和团结，印度共和国就不再是有些人所说的东方的“沙滩巨人”而是钢铁巨人了！

二、印度国家博物馆

下午二时，从“印度国际中心”出来后，水运博士叫司机开车把我们送到“印度国家博物馆”（National Museum, New Delhi）去参观历史文物，尤其是欣赏里面的古代艺术品。

印度国家博物馆

印度国家博物馆坐落在离印度门不远的“詹帕斯大街”（Janpath）上。到达印度国家博物馆后，才知道博物馆有规定，不允许自带照相机进去。要把相机偷偷地夹带进去是不可能的，我也不会这样做！因为博物馆门口设置有安全检查站，就像机场的登机检查一样严格。

自从2001年12月德里议会大厦遭恐怖分子袭击之后，尤其是2008年11月孟买火车站和宾馆等地遭恐怖分子的屠杀之后，整个印度国内，到处加强了防范，处处设有安全检查组。如果你坚持要随身带小型相机进去，就要交付与门票同等的费用（300卢比）。在以后的日子中，我发现，印度许多旅游景点和博物馆都采取了这种方法，来限制私人携带相机。印度的旅游景点和博物馆还有一个特别的规定：外国人的门票是本国公民的数十倍。例如，我的门票是250卢比或300卢比，印度人的门票则为10卢比,差距太大。这同中国七八十年代刚刚开始改革开放时，文化部门的运营心态和思维逻辑大概是一样的：外国人都很有钱，我们的景点凭什么给你外国人优惠呢？何况你外国人参观完了就走人，又不交纳参观景点的消费税和维持景点的日常的维修费用，这些费用凭什么都由本国国民来分摊呢？

我的相机是佳能5D，体积很大，不允许带进去。我一看，寄存的地方又很不保险，薄薄的木柜分为若干小隔层，小门上的铁皮锁一扭就断，相机的安全根本没有保障，无奈之中，只好请水运博士先把相机带回家。

印度国家博物馆的规模不大。其主体建筑是一幢三层的欧式圆形大楼。这幢圆形建筑的样式，很像中国福建、江西的著名的圆形的碉楼（有的地方又叫做“围屋”），只不过碉楼是具有防卫功能的、供人们居住的住房，这里是艺术品的展览室。圆形大楼的中间有一个较大的圆形的露天天井，沿着环形的天井摆放了一些古代的已经因风化而斑驳了的大型石头雕像。

印度国家博物馆建于1949年，是在当时印度第一任政府总理尼赫鲁倡议下建立的。博物馆的主要任务是收集古代艺术品和各类文物，举办展览，保护和维修展品，编印出版物及开展历史文物的教育活动等。

1949年印度国家博物馆建馆初期仅有1000件艺术展品，现在已拥有20万件展品。馆内藏有印度不同地区和不同历史时期的各种珍贵历史文物，涵盖了印度5000年的文化遗产，包括古代印度河文明遗址“莫亨焦·达罗”和“哈拉巴”等地出土的铜器、陶器、雕刻等艺术品。其中珍贵的藏品有镶嵌52个象牙雕刻的银屏、象牙轿、莫卧尔王朝的奥朗则布国王的手谕、印度圣典的波斯文译本、耆那教和印度教圣典、泰米尔纳都邦玛哈巴里普拉姆庙中的石雕等。

博物馆内还藏有部分珍贵的外国文物，其中有中国甘肃敦煌石窟的绘画作品200余幅，现在仅展出20幅，这批画是英国人马尔·奥里·斯坦因于1900年至

1916年从中国敦煌偷运到印度的。此外馆内还藏有一些西藏宗教的器物等。

馆内共设有20多个展厅，另有图书馆、电影厅和文物仿制品商店等。每逢星期一休息。据说，印度国家博物馆每年接待参观者约18万人次。

博物馆的大门是一扇厚重的旋转门，不断地有人进进出出。

这个大楼的上下三层都开辟了不少房间作为艺术品的展室，总共有几十间房间。这个博物馆的规模，只相当于中国一个省级博物馆。如果说它是一个地方博物馆，规模和条件应当是不错的。但是作为一个历史悠久、文化灿烂的大国来说，要通过大批的实物来展现漫长的历史，这个博物馆的规模实在是显得太小气了点，可以说得上寒酸！

然而应当考虑到，印度的文物主要在地上，而不像中国的文物大多是在地下，要依靠不断地发掘出土来展示。印度地上的文物古迹又很少遭到人为的破坏，只有岁月的风尘使它们变得陈旧和斑驳，这些文物古迹分散在各地，它们就屹立在那里，实物就是展品。况且那些巨大的建筑群也无法集中在一起展示。这样来理解，就可以容忍印度国家博物馆的小气了。

印度国家博物馆是一个综合性的博物馆，展品按历史、地理、宗教、艺术、特产、动植物六大门类划分。

我们从一楼开始参观。我目睹了过去只能在照片上看到的文物。古代印度河流域文化的代表“莫亨焦·达罗”的文物，过去我只能在照片和图片中见到，现在看到了它们的实物珍品，例如，著名的铜雕的“舞女”像、大量的动物图案的印章，感到格外地亲切和真切。

距今4千多年前，印巴次大陆西北部就存在过一种高度发达而繁荣的印度河文明，这一文明完全不同于后来的雅利安文明。但是，在后来的印度-雅利安文明中，却又继承了印度河文明的许多因素。20世纪的考古发掘揭示了，在现今的巴基斯坦的“哈拉巴”“莫亨焦·达罗”和印度的“卡利班根”曾经存在过最早的印度原住民的文化遗存。其城市的高度规划性、有序性、实用性以及所表现出来的物质文明所达到的高度令人惊讶。创造印度河文明的“印度河流域的居民，特别是城市的居民，来自世界各地，包括地中海人、原始澳语人、阿尔卑斯人和蒙古人。与居民这样混杂的情况相应的，是形形色色的宗教习俗”① 和丰富多彩的艺术作品。透过这些艺术作品的造型特点，可以看到早期

---

① ［澳］A. L. 巴沙姆主编：《印度文化史》，闵光沛等译，商务印书馆，1997年，第21页。

原住民的审美情趣和宗教思想。

博物馆展出的这些出土的工艺品、生活用品中，有装饰着花卉、几何图案和动物的红土陶器；还有红土陶烧制的人与动物的小雕像、小玩具。这里还展出了在莫亨焦·达罗出土的一尊皂石制作的、留有胡须的男子立体人物雕像；在哈拉巴出土的两尊用砂石雕刻的人像：一尊是高约 10 厘米的男性青年的身躯，显得结实而健康；另一尊是一条腿盘在另一条腿上的舞蹈者。最引人注目的是，在莫亨焦·达罗出土的一尊高 14 厘米的青铜女像。这是一座圆雕。她的形态像是一个跳舞的舞女，她右手支撑在右臀部上，戴着手镯的左手停放在弯曲的左腿上，两乳房间摇晃着一个项圈，有着美丽发辫的头向后昂起，这尊雕像充满动感与活力。此外，展品中还有大量的用半透明的皂石和象牙、陶泥制作的印章。这些皂石印章一般为 20mm×30mm 见方；印面为铭文，背面为动物图形：如形态强健的颈部隆起的瘤牛、老虎和犀牛，这些动物都是印度河流域本地的动物。

莫亨焦·达罗舞女

特别值得注意的是其中两种形象。其一，有的像章上雕刻着有一对角的、三张面孔的头像，它的周围有多种野兽和家畜，这大概是远古时代的原始宗教崇拜中的“百兽之王”的形象。从双角和三张面孔而论，他很可能就是后世湿婆（Siva）最早的原型形象。这说明印度宗教的湿婆（Siva）崇拜源远流长，湿

莫亨焦·达罗湿婆原型像

林伽（上）与约尼（下）

婆信仰有深厚的文化根基。其二，在许多陶瓷碎片上既有男人的画像和动物形象，又有“林伽”（Linga，石柱形，系象征男性生殖器）或“约尼”（Yoni，石形环，系象征女性生殖器）的形象。这是古代的印度民族生殖崇拜和生命崇拜的证明，可以说，在印度，生殖崇拜和生命崇拜源远流长，直到今天，印度教中仍然有着一大批为数不少的崇拜“林伽”的民众。

印度河文明创造者的审美观是自然主义的。他们大多以自然事物为审美对象，艺术则以模仿自然事物的形象为主。艺术的写实主义，尤其是动物形象的写实如真的风格在后来的孔雀王朝的柱头动物雕刻中得到再现。值得一提的是，三张脸面、头上带角的人头像是非写实的，这是原始思维的“超常的功能往往以超常的数量叠加在一起加以表现”的反映。如果说这种以自由的意象性、想象性来表现审美理想、表现神祇的手法在印度河文明中还是涓涓细流的话，那么到雅利安民族的《吠陀》时代，就成为印度民族的传统艺术的大江大河的表现方法了。

通过这些出土遗存，可以看出远古时代的印度河文明的艺术同中亚的美索不达米亚的新石器时代文明有相似之点；又同后来的印度-雅利安的孔雀王朝的艺术有内在的血缘关系。这说明早期的印度河文明的艺术具有多样性的特点，而这种多样性、混合型的特征，就是后来成熟的印度艺术的总体特征之一。

博物馆中还展出了不少佛教的饰物和雕像，应该说，该博物馆所展出的佛教艺术的线索是清晰的。从早期犍陀罗地区佛教的雕刻作品到后期佛教的“巴罗克时代”的雕像都有一些代表性的作品。

印度佛教艺术是印度艺术史上浓墨重彩的篇章。

国家博物馆展出了早期佛教的象征性图案和饰物等雕刻作品。细心的观众和读者朋友可能要问：为什么早期佛教艺术品中没有佛陀的形象呢？

早期阶段的佛教只是一个思想流派，不是严格意义上的宗教。作为一个思想派别，早期佛教有一个重要的标志，这就是早期阶段的佛教信徒都把释迦牟尼看作“最先觉悟的人”“智者”和“精神思想上的导师”，同我们一样，都是平凡的人而不是神。

早期佛教宣扬的是“无神论哲学”，尤其是佛陀临终前对弟子的教诲：应该自己去寻求解脱自度之法，鼓励弟子在僧院中过遁世的生活，在静坐默想中求得自身的解脱。这说明，早期佛教是一种关于人生的实践哲学。所以，释迦牟尼死后，他的弟子和学生只是缅怀他，继承他的学说和思想。这一时期，缅怀归缅怀，继承归继承，传道归传道，不存在宗教意义上的把释迦牟尼神仙化、神幻化的信仰和崇拜。如果用人的形象来表现佛陀，就把这位圣人、导师平凡化、平庸化了，这就消解了释迦牟尼与众不同的方面。所以，早期的佛教徒在释迦牟尼死后，为了缅怀和纪念这位圣人和导师，就把他生前留下的“脚印”、穿过的拖鞋和生活用品供奉起来，就像现今的人们，把圣雄甘地的手杖、拖鞋、饭盒、纺车放在博物馆展出一样。

佛教徒们把释迦牟尼曾说过的话语，如“初转法轮”，以及学生对他表示尊敬的比喻，例如说，佛陀心如莲花等，都一并加以形象化、图案化处理，从而形成了早期佛教遗物中的莲花、足迹、法轮等标识。那时，没有佛陀的形象崇拜，也就没有佛像创造。博物馆展出了早期佛教的纪念地“围栏”上的具有象征意义的花纹和图案。

早期的足迹崇拜

所以，释迦牟尼去世后，弟子和信徒为了纪念他，就在释迦牟尼的骨灰塔四周的围栏上，雕刻了“法轮”来象征他所宣扬的“永恒的真理”，所以“法轮”的形象就代表释迦牟尼本人。目前人们见到的最早的、具有象征性的雕刻作品，大概创作于公元前 2 世纪，也就是公元前一百年左右。

佛教信徒们不仅用莲花来表达佛陀高洁的人格，此外还用莲花来象征佛陀的思想和智慧所产生的巨大的影响力，因为在印度，莲花和莲蓬向来是暗喻多子多孙和生命的生生不灭的。

除了法轮、莲花等之外，这些象征性的东西和图案还有：

藤蔓——象征佛陀生命和思想的延绵不断。

药叉——原本是印度原始宗教信仰中的、生活于森林中的小精灵，它们象征自然万物对佛陀的崇拜和侍奉。

狮子——象征佛陀是“人中之狮”，威震四方。

宝座——就是佛陀讲法的座位，是神圣的东西。

伞盖——原本是佛陀讲法时遮挡阳光的用品，伞盖既是一种社会和思想等级的标志，又象征广阔无限的天空。

脚印——既是人们缅怀伟人的实物依据，又是人们获得佛法真理的指路标。

大象——这是佛陀最后一次投胎前的形象，佛陀曾轮回转世达三十三次。他曾经转世为国王、九色鹿、鱼、王子、孔雀、平民的儿子、狮子等等。最后一次轮回转世的形象是一头白色的大象。当他的母亲摩耶夫人在熟睡时，白象来到了摩耶夫人身边，从她的左胁进入身体之中，摩耶夫人因此而受胎，后来就生下了乔达摩·悉达多（释迦牟尼）。所以在佛教艺术中，大象就代表佛陀。

此外，象征佛陀的形象还有孔雀、日轮、“三宝标”（trishulas）等。“三宝标”就是借用印度传统象征“湿婆”的三叉戟来象征佛法“三宝”（佛宝、法宝、僧宝）。可见，在早期佛教艺术中，每一种东西的形象都有其具体的象征含义。

后来佛教发生了教派的分裂。早期的佛教后来又被人们叫做“小乘佛教”（Hinayana），以区别后来的“大乘佛教”（Mahayana）。“小乘佛教”有什么重要的特点呢？所谓“小乘”，就是说，修炼佛教的人，就像乘坐小型的车辆或舟船的人那样，只关注自己获得安逸与快乐，并不在意别人是不是安逸或快乐，更没有想到去帮助别人获得快乐，拯救别人脱离痛苦。小乘佛教的这种为人处世，借用中国儒家的话来说，就叫做“独善其身”，就是说，“各人自扫门前雪”，把自己的事办好，把自己的人格精神培养好就行了，管不了别人那么多的事。

而大乘佛教就是指乘坐“大巴士”和“大型豪华游轮”的人。他们不仅要通过艰苦的修炼，拯救自己脱离人生的苦海，使自己活得快乐，而且还要拯救别人，让别人也脱离苦难，也获得快乐。这就是不仅“自救”，还要“救人”，借用中国儒家的话来说，这就是“达则兼济天下”。

待到了大乘佛教确立后，解救别人脱离苦海的信仰逐渐成为佛教的根本宗旨之后，佛教就具有“救世”的性质了。信徒们对佛陀和他的弟子——菩萨们，就怀有一种类似于对救世主那样的期待心态，他们对释迦牟尼心存敬仰、有所索取，希望他能拯救自己出苦海。

从此，佛教从一个“持不同政见”的思想流派变成了有僧团组织、有信仰目的和宗旨、有系统的教义的宗教团体了。佛教的信徒们，就要祭拜释迦牟尼。有祭拜的行为，必然就需要一个看得见、摸得着的祭拜对象。既然释迦牟尼早已死去，那就用塑像来代替吧！人们不是常说“敬神如神在”嘛！佛像由此产生，觉悟者释迦牟尼从此就变成了永恒的、法力无边的神——佛陀了。

随着大乘佛教的兴盛，佛教开始了偶像崇拜，也就开始了持续两千多年的大规模的艺术创造活动。这是人类艺术史上的惊天动地的大事。它像地震一样震撼了南亚、东亚。从此以后的两千多年，南亚和东亚的人们建造寺庙和创造佛像的活动至今连绵不绝。它像海啸，所波及之处，庙宇建筑和壁画、雕刻遍地开花，它所创造出来的艺术美，惊世骇俗。两千多年来，佛教的建筑、园林、壁画、雕像、塔庙不知花费了人类多少的金钱！我想，即便是天神和现代大型计算机，也计算不出从阿育王时代到今天，南亚、东亚的各族人民在建寺造庙和壁画雕刻上花去了多少金钱，投入了地球上多少的人力和资源！佛教艺术的经济投入，大概是全人类最大规模和最多的投入，艺术成就也是其他宗教艺术难以媲美的！

早期佛陀像

印度国家博物馆展出了最早的佛像作品，这些作品主要出土于印度西部的犍陀罗、马土腊等地。

目前能见到的佛像是制造于公元1世纪的金币上的佛像。这是贵霜王朝的迦腻色迦一世国王(Kanishka Ⅰ)所铸造发行的金币。金币上的佛像虽小，但小小的金币却把佛陀身体和形象的重要特征都表现了出来。例如：佛陀头顶上的肉髻，表示颅骨隆起，显示佛陀超凡的聪明智慧；大而长的耳朵表示身份的高贵和富有；手施无畏手印；身穿僧袍；身后和头部后边都有光环。金币上所表现的这些特征证明了两点：其一，早在金币上的佛像出现之前，肯定已经有类似的绘画或雕刻所表现的同类形象流传世间了。其二，后来的佛像的基本特征在公元1世纪就已经基本定型了。

早期佛教雕像有两个特点：

第一，具有明显的写实性。例如，著名的“佛陀苦行像”创作于公元前1世纪末—公元2世纪的跨世纪时期。作者以夸张的刻画表达了释迦牟尼当苦行僧时的样子。

在巴基斯坦的霍提马丹也出土了一尊相同时期（公元1世纪至2世纪）的佛陀站立的雕像。这座雕像属于古典艺术风格的作品。长袍紧贴皮肤，就像身穿湿衣服一样，衣褶松散下垂，头部微微偏向一边，显出内心的轻松与宁静，就像生活中的智者一样。作为神的标志就是在头像和背部增加了人类没有的“神光”（“背光”）。

第二，造型朴素、简洁，有明显的唯美倾向。

艺术品永远要服务于社会需求，即市场需求；艺术家只有不断地从社会上拿到订单才能够生存。过了两个世纪以后，为了适应大批信众的崇拜和祭祀的需要，印度艺术家的生意实在太好了，订单太多，实在忙不过来了，印度艺术家就连忙引进“外援”，请来了附近的罗马行省的希腊籍和罗马籍的艺术家帮忙制造佛像。

希腊罗马的艺术家对于雕刻太熟悉了，他们同石头打了好几百年的交道。他们一听说要雕刻神像，而这个神名叫佛陀，他是个智者、导师。他们很可能顿时心中就浮现出了同样是智者和精神导师的苏格拉底、柏拉图的形象；一听说佛陀是一个相貌英俊的男人，他们肯定一下子就想到了英俊的阿波罗。所以，希腊罗马工匠心中怀着他们的美的理想和模型，抡起大锤，就敲击出来一个一个美丽的、有些女性化的佛陀像。

希腊式女性化佛陀像

这几尊佛陀头部雕像太美了！他融合了希腊罗马艺术追求对称、平衡、和谐的风格，既表达出了希腊人体最高的审美理想：“高贵的单纯与静穆的伟大”，又揉进了印度的安详和沉思的精神品味。这几尊像可以称之为“东方化了的、已脱胎换骨了的阿波罗”；它们又可以称之为“西方化了的、绝美的东方思想家”。在制作风格上，它们表现出了柔美、细腻的印度风格，可以与世界上任何一件最美的人头雕像媲美而丝毫不逊色。

这就是印度西部犍陀罗地区制造出来的希腊风格的佛陀雕像。值得一提的是，在遥远的古代，印度的犍陀罗同中国西部的道路相通，是中国人称之为通向“西域”的“丝绸之路”上的一颗明珠。古代西方和中亚的文明、印度的佛教都是从这一通道传到中国来的。中国晋代的大和尚法显与唐代的大和尚玄奘都是从这条道上走出去取经的。所以，中国许多地方的佛教石窟中的雕像，如新疆克孜尔石窟，甘肃省的敦煌、刘家峡、麦积山以及山西大同的云冈石窟的佛教造像，主要继承了犍陀罗佛像的唯美主义风格：低垂的眼帘、秀美的高鼻、具有装饰性风格的螺旋形卷发、匀称而美丽的面庞。这种唯美主义的追求，一直影响到唐代洛阳龙门石窟巨大的“卢舍那佛”的美丽造型。

近年来，有的西方艺术史家提出这么一个假设性的看法，中国人引以为骄傲的秦始皇陵前的“兵马俑”雕塑，从写实的风格上讲，也透露出某些希腊罗马雕像的特点，很可能希腊罗马的艺术家和匠人，参与了“兵马俑”的创作。事实上，近年出土的秦陵兵马俑坑附近的坟墓中，也的确发现了外国工匠的尸骨。这说明，西方文化、印度文化同中国文化的交流，比我们预想的时间更早，交流的规模很大，就像现在我们大批的工程技术人员在非洲、美洲、中亚和印度等地参与大型工程的建设一样。

过度装饰的佛陀像

后期印度佛教雕像明显的特点是走向贵族化、装饰化、雕琢化。这种装饰首先出现在对“背光”的雕琢修饰上。在人们的心目中，既然佛陀是神，神就应当与人不同，他的身体就能发出神秘的光辉。佛陀是神，是人们理想的人的最高境界，理想中的人生就是吃好、穿好、住好。所以佛经中宣扬的西方极乐世界就是黄金、宝石堆积如山的世界。佛陀的形象上没有黄金、宝石怎么行呢？因此，后期的佛像雕刻家根据他们心中向往的景象，把佛陀和已经修炼成佛的菩萨们，都堆满了黄金珠宝、首饰、瓔珞。过度的装饰把佛陀从思想家和精神导师变成了珠宝饰品的模特儿了。过分的世俗化使印度佛教走向衰落，渐渐消失。

印度国家博物馆的佛教雕像展品说明了这一过程。

该馆展出了不少的有代表性的印度教的雕像。印度教雕像艺术是向佛教雕像学习的结果。最早，印度人把佛教称之为“像教”，这是说，佛教是以偶像崇拜为特点的宗教，而婆罗门教没有偶像崇拜。这是佛教与婆罗门教的区别。婆罗门教（早期的印度教）宣扬的众神，存在于古代的神话传说和文学作品之中，也就是存在于人们的记忆和想象之中，而很少有具体的形象的表现。到了公元5世纪的笈多王朝时代，婆罗门教（印度教）为了同佛教、耆那教等沙门教派争夺信徒，无论在宗教教义和祭祀方式、崇拜方式上都做了较大的调整和改变，并且充分吸收和借用佛教的“形象”化方式，即用“现身说法”的方式，来吸引大众。因此，印度教的信徒们也开始大量制造神像。

非常有趣的是，古代的教派竞争激烈，甚至不择手段来占领地盘、争夺教徒。例如，印度教徒常常把自己的生意做到了别人的门口边，他们常常就在同一个地点、同一个地方的佛教洞窟或庙宇边，动手修建印度教的庙宇、石窟、神像，有的甚至把佛像也造在印度教的庙宇中。尽管这样咄咄逼人，但兄弟教派之间似乎一点也没有伤和气，更没有大打出手、彼此之间搞恐怖袭击或者相互拆台的事发生。这种喜欢把杂七杂八不同的东西稀里糊涂地混杂在一起的习惯，正是印度的习惯，这种习惯最后形成了民族传统。

同样有趣的事又发生在几百年之后。伊斯兰文化传统的德里苏丹帝国以及后来的蒙古族的莫卧儿帝国的国王们，他们在建造宫殿、庙宇时，索性拆掉印度教庙宇中的一部分建筑，再新建一些伊斯兰风格的建筑就行了。对于这些国王来讲，不存在什么审美风格协调不协调的问题。“普天之下，莫非王土，率土之滨，莫非王臣。”对于国王而言，天下都是我的，天下万物，不协调就是协调！各种样式、各种色彩都可以陈列在一起，这就是自然而然的美！印度的历史，从他们的人种到生活方式，从饮食习惯到艺术作品，都是在混杂中形成的。印度民族在任何事情上，都有这种混合的冲动，至今依然如此！

在公元5世纪前后，在许多佛教的石窟旁边，例如著名的阿旃陀石窟、卡利尔石窟以及佛教的庙宇附近，都有婆罗门教（印度教）神仙的雕像。最后形成了佛教建筑、绘画、雕刻艺术同印度教的建筑、绘画和雕塑艺术混杂在一起，甚至形成了你中有我、我中有你的局面，叫人难以划分彼此的界限。所以，许多外国人看到这种混杂不清的艺术形式，感到茫然不解。但是，印度教文化艺术越来越繁荣，其势头大大盖过了佛教。越往南印度走，印度教的文化艺术越显蓬勃，佛教的文化艺术越来越薄弱。这种情况直到12世纪末才发生改变。那时，伊斯兰教的军事势力大举侵入北印度。伊斯兰教占据了正统的统治地位。正处于繁荣的印度教文化以及正处于凋零状态中的佛教文化同时受到伊斯兰文化的致命打击。在伊斯兰文化和艺术持续几个世纪的排斥和打击下，印度教文化艺术受到了严重的摧残，印度教文化和艺术被迫向东南亚的一些王国转移，而那时在印度已经处于苟延残喘的佛教，则濒临灭绝了。

印度国家博物馆展出了公元5世纪至公元12世纪期间印度教雕像的精品。

印度教的雕像与佛教雕像在美学风格上相似性很多，这一点也不奇怪，因为，都产生于同一个母亲的子宫之中，都成长于同一个文化摇篮之内嘛！相比较，佛教雕像显得写实性较强，佛陀和菩萨们的情感都很内敛、含蓄，充分表现了印度笈多王朝时期流行的古典主义柔媚的美学风格。看到这些佛教雕像和壁画中的菩萨像，你不由得就想起了大诗人迦梨陀娑创造的美女沙恭达罗那娴静而柔媚的形象。

浪漫而性感的舞蹈女神

象征宇宙节奏的湿婆像

印度教雕像在造型上，人物身体健壮、充满活力，人物的肢体更显柔媚、细腻，人物的姿态动作更显浪漫、张扬，更性感，在情感的表达上更显得汪洋恣肆、毫无顾忌！印度教雕像在解放肢体方面显得更大胆、更自由、更奔放，就像是瑜伽师在表演高难度的人体动作一样，也像舞蹈家在情感激越的状态中，跳着快速节奏的舞蹈一样，真像神出鬼没似的，什么意想不到的动作都可以做出来！印度教的神像雕像形体与情感高度合拍，每一种动作姿态中，都饱含激情，形体是准确传递情感的符号。这与希腊雕像的克制、内敛和神情的冲淡完全不同。如果说，希腊雕像和佛教雕像是一朵一朵美丽的宁静的花蕾的话，那么，印度教雕像就是一丛丛跳动的火焰！

总体上讲，印度佛教雕像和印度教雕像在造型的体积上，有大有小；大的达两米多，小的雕像往往是 50 厘米左右的居多，80 厘米高的也不少，总体上讲，小型雕像的数量最多。表面上看，艺术家制作这些雕像似乎真是不拘一格，任性而为。其实，这些大大小小、高高低低的雕像，主要是为了满足建筑样式的需要。观察印度的建筑艺术的特点，可以发现其中的一条隐秘的因果连线：印度的宗教观念决定了建筑的功能样式；建筑的功能样式决定了雕像的数量与体积的大小。

印度教是多神宗教，人们相信万物有灵，灵魂不断转世，人与动物、植物没有本质的差别，只有形体的差别，人与动物、植物的生命可以转换，甚至人可以同动物性交。古代的印度史诗《罗摩衍那》和《摩诃婆罗多》中就多次描写森林中的“仙人”（隐居者）与梅花鹿、与牛性交的故事。印度教徒信奉的神灵多达一千多个，加之印度人喜爱繁缛之美，所以在高达几十米的印度塔的四周，都设有若干层隔层，来表示九重天的意思，每一隔层都要安放大量的、大小不等的神像。在庙宇的内外四壁上，都修建有数量众多的大大小小的神龛，每个神龛中就得摆放一个神像，所以建筑的样式决定了需要众多的、体积大小不等的雕像。

由于不允许带相机，我就无法拍摄大量的雕像。但是，我们还是运用小型的数码相机，拍摄了一些照片，尤其是馆外空地上陈列的雕像的照片。

参观印度国家博物馆的展品，还有一个特别的看点。这就是从莫卧尔王朝就开始兴起的“细密画”。印度的细密画非常有名气，就像中国的“水墨画”、日本的“浮世绘”、中国西藏的“唐卡”、欧洲的油画一样。对于一个艺术家和艺术史家而言，如果你知道印度而不知道细密画，可能人家就会认为你是一个“老土”。

玩艺术是最花钱的事情。任何人要学习艺术，就得投入大量的金钱，否则你很难成为有作为的艺术家；任何时代的艺术要发达和繁荣都需要执政者的支持和赞助，需要他来投入大量的金钱。我认为，这大概是“艺术社会学”中最重要的原理。

佛教兴起的时代，没有阿育王的推崇和宣扬，释迦牟尼哪能名扬天下呢？没有阿育王的大量投资，哪有发达而繁荣的佛教艺术呢？同样的道理，没有唐高宗和武则天的支持和投资，哪来的著名的中国洛阳龙门石窟呢？文艺复兴时期意大利的伟大艺术家达·芬奇、米开朗基罗、拉斐尔等人的身后，都站着一位大主教或教皇，或者是像罗伦佐家族那样的大财主。这些投资人不断地给他找活干，不断地给他下订单，不断地给他金币，这才有文艺复兴著名的意大利佛罗伦萨画派。同样的情况也发生在威尼斯。有了威尼斯大公的挥金如土，才有名震世界的以提香为代表的威尼斯画派。

同样的道理，也适用于印度建筑艺术和莫卧儿细密画。莫卧儿建筑艺术，尤其是名扬天下的泰姬陵之所以能成为“世界文化遗产”，印度的细密画之所以能够成为世界上著名的画种，真得仰仗创立莫卧儿帝国的几位统治者。他们不断地提供一个又一个的建筑场地，来让那些顶级的建筑师在这些场地上摆弄砖瓦石头，尝试把各种几何图形加以排列组合。他们大把大把地抛散金钱用于艺术活动。他们在几百年中不断地慷慨解囊，大把烧钱，终于使印度赢得了好些个联合国颁发的“世界文化遗产”证明。

16 世纪，由蒙古族的军事力量创建的莫卧儿帝国统治了印度。这个帝国的创建者名叫巴布尔（Babur)。这个国王是突厥族人，他自称是成吉思汗和帖木儿的嫡系后代，是帖木儿的第五世或六世孙子。他于 1526 年摧毁了德里的苏丹王国，建立了莫卧儿帝国。他于 1526—1530 年间在位。他在位的时间不长，1530 年 12 月死于阿格拉，时年 47 岁。这位国王像所有创业的君主一样，一生戎马征战，在马背上度过的时间，比在床上度过的时间多得多，能打下江山创立帝国的人，当然称得上是军事家。但是最难得的是，作为军事家，他居然非常喜欢文学艺术，尊重学问，有很高的审美能力。他在多年的流亡和征战中，还坚持写作诗歌和记叙文。他用突厥语写的自传体的《回忆录》是一部很有史学价值和文学价值的著作。在他的倡导和推动下，莫卧儿帝国的艺术开始繁荣起来。

巴布尔的继承人是胡马雍（Humayun，1530—1556 年在位)。胡马雍在内忧外患的环境中当了十来年的国王，后来又被印度本地的印度-穆斯林复兴运动的舍尔沙领导的军事力量打败，他与随行人员被迫穿越印度西部茫茫的沙漠逃往波斯，在波斯流亡了十五年之后，又借波斯国王的军队打回印度，于 1555 年 7 月恢复了德里的莫卧儿政权。他惨痛的亡国和寄人篱下的屈辱经历，很像古代中国的“越王”勾践的遭遇。

在波斯宫廷借居的十五年中，胡马雍一无所有，有的只是时间。胡马雍百无聊赖，每天向宫廷画师学习画画，或者欣赏用波斯历史上传奇人物的故事为题材画成的细密画。这些细密画都是单幅的，但是把它们一幅一幅地缀在一起，就相当于中国的连环画。波斯的画是细密画，画张不大，笔触纤细，精工细作，非常写实，色彩鲜艳。要创作这种细腻工整的写实的画，要求画师全神贯注，毫不马虎。所以学画细密画可以使胡马雍的思想处于专注的状态，很少去想失国的惨痛，少去叨念什么"故国不堪回首月明中"之类的诗句。一个人会画画就会欣赏画。久而久之，胡马雍就成了细密画的爱好者和欣赏者，从艺术的外行变成了内行艺术家。当他复国时，他决定把两位波斯艺术家带回印度。这两位艺术家一位名叫"米尔·萨伊德·阿利"(Mir Sayyid Ali)，另一位名叫"阿卜杜斯·萨马德"(Abdus Samad)。这两位艺术家成为莫卧儿细密画派的创始人。

胡马雍复国后的第二年，即1556年1月24日晚，当宫廷中的塔楼上晚祷钟声响起来的时候，胡马雍急匆匆地从藏书楼出来，打算赶去参加穆斯林的晚祷。由于走得太急，不小心失足从楼梯上跌下来，摔破了脑壳，两天后不治而亡。可怜的胡马雍仅仅收复了他的印度帝国才一年，就这样平淡地死去了。随即，胡马雍的十四岁的儿子阿克巴当上了莫卧儿帝国的第三任国王。

这个阿克巴国王从小不喜欢读书写字，但他却有惊人的记忆力和理解力。阿克巴从小对动物和野外生活感兴趣，喜欢过有刺激的生活，例如，喜欢看野外的狩猎或危险的斗象比赛。令人不可思议的是，这么一个野性十足的少年，居然喜欢欣赏音乐和写诗，尤其酷爱绘画，喜欢看那些故事性很强的细密画。他当了国王之后，又多了一个爱好，就是喜欢建造房子。经常追随在他身边的最亲密的一帮人，既不是亲戚，也不是大臣，而都是一些艺术家。

阿克巴在建筑艺术上的巨大贡献这里暂且不论。他在建筑上的一系列重大成果至今都摆在那里，谁都搬不动。无论印度人或外国人，都要去欣赏他投资建造的城堡、宫殿和陵墓。这些东西都成了世界文化遗产。但是许多人不知道阿克巴最重大的艺术贡献，就是由他开创了莫卧儿画派。他创立了皇家画室，招聘了一百多位著名画家在两位波斯绘画大师的指导下创作，就像中国宋朝的宋徽宗创建了著名的"宣和画院"一样。皇家画室的规模和宫廷艺术家的人数一直保持到莫卧儿帝国覆灭。这是世界艺术史上少有的情况。

1605年阿克巴去世时，他的皇家图书馆收藏了两万四千册含插图的手抄本图书。阿克巴是印度的艺术家兼皇帝，就像中国宋代的艺术家兼皇帝宋徽宗赵佶一样。不同的是，宋徽宗赵佶玩艺术不仅把江山玩丢了，连自己的老命也搭进去了。阿克巴玩艺术，不仅玩出了一个世界级的著名画派，还玩出了一系列印度的“世界文化遗产”!

莫卧儿皇家画室的第一件重要作品大约开始创作于胡马雍生前。在阿克巴的过问和主持下，完成于 1579 年。这件绘画作品就是根据波斯的传奇故事《阿米尔·哈姆扎的故事》创作的连环画。画册由十二册对开本组成，开本很大，画幅也就很大，每幅画约有 70 厘米高，51 厘米宽。画册总共有一千四百多幅单幅画。此外，莫卧儿的细密画喜欢创作纪实性的人物故事画。例如，当时画家就创作有《阿克巴本纪》，这本画册流传至今。

作为一种具有独特技法风格和审美价值的艺术品种，印度莫卧儿王朝的细密画在世界艺术史上占有很重要的地位。随着英国殖民主义者对印度的占领和统治，印度的细密画也散布到世界各地。18 世纪荷兰大画家伦勃朗就曾广泛收藏印度细密画，并且很有兴趣地临摹这些细密画。从 18 世纪起，英国与美国多家博物馆都收藏了不少印度细密画。

印度细密画来源于波斯细密画。波斯的细密画重装饰而轻写实。印度细密画的特点是：把装饰性和写实性结合在一起；喜欢运用绚丽夺目的色彩，每一种色彩都是平涂，不讲究色彩的浓淡明暗；喜欢采用多点透视，不用西方画派那种焦点透视方法；不注重人物之间的比例，有的人物显得头大脚小，伟大的、重要的人物故意表现得比常人高大、突出；不注重人与事物之间的比例；在色彩的选择和使用上，注重色彩本身的象征含义，而不讲究色彩在使用上应遵循的规律；细密画的笔触和线条非常纤细，注重细微的刻画；在画面的结构上，以想象的空间和结构来表现，不注重事物之间的真实的空间结构。例如，《阿克巴驱象图》《法国梧桐树上的松鼠》《贾汉吉尔坐在宝座上》等画，就充分体现了细密画的特征。

印度细密画以人物画为主，花鸟画的数量也较大。由于细密画的画幅都较小巧，笔触细腻入微，加之色彩绚丽，题材主要为宫廷生活和贵族的爱情情趣，所以，细密画在表现出广泛而丰富的生活情趣的同时，又散发着浓烈的贵族脂粉气息。

印度的莫卧儿细密画对印度的绘画产生了极大的影响。莫卧儿绘画和近代印度的其他绘画派别的作品中，都可以看到细密画的特点。

但是随着英国殖民主义统治的加强，英国殖民统治者在印度强行推行西方式的文化教育。英国人于 1850 年在南方的马德拉斯建立了西式的艺术学校，又

印度-伊斯兰细密画

于 1854 年在加尔各答建立西式的艺术学校，开始强行推行西方绘画理论和艺术教育。从此，印度学生开始系统学习西洋绘画和雕刻。细密画逐渐变成了“活化石”。现在，除了在边远地方还有传承者外，大城市的细密画家已不多见了。

博物馆用好几个大展室展出了印度莫卧儿细密画中的许多精品，令人目不暇接。

三、德里红堡

到德里旅游参观如果不去“红堡”，就像到了北京不去故宫一样。

德里红堡（Red Fort）是17世纪中叶（1638年）莫卧儿第五代国王沙·贾汗决定把首都从阿格拉城迁到德里时建造的。红堡是沙·贾汗为了迁都到德里而修建的王宫，因其王宫城堡的围墙用玫瑰色的红砂岩建成而命名“红堡”。这是莫卧儿王朝修建的第三座红堡。这三座红堡有两座建在阿格拉城外，一座是位于阿格拉城西南约37公里的西克里城堡，另一座是在阿格拉的城边、雅木拉河畔的阿格拉城堡垒，人们常说的阿格拉红堡指的就是这座城堡。

德里红堡的正面像

古代印度的帝王们在“四个种姓”中属于刹帝利（武士）阶层，在色彩的配属上为红色；婆罗门（祭师和贵族）阶层是最高级的阶层，被配属为白色；吠舍（商人和普通人）被配属为黄色；最低级、最下贱的首陀罗阶层被配属为黑色。红色是刹帝利的标志，而北印度又盛产红砂石，因此，作为刹帝利的国王们既用红色的砂石来建筑城堡，又用红砂石来建造寺庙、雕刻神像。

德里的红堡是莫卧儿王朝的国王修筑的第三座红堡，这座城堡是阿格拉城红堡的升级版：面积和规模比阿格拉城堡更宏大；其中的建筑显得更宽敞、更豪华，每一幢建筑之间的距离显得更宽阔、舒坦。德里“红堡”不再像阿格拉城的两座“红堡”那样依山而建，而是建筑在平原之上，更像是一座豪华的城中之城。

主持这项设计工作的是来自波斯的著名建筑师乌斯塔德·艾哈迈德和乌斯塔德·哈米德。他们曾参与了著名的泰姬陵的设计与修建。

德里红堡的城墙周长绵延2公里多；东边面临雅木拉河岸边的城墙的高度是18米；西边面临城市的城墙高度为33米。如果从空中鸟瞰，德里红堡的平面形状基本上是一个长方形，南北长915米，东西宽约651米。但是，在城墙原本应当是直角的转角处，都削掉了直角，成了斜边，实际上是呈不规则的八边形。

红堡建有两道城门：西侧的正城门叫做“拉合尔门”；南部的西侧还建有一个叫做“德里门”的城门，德里门直通对面的贾玛·玛斯吉德大清真寺。

现在游客参观进出的城门就是“拉合尔门”。

在德里红堡外，设有售票处，还有专供外国游客的售票窗口，外国人的票价是250卢比（约合人民币36元），印度人的票价是10卢比。初来乍到的我，在拥挤的售票处窗口排队，直到窗口前，才看到一个很小的牌子，原来这是专为印度人开设的窗口。因为我排错了队，惹得身边的印度人哈哈大笑起来，他们指了一下根本没有人排队的窗口，那才是专供外国人的售票窗口。我白白耗去了近二十分钟的时间！

拉合尔门的城门口两旁，有两个沙袋垒成的防御工事，其中各有两名手持轻机枪、身穿黄呢军服、头戴贝雷帽的士兵，警惕地站在那儿。还有一些军警手持一米长的木棍，站在城门旁边。这说明了德里的“反恐”形势的确是严峻的。城门边摆放了两三张小长桌，几个长得很俊美的女兵坐在桌边检查外国人的证件，偶尔也检查引起她们注意的本国人的证件。她们看了我的护照，知道我是中国人，居然友好地给予我一个甜甜的微笑。我则利用她们的友好的微笑，闪在一旁拍下了她们美丽的形象。

走进外城的城门口之后，我看见外城的石梯下和内城门的门口，又有两个沙袋垒成的工事。一个长得英俊健美的机枪手扶着枪站在里面。我走近工事，

印度军人

举起了相机，友好地问这个士兵："可以吗?"他友好地笑了笑，点了点头，又整理了一下贝雷帽让我拍照。

男女青年军人表现出来的友好，使我对他们产生了好感。

古代的红堡是护卫王宫的城堡；城堡内就是王宫；军事要塞与王宫合二为一，是莫卧儿宫廷建筑的特点。英国殖民统治者占领印度后，就把德里红堡改用作军事要塞；1947 年 8 月印度独立后，红堡由印度军队接管，依然作为印军卫戍部队的军事要塞。内城的城门口旁，立有一块红色大理石的石碑，上面用英文刻着 1947 年印度独立以来曾驻扎于红堡的印军部队的番号。近些年，军队才撤出红堡，红堡才开始作为一个历史古迹对百姓和旅游者开放，普通的百姓才看到了这古代的宫廷禁区的真实面貌。但是面对这些荷枪实弹、警卫森严的士兵们，游客们依然觉得来到了一座军事要塞。

红堡的"斜门歪道"

印度莫卧儿王朝的宫廷建筑都有一个非常引人注目的、独特的建筑样式——莫卧儿王朝城堡的城门口都建成了"歪门斜道"。德里"红堡"的城门修建得也像阿格拉城红堡和斋浦尔的安贝尔城堡的城门口一样，一律采取了"歪门斜道"的样式。为什么要故意修建成"歪门斜道"呢?

根本的原因还是在于防卫的目的。

古代中国城市的城门口都直通大道，城市的城墙以及城门和大道垂直。印度的城堡的城门，在修建时，故意把城门口建筑成不正面对着大道，而是让高高的城堞对着大道。人们要绕一个弯，才能走近城门口。当进攻部队绕过这个弯到达外城的城门口时，你就已经处在占据了制高点的、呈直角形的两面城墙上的守军攻击的范围之内了！这就是“歪门斜道”。阿格拉的两座城堡都建在山上，进入城门的道路不仅是斜对大路，而且还有一定的坡度、倾斜度，这对于进攻的一方非常不利：坡度大大延缓了进攻部队的冲击速度，这对于防守一方却十分有利。

德里红堡有内城和外城（即瓮城)。外城的城门和内城的城门之间，有一片约一千平方米的空地，经过这片空地，再进入内城的城门。内城的城门和城墙比外城的城门和城墙更高。外城门和内城门之间的空地，形成了类似于中国古代大都市城堡的瓮城，就像南京城和北京城的城门内修筑的瓮城一样。瓮城在防守上所起的作用很大：即便敌军攻进了外城的城门，他们进来后只能拥挤在这片狭窄的空地上，处于内外两边城墙的夹缝和包围之中，毫无抵抗能力，任凭两边城墙上的防守部队用石头、弓箭、标枪杀戮。

红色觐见厅

进入德里红堡的外城之后，要进入内城，就要先穿过一条商业街，这一条长长的商业街，其实就是长长的城门洞。它是一个圆拱形的通道。通道两边就是小商品市场，印度人把这里叫做“通向莫卧儿时代的拉合尔门”。据说。当年这里也设置有一些供宫廷里的人们买东西的专卖店。走完这条通道，就来到了一座两层楼的建筑前，这是宫廷皇家乐队的演奏厅，也就是迎宾厅。客人们到此就得从大象坐骑上下来，开始步行了。1859 年印度民族大起义失败后，英国殖民统治者占据了德里，英军的总部就设立在这座楼中。现在这里改为陈列室，展览宫廷中的一些珠宝、器物和艺术品。

德里红堡中的几座宫殿足以让现代人开开眼界，懂得什么叫做“奢华”！

红堡中有两所觐见厅：一所红色砂石建筑的觐见厅和一所用白色大理石建成的觐见厅。两座觐见厅呈一字形排列，相隔五十来米，中间有平台相连。

红色觐见厅是一座单层的亭阁式宫殿。实际上你可以说它是一座用若干排石柱支撑起来的、无墙的平顶的凉屋。正面看来，红色觐见厅是由几个尖顶的拱门组成的。

在红色觐见厅中部宽阔而敞亮的墙上，建有一间豪华的凹室，就像一个超大的珠光宝气的神龛。神龛中建有一个高高的平台，就像一个凹进墙体中的戏台。这个高高的平台离地约 3 米高，中间安放着皇帝的宝座。平台上建有四柱支撑的豪华的篷盖。平台与篷盖都是由白色的大理石建成。白色的大理石上不仅镌刻着精美的花纹，还镶嵌着红色的、蓝色的、绿色的宝石、玉石和玛瑙等饰物。据说，这些镶嵌的杰作出自于当时意大利著名的宝石匠奥斯汀·博尔德之手。

皇帝的宝座

我们这些现代人、小老百姓只知道有人用宝石、玉石、玛瑙、翡翠等宝物来做首饰或点缀服饰，最多用作器物的装饰，哪里会想得到居然用名贵的宝石来装饰墙壁和柱子呢！与莫卧儿皇帝相比，我们太缺乏想象力了！

尽显瑰丽豪华的是白色觐见厅！它建于 1642 年。这是一座用纯白色的大理石建造的单层亭阁式宫殿。这座样式简洁明快的宫殿长约 27 米，宽约 20 米。白色觐见厅的正面门廊建有五座尖顶的拱门，每个拱门又不是简单的弧线，而是九个波浪形的曲线连在一起构成的尖顶拱门。

白色觐见厅

白色觐见厅的内部又通过相互连接的拱顶和拱廊的

形式把殿内分隔成一个一个彼此通透的“架间”，在天花板上形成了层层的弯曲的、波浪形的透视效果。平屋顶的边缘上建有倾斜的遮檐，以挡住阳光。宫殿的平顶四角各建有一个白色的纤巧轻盈的印度式凉亭。

在门廊的方形柱座、柱身与屋基的大理石面板上，都雕刻着绮丽的凸凹的阿拉伯式花纹。在拱门的列柱与殿内墙壁上装饰着用碧玉、素色玛瑙、红玉石镶嵌的玫瑰花、百合花、罂粟花等花卉图案；天花板用白银包装，整个殿内真是金碧辉煌，绚丽缤纷！

在白色觐见厅正中央的大理石台基上，当年曾安放着一座名为“孔雀宝座”的皇帝宝座，它非常名贵，据说，价值两亿卢比。孔雀宝座用黄金铸成。宝座上装饰着 24 只用蓝宝石、红宝石、绿宝石和珍珠镶嵌的孔雀，两只孔雀图案之间还镶嵌着一只用祖母绿宝石雕刻而成的小巧的鹦鹉。1739 年波斯入侵者纳迪尔沙攻占德里后，把孔雀宝座运到了现今的伊朗，现在这座孔雀宝座仅存碎片，放在德黑兰博物馆陈列。1760 年马拉塔人又跑到白色觐见厅来，剥去了银质的天花板。尽管这两座觐见厅遭遇过多次的浩劫，但毕竟“瘦死的骆驼比马大”，至今仍显露出豪华奢侈的皇家气派！

纯净的色彩，曲线的拱门、圆弧形的亭塔与殿厅的直线的轮廓形成了强烈的对比，加之繁茂有序的阿拉伯花纹的装饰等等元素，使这座白色的觐见厅成为建筑学上的“白色大理石的交响乐”！

在这座觐见厅南、北角的拱门上都镌刻着皇帝沙·贾汉的两行波斯文的诗句：

如果在人间有一座天堂，它就是这座，它就是这座，它就是这座！

离白色觐见厅不远的地方，就是皇帝生活居住的后宫。后宫中，有一个豪华奢侈的“彩宫”，又称为“镜宫”。这个宫殿因为在墙壁上、天花板上装饰着彩绘图案，在彩绘图案上又镶嵌着许多镜片而得名。这座宫殿也是由拱门列柱把内部分隔成“架间”——天花板上被分割成间，室内则是由廊柱隔成彼此相通的三个空间。在中央的一个隔间的地面，有一个凹陷的用大理石砌成的莲花形水盆。水盆中间建造有一个莲花蓓蕾状的喷泉。从喷泉中不断流出清凉的香水。这就是后宫中的皇家浴室。皇家浴室的地板和墙壁都镶嵌着红色和绿色的对称的彩石。中央水池的喷泉流出的水，注满另一个水池，此池中已注入加热了的玫瑰花的香水，以供人沐浴。在这里，你完全可以放飞激情的想象，去想象当年皇帝同流光溢彩、软玉温香的后妃们在这里沐浴时的浪漫情景！

后宫分为祈祷室、寝室和起居室。这三个房间都镶金嵌玉，光彩夺目，豪华至极！

红堡中的宫殿足以让现代人开开眼界，不仅叫人懂得了什么叫做“奢华”，而且叫人懂得了什么叫做“至尊”！

在觐见厅，皇帝坐在3米高、如同“神龛”一般豪华气派的宝座上面接见外国使节或本国的大臣，或接受本国臣民的朝觐。皇帝高高在上，与地面上的外国使臣和本国的臣民不在同一个平面之上，地上的人不仅觉得在空间上低人一等，在心理上，也深感自己地位的卑下了！建筑上的设计智慧在不知不觉间就转化成了政治智慧，充分表达了皇帝的至尊的地位！

皇帝的宝座——以空间的高度来表示权力和尊严

封建时代的帝王们，都有这种骄横的自尊心理。中国皇帝是这样，印度的皇帝也是这样！不同的是中国皇帝的宝座尽管也高出地面约两米，但他的宝座前还设置有小巧的楼梯直达地面，与地面上的臣仆们还有沟通的可能；莫卧儿的皇帝的宝座则悬空3米，他下不来，你上不去，根本没有近距离接触的可能！莫卧儿皇帝大概认为，我同这些小子们没有近距离接触的必要吧！

阿格拉的两座城堡的觐见厅都是同一模式，这说明莫卧儿皇帝的骄横心态已形成了一种传统，并通过建筑样式一再地反映出来！

德里红堡的宏大气势和豪华奢侈的派头给人留下了深刻的印象。北京的紫禁城规模宏大，气势雄阔，但建筑得过于密集，建有太多的房间和宫殿，像一个家族聚集在一起居住的居民点！据说，紫禁城的房间多达九千九百九十九间，然而却只有一个相当狭小而局促的御花园！中国的皇宫是皇帝为了显摆“齐家治国平天下”的政治理念而设计的；德里红堡却是为了确保皇帝的享乐而设计的。因此，它以花园为主体，宫殿散落在大花园之中，点缀着花园，更显得别有一番风情！

四、德里贾玛大清真寺与伊斯兰圣徒之墓

德里红堡南面的“德里门”的正西面约 1500 米处是印度最大的清真寺——贾玛·玛斯吉德清真寺（Jama Masjid），其含义为“礼拜五”。这座清真寺和红堡都是奉沙·贾汗的命令修建的。“清真寺”是中国伊斯兰教徒对寺庙的称呼。红堡和贾玛清真寺是古代德里（旧德里）规模最大的建筑。在古代，红堡是伊斯兰政教合一的政治中心；贾玛清真寺是宗教中心。一个代表着终极的权力，一个代表着终极的精神！这两个地方是游客必到之处。

贾玛·玛斯吉德清真寺始建于 1644 年，直到 1658 年才宣告完工，共修建了 14 年。众所周知，一般来说，伊斯兰教的寺庙是圣洁而洁净的，周边的环境也是清洁的。寺庙前的广场上都有长方形的清亮的水池，可以看见宏大的寺庙的身影倒映在水中。但是，当我来到贾玛清真寺前的广场前，我为这里的肮脏

贾玛·玛斯吉德清真寺前的景象

杂乱、嘈杂喧嚣所震撼了！清真寺前的广场似乎已变成了一个大“巴扎”（Bazaar）——集市！长长的浅浅的水池中没有水，只有垃圾杂物、破砖头……在拥挤的人群中，有不少乞丐窜来窜去；那些做生意的小贩或是扛着包袱，或是顶着篮子在人群中挤来挤去；叫卖声、叫嚷声、谈价声喧嚷着，真是混乱不堪！很像好莱坞电影中那些表现阿拉伯题材的影片中的嘈杂混乱的场景。人们就在这一片混乱中做生意：有的人用平板车摆出商品；有的人用竹竿支成架子，把衣服、物件挂起来，大声甩卖；有的人索性就把商品放在一张塑料布或旧报纸上叫卖。在旁边的空地上，坐着一些老妇人和孩子们，他们又脏又瘦又困乏，不停地打量着四周的人们，不知她们待在这里是等待什么！

我看见了不远处的、建在几层大台阶上的高大雄伟的清真寺。但我很难穿越这个嘈杂混乱的“巴扎”地带。当我曲曲折折地穿越过嘈杂拥挤的人群之后，看到清真寺的大台阶上同样是四处散落着垃圾，台阶上坐着一些无所事事的肮脏的人群时，我已毫无兴致，打算放弃参观清真寺了！我在中国参观过不少清真寺，后来在印度的其他地方也见过一些清真寺，但再也没有见过像印度首都德里的贾玛清真寺这样肮脏嘈杂混乱的庙宇！

对于印度人来讲，宗教信仰几乎是全民族性的，是他们生活的一部分，一般来说，进入清真寺是不收门票的。但对于外国人而言，参观贾玛清真寺的门票价是 100 卢比（2 美元）。但是，你千万别忘了，你所带的照相机是要收钱的，每台相机收费 100 卢比。如果你把小型相机预先放在背包里，不让别人看见，或许可以蒙混过关，省下一点开支。进入印度的所有寺庙，都必须脱鞋。印度人大都打赤脚或穿拖鞋，显得很方便。对于中国人来说，最好是在脱下鞋之后，再穿上一双旧袜子，当你参观完寺庙出来后，把这双已经弄得很脏的袜子脱下来再穿鞋，就可以避免把鞋内弄得很脏。清真寺门口往往有人叫你把鞋脱下来，他负责看管。每双鞋的保管费是 30 卢比，如果你讨价还价，或许只付 10 卢比就行了。这是某些人谋生的手段，并不一定是官方委派的。如果你提拎着鞋进去，或者把鞋放在提包里，他只有干瞪眼了。但是作为一个好面子的中国人，我总觉得手拎着鞋子参观有些失格和掉份，所以，还是慷慨地付出 30 卢比，就当援外扶贫吧！

这座大清真寺建于 1644 年—1658 年，花费了 14 年的时间。单就伊斯兰教的寺庙建筑而言，贾玛清真寺是雄伟而精致的。它是以红砂石和白色大理石混合修筑而成的。寺院前有一个用红砂石铺成的宽广的正方形庭院，边长约

110 米。北、东、南三面建有柱式的回廊，西面是用红砂石建筑的高大的礼拜堂。礼拜堂宽约 60 米，纵深约 26 米。据说，寺内和广场可容纳 2 万人同时朝拜，可见其规模之巨大。

贾玛·玛斯吉德清真寺

从地面到大清真寺先要登上几十级台阶。此时，台阶上散落地坐着许多衣衫褴褛的人。登完台阶后，就迎面看到了大清真寺的巍峨的尖顶大拱门。

正面的中央有波纹状的尖顶大拱门，两边的侧厅均是由五座波纹形状的尖拱顶的门连接而成的柱廊。南北两边的侧厅的屋顶上分别建有一座高达 43 米的宣礼塔。在大拱门和尖塔的表面都装饰有白色大理石嵌板或长条的饰带。礼拜堂的屋顶上有三个白色大理石球茎状的圆顶。整个清真寺气势宏伟，装饰端庄，色彩协调。但由于清真寺在设计思路上过分追求庄严端正，反而使它显得有些刻板和凝重，远远不如它的姊妹——阿格拉城堡中的珍珠清真寺那样端庄而轻盈。

大清真寺主体建筑的两端还建有两座高高的 43 米的宣礼塔。想要进塔登顶，需要付 10 卢比的门票。近些年为了防备恐怖袭击，寺里规定：任何人是不能够携带背包登塔的，要么寄放在塔下，而塔下又没有专门的寄放处；要么就是同伴们先登塔，留在下面的人负责看管背包，其他的人参观后，你再上去。如果你是单个背包客，那就惨了，只好放弃登塔。然而这一放弃，就意味着你再也没有机会登上其他的宣礼塔了！因为德里的库特布大塔和其他城市的宣礼塔都没有开放，只有贾玛清真寺的宣礼塔可以登顶参观。宣礼塔呈圆锥形，塔下还显得宽敞，越往上走，石头砌成的楼梯越狭窄，只能供一个人上下，如果在楼梯中遇到有人上下，那只能侧身拥挤而过，难免有身体的亲密接触。楼道中非常黑暗，伸手不见五指，必须得带手电筒，否则，只能在黑暗中摸索前进。经过长时间的摸索，终于登上了塔顶。塔顶的空间很小，只能容纳五六个人。但当你站在高高的塔顶上，仰望蓝天白云，难免产生一种升腾之感，更觉着接近了真主。宣礼塔的设计是用心良苦的：让你从一个世俗的人在无尽的黑暗中不断地攀登，最终达到了超尘脱俗的清净之境，达到了离真主最近的地方！可以说，登塔的经历，是让你获得了一次真正的宗教的体验，你的世俗之心得到了升华。当你再向塔下俯瞰时，你看到的是下面的纷乱的滚滚红尘，四周都是旧德里城的鳞次栉比的破旧的房屋和忙忙碌碌的众生，这时，你顿时感受到自己似乎置身于超尘脱俗的境界了！

几天后，水运博士陪同我参观了位于旧德里城中最古老的伊斯兰教圣徒之墓。据说，这里埋葬着两位伟大的伊斯兰教徒。他们是阿拉伯人，是最早到印度传播伊斯兰教的圣徒。他们从几千里外的阿拉伯半岛来到印度传播伊斯兰教，并最终客死他乡。印度的伊斯兰教徒把他们奉为圣人。伊斯兰教徒都渴望一生中能有机会去一次麦加朝圣，但这不是所有伊斯兰教徒都能办到的事。有的印度的伊斯兰教徒既然无法去遥远的麦加朝圣，那么，他们也就把拜谒这两位圣人的陵墓当作一生中的荣耀。所以，从印度各地前来这里朝觐的人很多。

我们来到旧德里一条狭窄而破旧的小街。这里店铺林立，由于刚下过雨，路上积了些小水坑，摩托三轮车、平板车、行人熙熙攘攘……好不容易才走进了一条破旧黑暗的湿漉漉的小巷之中，这里，路更难走！黑暗的巷道两旁都有人坐在潮湿的地面上，下面只垫着旧报纸或肮脏的毯子！这些人也显得疲惫而肮脏，有的妇女还带着她们的孩子们来朝圣，他们坐在地上，相互偎依着。有的小孩的脏手拿着煎饼之类的东西在那里啃，有的好奇地打量着我们，有的小孩偎依在母亲的怀中熟睡。沿途还有不少的残疾人在伸手讨钱，有的人还用肮脏的旧毯子蒙头大睡……这种景象真像是雨果在《巴黎圣母院》中描写的“奇迹王朝”的环境。水运博士解释说，朝圣的人们来到这里后，要连续朝拜三天或更多的日子，为了节省住宿费，他们除了每天定时朝拜之外，其他时间只好待在这里。虔诚的信仰使信徒们做到了不以苦为苦，反倒是以苦为乐！

伊斯兰圣人陵

走完了黑暗的巷道后，来到一个用白色大理石修建的小院。著名的圣徒墓就修建在小院的中间。看得出过去这里是一个开敞的陵园，现在周边已修建了密密匝匝的房屋，成了伊斯兰教居民的住所，所以显得狭窄而拥堵。在这么拥堵的空间中，居然还有一些卖黄色花串、红色花朵的小贩。圣徒的陵墓像印度其他伊斯兰教圣人的陵墓一样，是一个平顶四方形的大理石石室。地面上修建有白色大理石的棺材，地下才是圣徒的遗骨。大理石的石室四周也是用大理石修建的墙，墙上装有镂空的花纹的窗户。墓室里面和门口挤满了朝圣的信徒，他们拥挤着，跪在那里念《古兰经》，我们根本进不了祭祀堂里，只好在旁边伸颈探望。离圣徒陵墓不远的地方，还有一些其他圣徒的白色大理石的棺木，估计他们是这两位圣徒的徒弟之类的人物，否则是不可能葬在圣徒身边的。就在这些圣徒的墓旁边，伊斯兰教的信徒把家室也建在这里：两位老夫妻坐在草席上怡然地饮着茶，打量着我这张异国人的面孔，友好地笑了笑！趁这个机会我给他们拍了照片。

在此居家的伊斯兰教徒

圣徒墓周边的世俗化和极端贫民化的环境，很难唤起我的神圣的崇敬感，却使我留下了类似参观“奇迹王朝”的惊奇感。

五、圣洁美丽的莲花庙

博士夫人名叫 Anuradha Sareen，翻译为中文是“阿努拉达·水运”，她也是一位历史学者。她很热心地把她写的专著给我看。多年来，她不仅要教书、写作，还要相夫教子，看得出她是非常称职的妻子和母亲。她生了两个儿子。

小儿子在美国工作，娶了一个日本媳妇，近几年老夫妻俩多次去美国同小儿子居住一段时间。大儿子早已结婚，同博士住在一幢楼里。博士住在四楼，大儿子一家住在同一幢的另一单元的一楼。博士有两个小孙子，大孙子八岁，很有绅士风度，很懂礼貌，有教养；小孙子才五岁，在生人面前很腼腆，在家里却很活泼。这两个孙子长得都很俊美。大孙子读小学，小孙子上幼儿园，兄弟俩上同一所学校。每天早上由他们的父亲或母亲开车送他们上学，中午由他们父亲的司机接送到博士家，他们天天中午都在博士家吃午餐。夫人退休后，主要操持家务，尽力照顾丈夫和孙子。夫人是虔诚的印度教徒，她崇拜的神是“象王神”。这位神的功能相当于中国佛教中的观世音。

今天，夫人亲自开车陪我们去新德里东南郊的巴哈浦尔参观一个独特的宗教寺庙。这个寺庙的中文译名叫“巴哈伊灵曦堂”。为什么说这个寺庙很独特呢？因为，它既不是传统的印度教神庙，又不是伊斯兰教的清真寺，也不是印度佛教或耆那教的庙宇。这是一个新兴的世界性的宗教教派，名叫“巴哈伊教”。我们前去参观的这所寺庙就是该教会所建造的寺庙，名叫“莲花庙”。按中文的意思理解，所谓的“灵曦”就是指“灵魂的光辉”或者说“心灵获得新生的曙光”。这个宗教在中国闻所未闻，我是到了这里参观后才知道的。

“巴哈伊信仰”是一个独立性的世界性的宗教。它的教义包罗万象，这个宗教的根本观点是：只要合乎科学精神和人性的东西，都是神圣的，都是信仰的对象。这些神圣的精神，出自于上帝。巴哈伊教的基本教义有八条：

1. 人类一家；
2. 独立探求真理；
3. 一切宗教的基础相同；
4. 科学与宗教有达成和谐一致的必要；
5. 男女平等；
6. 消除一切偏见；
7. 普及义务性教育；
8. 世界和平。

此外，巴哈伊教还有一些具体的教义原则和主张：

1. 采用一种世界性的辅助性语言；
2. 消除极端的贫富悬殊；
3. 设立一个国际仲裁机构，用以裁决各国间的纠纷；

4. 强调正义作为治理人类社会的原则；

5. 只要你做的工作是服务于人们的，具有人性的，从事这种工作的人，从精神上讲，相当于在崇拜上苍（天神、上帝）；

6. 宗教是保卫所有民族和国家利益的精神堡垒。

7. 以精神途径解决经济问题；

8. 个人必须严格地忠于国家和政府。

这个宗教的创始人之一的巴哈欧拉说：“一个人爱自己的国家不值得骄傲，唯有爱全人类者才值得骄傲。地球就是一个国家，万众都是它的成员。”

可以看出，这个新兴的宗教所宣扬的是泛民族主义的平等、博爱思想，追求的是世界大同的精神目标，我觉得，可以把它称之为“大同教”。这些主张超越了历史上的所有传统宗教的狭隘的宗教派别和民族主义的界线。这个新兴的宗教把上帝看成是超越了各种宗教、各个民族之上的共同的真理和信仰。这就打破了传统的各种宗教“画地为牢”的主张：上帝仅仅属于某一民族，某一民族只信仰自己的神而不信仰别的神。

巴哈伊教最初是作为伊斯兰教的异端出现的。1844 年 5 月 23 日，在波斯，有一位青年公开宣布他负有重要的使命，这个使命就是他有责任向全世界的人们预告：有一位新的精神领袖即将降临世界。这个青年宣称自己的名字叫做“巴勃”（意思为“灵性之门”），是为新降临的神、新的精神领袖铺平道路的人。众所周知，任何新的东西的出现，都是意味着宣布陈旧的东西的死亡，任何新的宗教的出现，都是对现有宗教的亵渎和否定！所以，这个青年被正统的伊斯兰教派视为异端并遭到残酷的迫害，最终于 1850 年殉道。从 1850 年至 1870 年的 20 年间，超过两万名的巴勃的追随者和巴哈伊教的信徒惨遭杀害！这又一次证明了关于人类历史的悲剧理论的正确性：任何新的、处于萌芽中的思想，大多面临着被毁灭的命运；任何新思想、新观念的诞生都具有悲剧性。

巴勃之后，又出现了一位名叫“巴哈欧拉”（意思为“上帝的荣耀”）的波斯贵族青年。因为他支持和崇拜巴勃的“圣道”，也遭到了迫害和监禁。1853 年巴哈欧拉被关在地牢中时，自称得到了上帝的示意和任命。上帝示意他就是巴勃所宣称的“新降临的精神领袖”“新降临的神”。1863 年，巴哈欧拉被放逐到巴格达时，巴哈欧拉当众宣布，自己就是巴勃所说的那位“应允者”——“新的精神领袖”“新的神”。巴哈欧拉一直处于监禁中，后来又被放逐到土耳其的君士坦丁堡，之后，又转移到阿德利亚堡。他一生就是这样不断地被转换关押的地方，最后于 1868 年被转移到了巴勒斯坦的阿卡。在长期的关押中，巴哈欧拉写下了无数的经文和著作。其著作中，有的是他的弟子记下来后，由他本人审阅，最后他签字认可了的。这是过去所有的宗教创始人都没能做到的。因为，古代的其他宗教的教义都是由创始人的弟子记录、记述、回忆、传抄而成的。巴哈欧拉在 1892 年逝世，他可以称得上是“终身的囚徒”，但他的心灵却永远是自由纯净的。他的遗体被葬在巴勒斯坦面向着卡梅尔山的巴吉大厦。

巴哈欧拉逝世前，在他写下的《圣约》中，委任他的长子阿博都巴哈（意思为“上帝的仆人”）为“巴哈伊”团体的领袖和教义唯一的阐释者。这个阿博都巴哈自打 9 岁起，就跟随父亲巴哈欧拉过着流放和监禁的生活。他也被关押监禁达 40 年之久。20 世纪，在阿博都巴哈领导下，巴哈伊教已传到美国、加拿大、英国及其他欧洲国家。1921 年 11 月 28 日阿博都巴哈在海法市逝世。他的遗体也被葬在位于卡梅尔山的、他父亲的陵墓安放地——巴吉大厦中。

自从 1945 年联合国成立后，巴哈伊教成为了联合国总部中的“国际非政府组织”的合法代表。这一组织在“联合国社会经济理事会”和“儿童基金理事会”拥有“咨询商量资格”的代表的地位，在“联合国新闻中心”附设有这个宗教总会的办事处。

经过一百多年的发展，巴哈伊教的影响已遍及世界各地。巴哈伊教创立 30 年后传入印度，到 20 世纪 90 年代，在印度有三万多名教徒。据说，这个宗教组织在全球两百多个国家和地区成立了 2112 个世界性的团体，现有教徒一千多万人。巴哈伊教的经典已经被翻译成 800 多种语言在世界上流传。

关于巴哈伊教，此前我完全没有听说过，到了德里之后，才第一次听说。中国学者对这个宗教关注的人极少，我熟悉的一个朋友，名叫蔡德贵，他是山东大学的著名教授、博士生导师，也是季羡林先生的弟子，毕业于北京大学东方语言与文化系，曾任《文史哲》主编，我是在他任《文史哲》的主编时，同他结识的。他近年来出版了一部专论巴哈伊教的著作，书名叫做《当代新兴的巴哈伊教研究》，由人民出版社 2001 年出版。

作为普通的中国人，很少有人会对宗教感兴趣。中国人很少具有宗教情结。中国是一个宗教信仰相对淡化的国家。尽管中国有多种宗教流行，但中国人信仰宗教大多是从实用功利的角度，祈求神灵的庇佑，确保平安、多子多孙或者吉祥富贵等。总之，大多数人信仰宗教是有求于神，请求神助，有明确的个人实用功利的目的性，而不是为了单纯地反思人生、纠正精神上的过失，以求得心灵的净化从而达到精神境界的升华。一句话，中国人的宗教信仰缺乏那种纯精神性的信仰，缺乏那种纤尘不染的纯净心境，更缺乏那种狂热而虔诚的激情。中国人针对自己心灵和行为的反思，对自我心灵的净化活动，反倒是由世俗的儒家的思想教导来承担了。儒家推崇“吾日三省吾身”，强调主体自觉进行积极的精神反思活动，在人生过程的“知与行”上不断实现对自身的超越和精神的升华。

中国人与印度人最大的差异就在于形体长相和宗教信仰上。印度人每天不仅在行动上表现出他的信仰宗教，而且宗教信仰成为他们观察和思考问题的一种独特的方式和眼光。任何宗教都有许多规范和禁忌，印度人从出生开始，就把这些宗教规范和禁忌化为生活的行为和习惯。然而中国人从来没有任何宗教规范和禁忌，走到哪儿都很随便，无拘无束。例如，中国人走到佛教庙宇或清真寺中，也同走进超市一样，东瞧西看，边走边说，毫无顾忌，完全不懂得遵守“谨言慎行”“沉默噤声”的基本规则，直到别人慎重地提醒或善意地制止时，才如梦初醒似的连忙打住，不断地向别人道歉。有的中国人为了不受这些宗教礼仪的束缚，甚至懒得进庙宇中去参观，索性就在寺庙外等着别人参观完了出来。

巴哈伊教风行全球的标志是：在全球几个大洲，如美国的威尔迈、乌干达的坎柏拉、澳大利亚的悉尼、德国的法朗富特、巴拿马的巴拿马市和西沙毛亚阿庇亚以及印度的德里等地建立了七座“灵曦堂”。印度德里的这座巴哈伊灵曦堂，在时间上，是最新建造的一座。在我看来，大概也是造型最美丽、最完美的一座。全球各大洲建造的巴哈伊教灵曦堂的设计都很独特，各自不同，每一座“灵曦堂”的设计样式，都充分地考虑到其所在地区的民族和人民不同的宗教文化背景和审美习惯，以便使这些地方的人们都能够去崇敬“宇宙的创造者”“真理之神”。

巴哈伊灵曦堂

尽管七座灵曦堂建筑风格各有差别，但是，这七座灵曦堂在设计样式上又有一个共同的特点：它们都建造为九边形，因为“九”是数字中最高的数，“九”象征完整、圆满、统一和团结。

印度德里市的这座巴哈伊灵曦堂是全球各大洲七座灵曦堂中最晚建立的。早在 1953 年，该组织就向印度政府购置了土地，其总建筑面积为 26.6 公顷，相当于十个足球场的总面积。这项工程由世界著名的加拿大籍伊朗人、建筑设计大师法里布兹·沙哈巴（Faribuz Sahba）设计并监督建造。沙哈巴是一个认真负责的设计师，为了这项工程，他曾经考察了数百座印度教寺庙，最后确定以含苞欲放的莲花为外形，以象征宗教的圣洁、超尘脱俗，人类的精神走向清净的大同世界。该项工程从 1980 年 4 月 21 日开始，于 1986 年12 月 24 日完工并剪彩开放，历时近六年。这是一个精心设计和制造的系统工程，主体建筑之外，还附设有广阔的园林。在环境的设计与建筑上也做到了一丝不苟。这些建筑经费和设施的费用，全部由印度和全世界的巴哈伊教的志愿者捐献，印度政府没有承担任何费用。

德里的巴哈伊灵曦堂的设计充分考虑到印度民族的文化传统和审美趣味。这座建筑总体上设计为一朵蓓蕾初放的莲花。莲花是印度的“国花”，被认为是美丽、纯净、高雅、圣洁的象征。印度民族对莲花的赞美和崇拜自“吠陀”时代就开始了，几千年来，印度人都认为莲花是品格最高的美的象征。

这朵钢筋水泥建造的巨大的莲花通体为白色，高达 34.27 米，直径有 70 米，从外到里有三层花瓣，每层九片花瓣，共 27 片大花瓣，由纯白色的混凝土建成雏型，然后在白色混凝土的花瓣上再铺满出产于意大利的白色大理石。由于自然中的莲花生长在水中，因此，这朵白色的大莲花四周就建有 9 个巨大的清水池。这朵巨大的、刚刚绽放的白色莲花在湛蓝的天空和 9 个巨大的水池的映衬下，显得

大莲花和清水池

格外纯净圣洁，有很强的视觉冲击力。就它的简洁明快的形式、高雅的姿态和纯净的色彩而言，完全可以同名扬天下的泰姬陵媲美，它们的造型都是那么完美，令人心悦诚服，真是无可挑剔！

莲花寺的四周是一大片碧绿碧绿的草坪，其间点缀着一簇一簇的花木。在风和日丽的日子里，走到红褐色的甬道上，抬眼望去，蓝天之下，百花盛开，在广阔碧绿的草地上绽放着一朵巨型白莲花，实在是令人叹为观止。

灵曦堂作为世界性的宗教教堂拥有最大的包容性。任何人，不分宗派，不分种族，不分男女，不分老小，不分贫富，不分种姓都可以来到这里，这是净化人们心灵的地方，也是人们心灵皈依的地方。

我随着参观的人流，来到了莲花前面的仪仗大道。在这里，人们都脱下了鞋，放在免费保管室。我也按要求脱下了皮鞋，打赤脚前进。我第一次感到了一种陌生的神圣感。在中国，我们无论到哪里，哪怕是进毛主席纪念堂，进人民大会堂，甚至登上人民英雄纪念碑也不曾被要求脱鞋，即便是到了朋友的才装修好的新家，最多也只是换一双拖鞋或穿一双鞋套而已。所以，中国人很少有内心油然而生的神圣感和肃穆感。

此外，这里还不准许抽烟、不准许说话交谈、不准许照相、不准许跑跳……严格的宗教礼仪一下子就打掉了世俗生活的随意性。这就是宗教的震慑力！

在大厅门口，有一个似乎是充当志愿者的印度姑娘用中文告诉我，进庙的教徒以及参观的人也不需进行什么非凡的仪式，只要赤脚进殿，走到大理石椅上就座，然后沉思默祷就行。她能讲一口流利的中国普通话，使我大吃一惊！

这座灵曦堂内部也是清一色的纯净的白色。圆形大厅中安放有多排座椅，可供 1300 人同时在这里祈祷。莲花庙的内部设置十分简单，只是一个高大空阔的圣殿，高高的白色穹庐也没有印度式的装饰，圣殿中既没有神像，也无雕刻、壁画等装饰性物件。唯一有的是光滑的地板上安放着一排排白色大理石长椅。白色是该寺庙唯一的色调。大厅座位的前排有一小块空地，放有一张小讲台，供宣讲布道的人使用。来到这里的人们，都悄然无声地轻轻移步，按照向右旋的方向迈步，当各自找到一个座位后，然后闭上眼睛，开始祈祷。入乡随俗，到了哪个坡就唱哪首歌，到了哪座庙就拜哪位神，我看别人都在认真虔诚地祈祷，自己只好仿效别人闭上了眼睛。尽管我是无神论者，但是在这种宗教场合，在这种静穆的气氛中，还是能体验到一种无法言述的宗教的神圣感和纯净感。

当我走出莲花大厅时，迎面来了许多身穿整齐校服的学生。他们排着队等着走进去。印度的儿童、少年经常接受这些方式的传统文化教育，尽管是平日里，只要是公共场所就能看到他们可爱的身影。中国的学生比起他们来说，似乎更"珍惜"宝贵的学习时间，平日里是绝对不允许出来参观访问这些文化和宗教景点的。这又是中国与印度中小学教育上的差别！

我一直在猜想，印度的孩子们从小就在寺庙中参观游览，将会对他们的心灵产生什么影响呢？至少，这些印度孩子们从小就懂得在一定的场合，应该自觉遵守这个场合的规定。我看到他们都静静地有序地进入寺庙中，即便是在参观结束来到花园中时，也没有打打闹闹、吵吵嚷嚷，更多的是轻声低语。当他们看到外国人时，也只是友好地做一个"OK"的手势。

六、德里库特布大塔及清真寺

人们只要看见伊斯兰教的清真寺就必然会看到它旁边耸立的高塔。伊斯兰清真寺的高塔完全不同于中国佛教的宝塔，也不同于印度教的重重叠叠的"世界山"——印度塔。伊斯兰清真寺的高塔的特点是形状简洁，色调单纯，纤细高标，直插蓝天，它引导人们的眼光转向深邃的蓝天，用心灵去追寻具有"无限"和"绝对"神力的真主安拉。

伊斯兰清真寺的高塔叫做"宣礼塔"。根据伊斯兰教的教规，每一个伊斯兰教徒每天必须履行五次定时的礼拜（还不算其他特定的节日）。一千多年前的阿拉伯人那时没有计时的钟表，一般的人在工作时，心中也没有时间概念。所以清真寺就指定一个人负责，根据太阳在天空的位置，按时呼唤人们暂停手中的活儿来做礼拜，这个专门负责召唤的人叫做"穆安津"（宣礼人）。他定时爬上建筑物的高处，用高亢而悠长的声音，像唱歌般地呼唤人们做定时礼拜。渐渐地，为了呼唤人们做礼拜，阿拉伯人特地建造了便于呼唤的高塔——宣礼塔(阿拉伯语为"米厄宰奈"Mi'dhanah)。宣礼塔是伊斯兰教清真寺群体建筑的重要组成部分，按阿拉伯语的意思为尖塔、高塔、望塔，即宣礼塔。中国穆斯林则称之为"邦克楼""望月楼"，意思是专门用作宣礼或者是为了确定斋戒月起讫日期，来观察新月的地方。

宣礼塔大多建在规模较大的清真寺内。据载，在清真寺增设宣礼塔，起始于伍麦叶王朝时期。最早的伊斯兰教的宣礼塔建于公元724—729年，是建造在伍麦叶王朝凯鲁万城的阿克巴清真大寺的宣礼塔。这个宣礼塔保存至今。这个塔的形状是四方锥体，由四部分组成：基座、两层塔楼和顶端的小亭，从基座起，一层比一层缩小。塔内建有极陡极狭窄的阶梯通向顶端的小亭。后来，有的宣礼塔建成了圆锥体或者六面体、八面体形状，高度也逐渐增高，楼层的数量也逐渐增多为五级或七级，楼层的数量也开始具有象征含义。

其后，哈里发穆阿维叶下令将大马士革清真寺原教堂的望楼改造为宣礼塔。以后，埃及和伊拉克总督仿效这种做法，分别在阿慕尔清真寺和巴士拉清真寺用石料砌成不同形制的“宣礼塔”。哈里发瓦利德命希贾兹长官欧麦尔在麦地那先知清真寺增建了“宣礼塔”。阿拔斯王朝时，宣礼塔形式的建筑已在各地的清真寺建筑中普及了。

伊斯兰世界的宣礼塔，风格各异，造型多样，有圆柱形、正方形、方锥形、圆锥形、六角形、八角形、螺旋形、圆柱狼牙形等形式。宣礼塔内造有螺旋阶梯，可拾级而上。有的塔在高层建有环形的拱廊和瞭望阳台。宣礼塔大多数是用石料和砖砌成，色泽鲜明多彩。

往后，独立高耸、直插蓝天的宣礼塔逐渐从实用的“呼唤”“宣礼”的功能，转化为象征的意象，并具备审美的功能。人们不会再花那么大的气力，爬上那么高的塔上去呼唤人们，定时做礼拜了，而是为了让信徒们仰望着直插云天的高塔，唤起心中对“无限”和“绝对”之神的体验。正由于宣礼塔从实用功能转向到象征和审美的功能，伊斯兰教的宣礼塔就修得越来越细长，修得越来越高。

从此，各式各样的、长矛似的尖锐高耸的宣礼塔就成为伊斯兰建筑的一大景观。不仅如此，为了对称、平衡、好看，有的清真寺从建筑一个塔逐渐衍变成了建筑两个塔，甚至变成了四个塔或更多的成偶数的塔。塔的布局多样，有的建在寺庙墙内的四角上，有的建在大门两侧，有的耸立在庭院内，有的与礼拜大殿浑然一体，高矮参差。各个清真寺中塔的数量不等，最少1座，有的是两座，最多的达到9座。例如著名的胡马雍陵墓和泰姬陵，都在陵墓四角建有细长高耸的宣礼塔，土耳其的素丹艾哈迈德清真寺有宣礼塔6座，麦加圣寺有宣礼塔9座。

现在世界上保存着不少古老的、不同建筑风格的宣礼塔。著名的有伊拉克的萨马拉清真寺的螺旋塔、伊朗伊斯法罕清真大寺的圆柱塔、巴基斯坦巴德夏希清真寺的方塔、埃及爱资哈尔大寺的双顶尖塔、摩苏尔凯比尔清真寺斜塔、印度德里的顾塔卜-乌德-丁·艾伯克宣礼塔、摩洛哥马拉喀什库图比耶清真寺的香塔等。

世界上最高的清真寺尖塔，为摩洛哥建造的哈桑二世清真寺尖塔，高200米，内设有楼梯和电梯。

中国清真寺的宣礼塔（邦克楼），内地多为楼阁式，以木架砖结构为主，下为方形，上为六角形或八角形，以西安化觉寺的省心楼和北京牛街礼拜寺的宣礼塔（邦克楼）为代表。有的依然具有阿拉伯圆柱形建筑风格，以广州怀圣寺的光塔和新疆吐鲁番的苏公塔为代表，都为砖砌的圆筒式结构。

可以说，伊斯兰教的宣礼塔真是多姿多彩、妙相无穷！

了解了宣礼塔的功能转换的情况后，可以判断，12世纪末修建于德里的库特布-乌德-丁·艾伯克宣礼塔就是功能转型后的宣礼塔，就是为了宣扬统治者文治武功的塔，就是为了审美的目的而修建的塔！因为它太高太大了！相当于一个中型城市的电视塔，任何人根本不可能每天爬到塔顶五次，呼唤人们做祈祷！即便你有运动员般强健的身体，能轻易地爬到塔顶上去叫喊，下面的人也未必听得见！

12世纪末，穆斯林军队开始入侵并统治了北印度。印度文化从此就开始渗透进了伊斯兰教文化的新的因素。伊斯兰教进入印度可以分为两个历史阶段，先是德里苏丹时期，以后是莫卧儿时期。

率先进入印度的德里苏丹政权是突厥人建立的，几百年后进入印度的莫卧儿政权则是蒙古人成吉思汗的后代建立的。突厥民族和蒙古民族是两个不同的民族，由于他们都同样信奉伊斯兰教，人们不容易把他们区别开来。他们共同信仰的伊斯兰教和相似的文化特征，先后在古老的印度促成了一种新兴的印度-伊斯兰文化。印度-伊斯兰文化有自己的独特性，不同于中东、西亚和北非等地的其他的伊斯兰文化。

第一位挺进德里并建立了政权的德里苏丹国王名叫库特布-乌德-丁·艾伯克。他原来是奴隶，而他的政权的后继的统治者中，又有不少人也是奴隶出身，所以，人们把他所建立的王朝称之为“奴隶王朝”。我们从这个称呼足见世俗的偏见和势利之心：这个库特布-乌德-丁·艾伯克不惜生命地从奴隶爬到将军之位，又从将军当上了国王，好不容易有了自己的政权，却依然被人抓住“奴隶”出身的小辫子不放，还在他建立的“王朝”前面加上个“奴隶”的称号。这个奇怪的名称真叫人哭笑不得！

印度历史上的国王可以成堆成把地抓，谁能记住他们呢？然而这个库特布-乌德-丁·艾伯克国王与众不同，偏偏被人记住了。他一攻打下德里，就涌现了一个大胆的念头，产生了一个想让自己“万古流芳”的灵感，这个灵感又激发了他极其大胆而浪漫的想法。他要造一座通天的宣礼塔和精美的清真寺，这样一来，既可告慰先人、感谢真主安拉，又可以彰显自己的伟大。库特布-乌德-丁·艾伯克国王于 1193 年（有的史料说是 1206 年）下令在德里建造这座豪华的清真寺和超高大的宣礼塔。

这就是 1993 年被联合国列入“世界文化遗产名录”的著名的“库特布-乌德-丁·艾伯克宣礼塔”（Qutab Minar）及“顾瓦特·乌尔·伊斯兰（Quwwat-ul-Islam）清真寺建筑群”。时至今日，它仍是德里的地标性建筑。这一组塔和建筑群被世界建筑艺术家们赞誉为“糅合了古代印度建筑风格和伊斯兰教建筑风格”的创新型建筑！为什么这位国王根本不懂得什么叫“艺术创新”，更不知道什么叫做“糅合了印度建筑风格和伊斯兰建筑风格”，却能创造性地弄出了新的建筑样式，并意外地整出了一个“世界文化遗产”来了呢？原因其实很简单：他要建造巨大的纪念塔，又没有钱，只好就地取材，以旧当新；何况他身边一时又找不到技艺纯熟的波斯的设计师和大批的伊斯兰的工匠，怎么办呢？征服者从来就是以骄横的心态对待自己所抢劫得来的东西，所谓“普天之下，莫非王土”嘛！这位来自草原民族的大老粗国王，决心来一个“空手套白狼”，硬要从“无”中生出“有”来，硬要平地起高塔！

这位库特布-乌德-丁·艾伯克国王命令工匠们就地取材，拆毁了德里 27 座精美的印度教和耆那教的寺庙，把这些精美的建筑材料拼凑在新的清真寺和宣礼塔上。对于那些实在精美又可借用的印度教和耆那教寺庙的廊柱等，都予以保留，有的甚至直接合并为清真寺建筑的一部分。国王这种野蛮的做法，既节约金钱，同时也打击了被他征服的印度教徒和耆那教徒们的反抗情绪。

最终，一座举世瞩目的印度-伊斯兰建筑在德里耸立起来。这一宣礼塔的建造目的，既然是象征胜利，所以人们又称它为“胜利塔”。现今，塔身上镌刻的阿拉伯语的铭文表明了建造此塔的目的：“让真主的影子投射在东方与西方。”

但是，根据学者们普遍的观点，这座塔不是一次性修成的，而是历经多次，由几个皇帝续建而成的。

库特布大塔——胜利塔

库特布-乌德-丁·艾伯克宣礼塔共分五层或五段建成，每层都建有向外突出并悬空的观光用的环形阳台。底层为基础层，高度为 29 米。宣礼塔融合了印度教与伊斯兰教的特色，高塔的下面三层都是用红色的砂岩建成，上面两层用大理石修建而成。塔身表面的圆周由三角形和半圆弧的沟槽交替构成。塔身的外表上，大约每隔四五米就用红色的砂石砌着一个一米左右高的环带，环带上雕刻着阿拉伯文的书法图案，内容为《古兰经》经文。

从审美的角度而言，这座塔有四个值得关注的看点：

第一，高大的塔楼。

库特布宣礼塔总高度约 75.56 米，相当于现代城市中的高层建筑的 25 层楼那么高。塔基部分的直径为 14.5 米，塔顶端的直径只有 2.5 米，总体呈现为圆锥体型。如此高大的塔楼表达的是征服者崇高的精神。因为，崇高的精神需要崇高的形象来表达，宏大的建筑就是统治者宏大气魄的体现。库特布-乌德-丁·艾伯克宣礼塔的塔身上镌刻的铭文就标明了第一代德里苏丹的狂妄心态。铭文上写着："真主高大的身影投射在被征服的印度教徒的城市上空！"

库特布-乌德-丁·艾伯克宣礼塔在伊斯兰世界的宣礼塔中都是超高超大型的宣礼塔。历经了千年的风雨，至今，它依然无声地屹立在那里，静观世事沧桑。

第二，塔身的横截面是用众多的圆弧与三角形的沟槽交替组成的圆形花边。

为什么巨大的高耸的塔身要采取花边形的外圆结构呢？这是建筑设计师聪明过人的地方。设计师大概受到了古代圆柱狼牙型宣礼塔的启示，采用了圆弧和三角形交替形成的花边外圆，就大大增加塔身的圆周周长，从而大大地增加了塔身的承重力和聚合力。在审美上，既避免了外观单调，又满足了印度民族和伊斯兰民族对繁复之美、装饰之美的渴望。随着塔身自下而上的变小，这些圆弧与三角形交替的花边外圆越变越小，最终凝聚在高高的塔顶上，使人产生对蓝天、对真主的无限的遐想。

塔身细部结构

第三，每一层楼都建有悬空的环形阳台，环形阳台都采用了钟乳石样式的托梁结构。

环形阳台和钟乳石托架

高大的库特布-乌德-丁·艾伯克宣礼塔分为五层，每层都建有悬空的挑梁式的阳台。阳台下面采用了倾斜式的托梁支撑着阳台。圆弧部分用了三个托梁，三角形部分用了两个托梁。托梁采取了倾斜式下垂的钟乳石形状，钟乳石的下部为圆球形。这种结构既显得繁复细腻，富有华丽的装饰性，又可以获得最大的支撑力。

库特布-乌德-丁·艾伯克宣礼塔的悬空阳台之所以要采用托梁结构，很可能是建筑师从两个方面获得了灵感：一是印度传统的建筑托梁样式。这种托梁样式最早出现在木头结构的建筑物上，由于木头结构的建筑容易腐烂，现在我们无法见到古代印度的木头结构建筑了，但是证据依然存在。早在公元前 3 世纪—公元 1 世纪时期建造的著名的佛教山奇大塔的石头大门上，就巧妙地采用了倾斜的人体托架结构。在古代耆那教和印度教建筑中，托梁的形式也得到充分使用。二是来源于伊斯兰建筑传统。钟乳石装饰是伊斯兰的标志性装饰，于 1125 年最早装饰在开罗的阿格马清真寺。不久之后，德里的库特布-乌德-丁·艾伯克宣礼塔的阳台托架就采用了钟乳石形状。可以说，库特布-乌德-丁·艾伯克的钟乳石装饰是伊斯兰和印度两种建筑风格融合在一起的最初的尝试。由于运用了钟乳石英装饰，这座塔显得更加细腻、更富于繁复之美。千百年来，印度工匠运用托架的技术十分熟练，挥手就有！所以，印度工匠们很容易地就把钟乳石式的托梁运用在库特布-乌德-丁·艾伯克宣礼塔上，不知不觉之中，就使这座宣礼塔的阳台成为一道非常罕见的建筑景观！

第四，塔身上镌刻的漂亮的阿拉伯文书法和阿拉伯花纹。

库特布-乌德-丁·艾伯克宣礼塔的下三段塔身上，每隔五米左右，就有一圈镌刻着漂亮的阿拉伯文书法和植物花卉的装饰带。阿拉伯文的内容是《古兰经》铭文。花卉装饰则是印度自古以来常用的装饰手段，早期佛教建筑中就有大量的花卉纹饰。凑巧的是，伊斯兰民族也有用植物纹饰的传统。两方面一拍即合，植物纹饰就运用在塔身的装饰上。库特布-乌德-丁·艾伯克宣礼塔每一层楼的铭文和花卉纹样都有变化，彼此不同。为什么这座塔的每一层的文字图案都有些不同呢？据印度的考古专家解释：这是由于此塔是“奴隶王朝”不同的国王接连不断地建成的，每位国王有不同的思想寄托，铭文和花样就有不同的寓意。据说，高塔的第四层和第五层曾因年久失修而坍塌，是英国人重新修建时，改用大理石建造的。

阿拉伊-达尔瓦扎门

距离库特布-乌德-丁·艾伯克宣礼塔(Qutab Minar)不远的地方，有一个宏伟壮丽的清真寺的大门，叫做“阿拉伊-达尔瓦扎门”。这座门楼建于1311年，是印度-伊斯兰建筑的杰作。

这座顾瓦特·乌尔·伊斯兰清真寺的名字意为“伊斯兰的威力”。这座清真寺有一个非常著名的长约64米、宽约45米的庭院。庭院的北、东、南三面都建筑有两列成排的、雕刻细致精美的廊柱。这些精妙绝伦的廊柱是德里苏丹的国王们从27座当地的印度教和耆那教的神庙中掠夺而来的。德里苏丹的国王们且不管这些精美典雅的印度教、耆那教的廊柱与早期伊斯兰建筑简洁粗犷的风格是否协调，总之，硬放在一起也算一种创新！这就是印度-伊斯兰建筑风格最

雕刻精美的廊柱

早的拼凑过程，后来才达到一定程度的有机的组合。

清真寺西面、朝向麦加方向的，原本是由五个尖拱门组成的礼拜堂，中央的尖拱门高达15米，现在早已坍塌，只剩下一堵残缺衰颓的拱门，映衬着残阳，显得格外沧桑和悲凉。

突厥人的德里苏丹-伊斯兰建筑样式不同于蒙古人的莫卧儿-伊斯兰建筑样式。

我们在这里所说的“库特布-乌德-丁·艾伯克宣礼塔”以及下节要说的德里苏丹两位国王的陵墓建筑样式，是属于同一个风格系统的。它们不同于几百年后的莫卧儿王朝建筑的风格样式。具体地说，塔和清真寺体现了突厥族的德里苏丹的风格特征：样式的重组与融合；审美风格上的融合。崇高、厚重、精美与粗犷结合。以原本粗犷豪放的伊斯兰纹饰来迁就精细的印度纹饰。

这个后来衰颓坍塌了的清真寺是建在原来的印度教庙宇的旧址上的。清真寺不仅直接挪用了印度教寺庙的材料和雕刻艺术品，而且还在有意无意之间，保留下来一个被人们惊呼为人间奇迹的东西，有的人曾把它看作外星人铸造的东西——现今被德里人称之为“幸运柱”的大铁柱。

幸运柱

就是在这个清真寺的广场上，在已坍塌了的巨大的尖拱门边矗立着一根粗大的、黑黝黝的铁柱。这根铁柱高6.7米，直径约0.37米，是用熟铁铸成的实心柱。铁柱的顶端有着古色古香的圆鼓形柱顶和装饰的花纹。根据铁柱上清晰的刻印文字，人们推算这根铁柱建造的时间是笈多王朝时期，至今大概已有一千五百年了。令人惊异的是，这个铁柱在露天中耸立了千余年，经历了无数风吹雨打，至今仍没有一点生锈的痕迹！人们都知道，铁是最容易生锈的金属，一般的铸铁，不用说千年，几十年就锈蚀殆尽了。英国的罗伯特·哈德费尔德爵士在1911年对此铁柱的化学成分做了一番详尽的研究，研究结果表明该铁柱含0.08%的碳，0.046%的硫，0.114%的磷，0.032%的氮，99.72%的铁，铜和其他元素占0.034%。罗伯特·哈德费尔德爵士说，这根铁柱是一个完全焠炼精纯的铁制品。从铁的纯度来看，甚至比现代瑞典的碳铁还好。哈德费尔德的实验室将铁柱上的一小片取下来后，上面淋上水，结果发现一夜之间铁片就生锈了，但是铁柱上的断端同样淋了水四天后却完全不腐蚀。另外在印度的达哈、辛哈勒斯、克那拉克也都发现了含铁纯度高达99%的铁柱，也都历时千百年，却少有锈蚀的痕迹。有人针对古印度铁与现代低碳钢的抗锈蚀能力进行了比较：同样重量的两块样本被同时交替用水润湿并放置于空气中，一年后清除铁锈后再重新称重，发现古铁柱被锈蚀的重量只是现代低碳钢的89%。浸泡在海水里一年的对比样本同样证明了古铁柱比现代低碳钢抗腐蚀力更强，失重比为75∶100。这证明了古印度铁比起现代低碳钢更耐环境侵蚀。(前面的数据来自Britton S. C. 发表于1934年《自然》(Nature)杂志134卷上的文章。)近年来，印度理工学院（Indian Institute of Technology）的专家也对德里的铁柱做了一些研究。他们发现这根铁柱的外部有一层非常薄的保护膜覆盖，这层保护膜由铁、氧以及氢构成，这层保护膜恰好保护铁柱不被锈蚀。这层薄膜的厚度极薄，仅十二分之一微米。印度理工学院的专家认为，这层抗腐蚀薄膜的生成与铁柱的含磷成分有关。印度理工学院的专家还表示，这根铁柱是一个对于古印度铸铁技术的千年活见证，而这个研究成果刚好可以帮助他们了解现代核子反应炉的长期腐蚀过程。目前许多科学家投人研究古代科技，从中获得了意想不到的收获，并对古代人类的智慧有了新的评价。

印度人对铁柱的化学成分并不关心。他们热爱铁柱，是因为铁柱有一种神秘的功能：如果你背靠铁柱，你的双手反过去能够对接的话，你许下的任何愿望都能兑现，梦想就能成真。所以，印度人把这铁柱叫做“幸运柱”，也叫“许愿柱”。因此，人们拥挤着去争相反抱铁柱，这就是铁柱下部非常光亮的原因。现在，出于保护文物的需要，铁柱四周已修建了围栏，人们无法再拥抱铁柱了，我也没有能够在这个圣地许愿，深感遗憾！但是，我看到，大铁柱依然闪着黑黝黝的亮光！

七、吉亚斯-乌德-丁·图格鲁克·沙墓园

今天，博士因为自己研究的需要，要在“印度国际中心”查阅资料。所以，博士建议我一个人去参观两个著名的文化遗址，这是两座不同时期的国王的陵墓。一座陵墓是初到印度建立了伊斯兰政权的突厥人——奴隶王朝一位国王的陵墓。另一座是后来的“洛迪王朝”的一位国王的陵墓。这两个国王都属于突厥人创建的“德里苏丹王朝”，因此，这两座陵墓中，一座修建于“德里苏丹王朝”的早期，另一座修建于晚期。在年代上的一早一晚，显示了印度-伊斯兰建筑艺术的美学风格形成的重要过程，非常值得学习建筑艺术和美学的人关注。

我的中国同胞中，有许多去过新疆或中亚和印度的人往往不了解：为什么伊斯兰教的清真寺建筑总是把死者的陵墓弄在一起，这多少让参观的人感到有些不自在。其实，这是个误解。

伊斯兰教的清真寺一般分为两种：一种是专供信徒们礼拜用的清真寺，中文名叫“聚礼清真寺”；世界各地许多著名的大清真寺就是专供信徒们做礼拜用的。

另外一种是建造于陵墓旁边的清真寺，叫做“陵墓清真寺”。这种建筑以陵墓为主，清真寺为辅，这里的清真寺是为了祭祀、诵经、礼拜死者而用的。例如泰姬陵旁边就有一个非常美丽庄严的清真寺，它就是“陵墓清真寺”。

公元 8 世纪时，在西亚、中亚地区，清真寺建筑的基本造型特征，如尖顶的拱门、建筑中的四个连续下降的尖顶大拱门；墙壁上的指示麦加方向的神龛；圆穹顶以及木制的花格子扇门、石制的花格子窗和钟乳石式的阳台托架等等，这些具有波斯风格特征的建筑样式都已确立了。

后来，伊斯兰教的卓越人物越来越多，信徒们需要缅怀的人也越来越多，加之历代的国王们也都争先恐后地想流芳百世，因此，伊斯兰教的陵墓建筑就开始大量建造了。陵墓除了让死者长眠外，还得接受后人的祭祀礼拜。为了祭祀和礼拜，陵墓清真寺就出现了。相比较，聚礼清真寺居主要地位，时间上也先存在；陵墓清真寺的地位就属于次要的，在建造的时间上也较晚。

在建筑艺术上，陵墓的建筑样式和陵墓清真寺的建筑样式都是吸收、学习、

引进伊斯兰教清真寺建筑的精华而成的。例如圆拱顶技术就是先出现在“聚礼清真寺”的建筑样式中，后来才运用到陵墓的建造上。

在德里数量众多的花园中，有一个花园里有一座德里苏丹的奴隶王朝时期的图格鲁克王朝（Tughluq Dynasty）的国王吉亚斯-乌德-丁·图格鲁克·沙（Ghiyas-ud-din Tughluq Shah，1320—1325年在位）的陵墓。至今它们存在了大约有680年。我来的时候，正像我后来去过的许许多多公园和博物馆一样，有成群结队的学生在这里参观，在草坪上嬉戏。我想，这大概是印度的中小学校所实施的爱国主义教育或历史文化传统教育的一种形式吧！否则，怎么我所到之处，都能见到这些身着漂亮校服的快乐的中小学生们呢！

为什么要介绍这位国王的陵墓呢？第一，因为这位国王是德里苏丹的图格鲁王朝的第一位国王，他的人生经历比较有趣。第二，因为这位国王的陵墓的外形有特色，同其他伊斯兰教的陵墓不同。

吉亚斯-乌德-丁·图格鲁克·沙陵墓

长眠在这里已达六百多年的这位国王，他在德里苏丹诸位国王中，似乎还算得上是一个好国王。这大概是他的陵墓最终没有成为废墟的原因，善有善报嘛！

吉亚斯-乌德-丁·图格鲁克·沙是突厥人，他的父亲原本是苏丹巴尔班的奴隶，可能是依靠在马背上立下的战功而成为贵族。他的母亲是一个印度教徒。他凭着自己的骁勇，在小国林立、军阀纷争的年代，从普通的贵族军人最终升到了将军。他在德里苏丹阿拉-乌德-丁国王和胡斯鲁汗国王两朝统治时，都是镇守印度西北边境的地位显赫的将军。

公元1320年，一个名叫胡斯鲁汗的大臣派人刺死了当时的德里苏丹国王库特布-德-丁·穆巴拉克·沙，随即就发动政变，自立为国王。这时，镇守西北边境的将军伽泽·马立克·图格鲁克趁机独立，借口平息政变，指挥大军进攻德里，打败了胡斯鲁汗的军队，杀死了胡斯鲁汗，自立为苏丹，自命为“吉亚斯-乌德-丁·图格鲁克·沙”一世。

吉亚斯-乌德-丁·图格鲁克·沙成为德里苏丹后，开始治理前两朝苏丹留下的稀烂的摊子。常言道：“实践出真知。”这个六百多年前的行伍出身的印度国王，比起今天那些靠玩弄阴谋诡计当上大官的人更能干。他在六百多年前曾经悟出的道理，今天很多人未必就悟懂了。他在六百年前做到的事，依然是今天很多执政的人没做到的。例如，他对农民采取了非常宽松的政策，实实在在减轻赋税，让农民能够活下去。他严惩贪官，他知道贪官是国家的大老鼠，国王的钱他都敢偷，谁的钱他不敢偷呢？他也懂得水利是农业的命脉，在全国（北印度）大规模地兴修水利和灌溉设施。他也懂得“要想富，先修路”的道理。几年间他翻修和建造了很多道路、桥梁和运河。他治理下的国家很快变得强大起来，老百姓生活大大改善。可能，百姓对他的评价比较高。1325 年 2 月，他远征孟加拉，胜利回到德里，他的大儿子、王子焦纳汗（Jauna Khan）在德里东南 10 公里一个叫阿富汗浦尔的地方，为国王的凯旋举行隆重的欢迎仪式。在军队举行盛大的阅兵游行表演时，一只战象突然失控，碰断了穹形的木头棚帐的柱子，棚帐的顶盖落下来，当场砸死了吉亚斯-乌德-丁·图格鲁克·沙和他的次子马茂德汗。

这一事件的突发性同偶然性之间，形成了难以解释的巧合。为什么在这么隆重的场合会发生这种意外？为什么棚帐的顶盖偏偏这么准确地砸死了国王和王子？其他人则毫发无损？这突发性和偶然性之间的巧合，无形中就使人对这一事件抱有深深的怀疑。这位国王是死于非命呢？还是死于政治阴谋呢？不仅当时的人们曾不断窃窃私语，议论不休了好长时间，而且几百年来，历史学家们也深感诡异，有多种揣测，但都没有人能够证明事情的真相。就在凯旋的国王死后三天，他的宝贝长子就宣称自己为苏丹，称号为“穆罕默德·宾·图格鲁克”，四十天后，新国王在德里登上了国王的宝座。

吉亚斯-乌德-丁·图格鲁克·沙和他的次子马茂德汗，被葬在德里城外的图格鲁加巴德城堡。在这座城堡中，吉亚斯-乌德-丁·图格鲁克·沙早就为自己修建好了宏伟而漂亮的陵墓以及祭祀用的清真寺，只是国王做梦也没想到，自己为自己建造的豪华陵墓这么快就排上了用场！

看来，他的这位接班王位的儿子还算孝顺，竟然舍得让他的父亲睡在了这么体面漂亮的陵墓之中！

这个当年建在德里城外的“图格鲁加巴德”城堡，就是今天已处于德里城中心的“乌德·丁公园”。吉亚斯-乌德-丁·图格鲁克·沙的陵园也是由两座建筑组成。一座是陵墓，另一座更大一些的建筑是祭祀的清真寺。

这座陵墓的外形是早期的阿富汗建筑风格。陵墓总体形状呈正四方的梯形，墙壁由下而上的倾斜度很大。陵墓风格厚重、稳定、雄伟，再配之周围一个个高高的城堞，把陵墓弄得像城堡的巨大的角楼一样。整个陵墓外观朴素，几乎没有任何纹样的装饰。这与后来伊斯兰建筑垂直的墙壁很不相同。巨大的白色的圆拱顶与绛红色的方形基座形成了强烈的对比，伊斯兰教的天圆地方的宇宙观通过这一建筑形式得以清晰的表达。

吉亚斯-乌德-丁·图格鲁克·沙的陵墓代表了伊斯兰教建筑刚刚进入印度时期的样式。这种样式，既不是印度的，也不是后来的伊斯兰建筑的那种轻盈、秀美的风格。这座陵墓是一座建筑风格的标杆，用它来对比成熟后的印度-伊斯兰建筑艺术的风格最为恰当不过了！

在德里的城市花园中，还有一个陵墓建筑值得同吉亚斯-乌德-丁·图格鲁克·沙的陵墓加以比较。

这座陵墓坐落在“印度国际中心”旁边的“洛迪花园”(Lodi)。

洛迪陵墓

陵墓中的坟茔

“洛迪花园”其实就是城市中的一大片绿地，其中有许许多多的大树和宽广的草地。在德里，类似于“洛迪花园”这样的花园有近百个。从这个意义上讲，德里堪称“花园首都”。在洛迪花园中，有一座德里苏丹洛迪王朝的国王尼扎姆·汗·锡坎达尔·洛迪的陵墓和一座清真寺。尼扎姆·汗·锡坎达尔·洛迪（1489 年—1517 年在位）是阿富汗人，他是洛迪王朝的三个统治者中最能干的一位国王。当时和后世的著作家都高度赞扬国王杰出的智慧和魄力。这位国王是诗歌爱好者，自己有时也写几首诗。他曾大力鼓励学术研究。他于 1517 年 11 月 21 日在阿格拉城去世。这座陵墓距今已存在了五百年之久。我来时，正像我后来去过的许许多多公园和博物馆等地方一样，有成群结队的、身穿校服的学生们在这里参观和游玩。

洛迪墓园的清真寺

我从不同距离、不同角度拍摄这座陵墓和清真寺，尤其对它们的伊斯兰拱门、拱顶和廊柱的形状和纹饰给予了相当的注意，并拍下了不少的照片。在陵墓的内部，在巨大的穹顶下面的地上，有几座坟茔，大概埋葬着国王和他的几个妃子。坟茔是用类似于水泥的材料修筑的，古代可能上面曾镶嵌着红砂石或大理石，不会是我见到的如此寒酸！此时，欢腾的小孩子们在这些坟茔上跳来跳去，好像在做“跳房子”的游戏似的。

坟茔对面约一百米远的地方是陵墓的清真寺。清真寺的内部大厅很宽大，东、南、北各建有四个高大的尖顶大门。西边朝着麦加方向的墙上，建有一个大大的尖顶的神龛。神龛内雕刻满了阿拉伯花纹图案。清真寺大厅外有一个小广场，两边各建有一排尖顶拱门连续构成的祭祀殿。两边的祭祀殿的墙上都刻满了阿拉伯花纹的图案。这些图案密密麻麻，繁复而细致，非常富有秩序感而又变化无穷！你不得不佩服这些工匠的才思和耐心！

把洛迪王朝的国王尼扎姆·汗·锡坎达尔·洛迪的这座陵墓和清真寺同前面讲过的“奴隶王朝”的吉亚斯-乌德-丁·图格鲁克·沙的陵墓加以比较，就看得出它们之间的区别了。洛迪王朝修建的陵墓比奴隶王朝的陵墓晚两百余年。这两百年间，印度-伊斯兰教的建筑样式已发生了重大的变化。首先，把过去伊斯兰教建筑的大斜度的墙体改变为垂直型的墙体，从而使过去那种厚重的、堆砌式的体态，变得更轻盈简洁了。其次，增加了清真寺大圆顶旁边的小圆塔顶，使屋顶变得错落有致，显得丰富多彩而富有对比。再次，洛迪王朝的建筑更追求装饰性，更突显建筑的精美。

从奴隶王朝到洛迪王朝建筑风格的变化，既是进一步引进波斯建筑风格的结果，又是更加重视承传印度传统建筑的精美化、细腻化的结果。

这种新的印度-伊斯兰风格，在后来的胡马雍陵墓和泰姬陵上得到最完美的体现！

通过对这两座不同年代的建筑的实地考察，印度建筑给我一个非常鲜明的印象，这就是：建筑技术高超（圆拱顶技术）、样式美丽、匀称、对比感非常强烈，例如拱顶、拱门、拱形窗户的曲线结构与建筑物外形轮廓的直线的对比、建筑物整体形式的简明与繁复的装饰图案和纹样的对比、建筑物粉色的色彩与四周树林草地的绿色的对比等等。我似乎又一次唤起了早在心中的一个意念，这就是印度民族是一个非常讲究装饰的民族，追求装饰之美胜过原质的美。我从这里开始确定，应当从“繁复之美”的角度去发现更多的例证。事后，我找到了大量的证据，来证实我的观点和结论。这是我对印度建筑美学的一个很重要的发现与总结。

我饶有兴趣地对这两座建筑细细地观察了好几个小时，直到与博士约定的时间到了，才走出公园的大门。

八、胡马雍陵园

著名的胡马雍陵墓于 1993 年被联合国确定为“世界文化与自然遗产”，是德里的三大同类遗产之一。胡马雍陵荣获这项殊荣并不是因为胡马雍皇帝有什么不得了，而是因为他的陵墓在建筑设计上出类拔萃，显示出独特的建筑之美。有内行的建筑设计师评价说：没有胡马雍陵之美，就没有后来的泰姬陵之绝美！胡马雍陵墓是原型之美，泰姬陵则是这原型之美的升级版、顶级版！

胡马雍是莫卧尔王朝的第二代皇帝。前面已经介绍过这位皇帝的曲折的经历。他当了十年的皇帝，又当了十五年的流亡分子，在借用波斯的军事力量夺回政权后（1555 年），仅仅一年就从楼梯上摔下来死了！八年后（1564 年），胡马雍的多情的遗孀哈吉·贝古姆着手为胡马雍修建陵墓，皇太后专门聘请了波斯建筑师米拉克·米尔扎·吉亚斯设计和主持陵墓的建造。这座陵墓于 1572 年建成，在历时八年之后，胡马雍终于住进了他的豪华的永久的家。

胡马雍陵墓

胡马雍陵墓在建筑美学上有很高的地位。在那个时代，它在艺术设计上有四个突出的创新性特点：

第一，它以波斯建筑风格为基调，又融合了印度传统建筑的特点，例如，建筑的基础为正方形；墓顶四角上的印度式小凉亭；那伸出来的阳台式屋顶由下面一排排的印度式柱子整齐地支撑，由此形成宽阔的柱廊等等，改变了德里苏丹宫殿和陵墓的那种沉重浑厚的风格，大量使用柱廊而使整个建筑显得纤美轻盈，显得更雅致。这些都是印度建筑的风格。这两种风格融合一起，既显示了波斯建筑的简洁、轻盈、纤美、典雅以及所富有的几何形状的美，又有着印度建筑的偏重表面繁缛的装饰、追求局部的精细刻画的特点。

第二，陵墓主体部分的大圆顶采取了双层中空的复合式结构。这一结构既保证了大圆顶宏大的外形，又能降低内部穹庐的高度，更是大大减轻了大圆顶的重量。

第三，在建筑材料的选用上，一改德里苏丹王朝的前辈们清一色地只用红砂石修建宫殿和陵墓的路子，胡马雍陵墓尝试把红砂石和大理石加以并用，其结果是使这一庞大的建筑的色彩更为丰富，更富有变化感。

第四，设计师一改波斯建筑和阿拉伯建筑外墙壁的封闭性，在陵墓主体建筑的墙面上，用 4 个大的尖顶凹门、4 个小的尖顶凹门以及 16 个尖顶凹窗来为整个建筑减负，从而免去了陵墓主体的沉重感和厚重感，既有装饰性，又显得轻盈、富于变化。

这四个创新性特点，宣告了一种新的建筑风格样式的诞生！这就是后来人们常说的“印度-伊斯兰风格”。它既不同于阿拉伯建筑，又不同于古代的印度建筑。它是一种新的建筑样式，一种新的美学风格。

现在，参观胡马雍陵墓得花上250卢比（5美元），印度人只花20卢比。印度管理者大概认为，只有昂贵的价格才对得起它所获得的“世界文化与自然遗产”的荣誉！

胡马雍的陵墓建在德里老城区一个大花园之中。陵墓的前面原本是一个宽大的水池，现在水池改成了绿油油的草坪。陵墓的基础为正方形的平台，平台高约2米，平台每边长约47.5米。平台上四面都修建有拱形的小门，形成了开放式的柱廊。柱廊线条简洁，装饰素朴，风格优雅。陵墓的正面呈长方形，主体建筑的中央上，建有大的尖拱顶门；大拱顶门上建有超大的白色的大理石圆顶。圆顶的内部结构，其实是两层：外层是大圆顶，里层构成了室内我们能够看到的穹庐，两层中间是中空的结构。

墓室内部的平面呈八边形，中间的墓室安放着胡马雍的大理石石棺；旁边的侧室安葬着他的近亲成员。陵墓内部的采光通过镂空的大门和四周镂空的窗户，因此显得有些幽暗。

胡马雍陵的大尖拱门、双层复合式的大圆顶和穹庐、八边形等主体设计的特点，后来全部移植在泰姬陵的建造样式中。

前来胡马雍陵园参观的人不断。高大的树木的浓荫下和碧绿的草地上总是闪现着印度民众鲜艳多彩的服装。树丛中鸟儿的鸣叫声和地上窜来窜去的小松鼠，以及在草地上嬉戏的儿童们，显出了公园的宁静与祥和。不少中国的“驴友”都只顾说德里的杂乱与喧嚣，而很少有人注意到德里总是给人们提供了许多宁静的、可供人沉思的空间。

九、甘地墓和甘地纪念馆

在德里的宁静的朱木那河畔，有一个著名的印度精神领袖的墓地。这就是甘地的墓地。1948年1月甘地被一个印度教的极端分子刺杀身亡，结束了奔波的一生，终年 79 岁。甘地死后，他被印度的民众尊崇为印度教的大神毗湿奴，说他是“毗湿奴的第十次化身”；人们还把他称之为“印度之父”。他的尸体在这里火化。这个火化的地点被称之为“Raj Ghat”，意思为“解脱之地”。有的把这里叫做“三摩地”（samadhi）。“三摩地”是梵语的音译，其意思是“三昧”，所谓“三昧”是指一个人的瑜伽修习所达到的最高的精神境界。印度教称，达到“三昧”的人就可以亲证自我（即灵魂）的存在，以及清醒地意识到灵魂处于清净无尘的状态。甘地的火化地点被民众称之为“三摩地”，从而被看作是“圣地”。除开外国旅游者之外，印度人都把能到“甘地火化地”当作是一次朝圣的旅程，就像伊斯兰教的穆斯林都想去麦加朝圣一样。

甘地的遗体火化后，被运往印度教的圣城瓦拉纳西，在那里，他的骨灰被抛撒到圣河——恒河中。所以，甘地没有陵墓！

甘地墓园

独立后的印度政府为了满足民众对甘地的思念、缅怀和崇拜的心理，就在甘地的火化地点上，修建了一个类似于陵园的建筑，并在陵园四周划拨了一大片绿地作为公园。

甘地墓（衣冠冢）

甘地墓修建在一个小型的正方形城墙之内。四边的城墙高约 4 米，每一面墙的正中都修建有一个圆拱形的门洞，人们可过通过大理石甬道前往正中心的甘地墓。走进城门洞之前，人们都要脱鞋，赤着脚走进去。大理石的甬道上面铺着绿色的塑料地毯，与四周的草地显得很协调。

甘地墓是一大块正方形的黑色大理石的平台，高约0.7米，边长约2.5米。在正方形的大理石朝北的一边，建有一个玻璃罩着的长明灯，跳动着的火焰始终不熄灭。黑色大理石台面上镌刻着甘地的名字。整个陵墓的形式简明纯朴，就像甘地一生的生活作风一样。

不少印度人携家带口，穿着节日的盛装来到甘地陵墓礼拜这位现代印度的神。他们虔诚地在墓前伫立，低头合掌，口中念念有词，为甘地祈祷，也请甘地祝福和保佑他们，随后又按顺时针方向在黑色大理石墓前绕三圈后才离去。我在墓前也虔诚地伫立了片刻。我向这位伟大的精神巨人、高尚的人深深地三鞠躬，表示了一位中国学者的由衷的敬意。随后，我也遵循印度教徒的礼节，按顺时针方向围绕着墓石走了三圈。

我趁着人不拥挤时，在甘地墓前留影纪念。

甘地在中国也享有盛名，显然绝大多数中国人都知道他，但了解他的中国人却很少。

甘地在印度现代历史上是一个非常复杂的人物。他出身于名门望族，却富有民主主义的思想；自1921年（52岁）之后，他剃光了头发，上身赤裸（天冷时才披一件印度式薄长袍），素餐淡食；他还处在青壮年之时，就不惜采取绝食和禁欲来抑制自己的生理欲求；他受过西方现代教育，却又大谈印度的养生之道；他的大半生都过着“苦行僧”似的生活。

在政治上，一方面，他以民族主义者的身份提出“非暴力”“不合作”的口号，并为自己的祖国的独立而奋斗终生，另一方面，他却因为“对于不列颠的忠心所驱使”而多次支持英帝国主义发动的不义战争。他诅咒西方现代文明，却又认为帝国主义的错误不在其制度本身，而在于某些个人。

甘地认为，所有宗教都殊途同归，都是劝导人们弃恶扬善，和谐共生，因此，他主张各宗教和解、各宗教团结。甘地的一生都力图调解印度教和伊斯兰教两大宗教的冲突。他深深地同情处于印度种姓最底层的“首陀罗”（贱民们），要求给贱民们以人道的公正的待遇，但他同时又充分肯定印度传统的“种姓制度”是最合乎道德的社会结构。

甘地精神思想中的复杂与矛盾，其实都是印度传统文化与长期的殖民地文化之间冲突的反映。所以，甘地是一个难以评说的，甚至有着相当大的争议的人物！

进入21世纪的现在，无论是印度国内或国外，追随甘地主义的人越来越少！这不能不说是甘地的悲剧！20 世纪上半叶的东方，甘地主义就被毛泽东的“枪杆子里面出政权”的革命口号和实践超越了！进入 20 世纪 60 年代，甘地的“非暴力”的身影，又被格瓦拉的形象所遮蔽！

但是，世界人民对甘地的崇敬并不因此而减少！甘地在历史上永远闪烁不灭的是他非凡的人格品性！

甘地一生谦虚谨慎，他从未以“圣雄”（伟人的灵魂）自居；他饱学多识，却总是在平民中活动；他没有种姓之间的相互歧视，没有贫富好恶，没有宗教隔阂。甘地为人诚实、正直、恳挚；从事政治活动多年而廉洁无私；他一生工作勤勤恳恳，任劳任怨。他厮守着没有文化的妻子白头到老！他一生都追求真理，锲而不舍，他心中永怀着严格的道德律。作为一个伟大的政治家，人们还能要求他什么东西呢？

我来到甘地墓外边的城墙上，按右旋的方向漫步了三圈。城墙的外侧种植着一些藤蔓，有的开着鲜艳的黄色的花朵，甘地墓外是大片的草地，零零星星的高大的树分散在草地上，像一顶顶绿色的华盖，可供民众乘凉。德里的公园中都有厚厚的草地，除了狭窄的水泥路外，看不见泥土。草地的散热功能大大超过森林，所以，德里的上百所公园中的这些草地是老百姓避暑纳凉的胜地。德里的草地是对民众开放的。据说，德里的夏季气温高达 45 度，甚至更高。空气灼人，连蚊子都烤干了，盛夏的德里蚊子反倒很少，人们都感到酷热难熬，这些草地和大树下，就是人们避暑的地方；入夜之后，四周的居民都涌向公园，甚至总统府的花园都对外开放了。人们铺上席子或床单在树下或草地上纳凉。可能是因为亚热带气候，印度的草长得很快，生命力极强，否则怎么能承受得起那人山人海的践踏呢？

甘地纪念馆（旧馆）

相比较，我国国内的草地边，几乎无一例外地都竖立着各种各样的宣传牌子，上面都大同小异地写着：“小草是生命，请爱护它！”“小草脆弱，请脚下留情！”在中国，谁进入草地，都会被看作没有教养、不守公德、缺乏道德而被人蔑视！

在离甘地墓大门对面不远的街道上，近些年建立了一座甘地博物馆。我去那里时，正值博物馆内部修缮而闭馆，所以无法进去参观。水运博士就叫司机把我们送到另一个地方的“甘地纪念馆”，估计是过去的旧馆。这座纪念馆是两层楼房。里面陈列着甘地生平的大量图片资料和文字资料，也陈列了甘地生前使用过的生活用品。

纪念馆的外观看上去很普通，朴素得让人难以注意到它。这是一幢不大的两层西式楼房，占地面积约四百平方米。楼外有一个小小的空地，只可以停放四五辆小车。正对着楼房大门的空地边，有一座现代主义风格的群雕像，表现的是甘地率领着印度民众前进。人物的头部和身躯都被塑造成了有棱角的方形。光头的甘地手正拄着木杖迈步向前。

甘地带领人民前进

大门前的题词

纪念馆大门的门楣上雕塑着对称的、两架纺车的图案。大门一边的门墙上，赫然地用英文镌刻着：“真理是神!”（TRUTH IS GOD）这是当年甘地在印度全国巡回演讲时的名言。原话是：“过去我认为，神是真理；现在反过来了，我认为，‘真理是神’。”

同样的命题，话语一旦颠倒，意思就完全不同了。“神是真理”是说，传统的信仰是神，它不容置疑，只能遵守。传统的一切东西都是合理的存在，都是真理，不能改变。而“真理是神”的命题，则是甘地通过现代理性思维反思之后得出来的结论。现代理性思维认为，只有真理才具有神圣性，真理是神。这是信仰上的重大变革。如果对传统的东西，包括陈规陋习（例如童婚和寡妇殉情守节的制度）都像信仰神一样地受到尊崇，那就是盲信盲从。而盲信盲从就是缺乏自我意识的表现，就是缺乏反思和创新的精神；盲信盲从就是愚昧无知！所以，真理是神！

一楼的门厅正对着上楼的楼梯，两边是房间，现在都是展览室。

这里陈列了甘地用过的纺车。从1921年起，甘地主张“不（与英国殖民统治）合作运动”，为了抵制英国的机织布，他提倡穿印度国产土布，并且自己亲自纺纱，显示了与英国殖民统治“不合作”的政治姿态。这架纺纱车就成了他的一条政治标语。

陈列室重现了甘地的极其简陋的卧室。甘地的卧室很像僧人在山里修炼用的洞窟，空空如也，室内除了一张低矮的床铺和一张小书桌就什么东西也没有了。这样的卧室连小偷都会深感失望！

在二楼的展览室中，我看到了抗战期间中国政府首脑蒋介石偕夫人宋美龄访问印度时与甘地会谈的照片，还看到了甘地逝世后，蒋介石为哀悼甘地而亲笔题写的“乃圣乃仁”的字幅。

这里还陈列着甘地生前读过的书籍和他书写的一些信件，还有他的生活用品，如印度式的凉鞋、眼镜、文具之类的东西。这些东西实在太平凡了，但它们似乎还散发着光头老人的气息。

在印度古代哲学中，梵就是宇宙的终极精神。人们怎样才能够认识梵、把握梵呢？大诗人泰戈尔在诗集《吉檀迦利》中说“你是天空，你是鸟巢！”梵既是具体的、有限的存在，又是无限的、永恒的存在。所以，梵既是鸟巢，梵又是天空！

在甘地墓前，我深感他是一位精神思想的巨人；在甘地的生活用品前，我深感他只是一个极其平常的、光着头的小老头。回味甘地的生前和身后，都可以说他真正做到了：赤条条来去无牵挂！他没有官阶和功名，却有“圣雄”的称号；他没有物质财产，却有博大的精神；他没有了尸骨，却使印度民众的心灵中拥有了“三摩地”；他从不追求永恒，却达到了涅槃！

十、尼赫鲁总理府博物馆

博士夫人已备好了早茶。在喝早茶过程中，博士建议我们，要查资料，可以先到贾瓦哈拉尔·尼赫鲁博物馆去查阅资料。上午十时，我们到达了贾瓦哈拉尔·尼赫鲁博物馆。

贾瓦哈拉尔·尼赫鲁博物馆是印度独立后的第一任总理尼赫鲁生前的府邸。

进入府邸的大门，就是一个很大的长方形花园。在平坦的绿草地上，耸立着几株粗壮的榕树。此时，正有许多来博物馆参观的中学生们分成一个个的圆圈坐在草地上。他们看见我们，感到很惊奇，都注视着我们。其中有几个较活泼大胆的学生，开始挥手用英语向我们打招呼："哈罗！"我举起了相机，孩子们都欢腾起来，有的拥上前来要求与我们合影，我就拍了几张合影。孩子们明明知道他们不能得到这些照片，但能同外国人，同中国人合影这就表达了友好的情谊，这就足够了！

尼赫鲁总理府主楼

经过宽阔的草地花园后，来到了尼赫鲁府邸的主楼。这座两层楼房的正面长度约为八十余米，宽约二十余米。这楼房的样式很简洁、很大气。这座楼房有三个大门：正中有一个带走廊的大门；楼房的两端各开有一个稍小一点的门。楼房内部的房间约百余间。大楼后面是一个很大的花园，足足有八个足球场那么大。花园的四周种植有高大的热带树木，树下的路边有条带状的花圃。尼赫鲁总理府的环境静谧而优美。现在它已全面对市民开放。

总理府大楼的大门口两边有手持冲锋枪的武装警察站岗。大楼另一边的后门，也有两个持枪的武装警察守卫。展室中还有持枪巡视的武警。武装警察的身影，无形中提高了这个博物馆的地位和级别。

贾瓦哈拉尔·尼赫鲁（1889—1964）是印度民族解放运动的著名领袖。他出生于北方邦阿拉哈巴德市一个声名显赫的家族。他的先辈曾任莫卧尔王朝的高官，他的父亲是印度国大党元老，担任过高级律师。尼赫鲁 15 岁赴英国留学，先后在伦敦的贵族学校哈罗公学和剑桥大学三一学院读书。1912 年回国后，投身甘地领导的反对英国殖民主义的斗争。他 30 岁时当选为国大党主席，此后成为印度民族解放运动的主要领导人。在长期的反英斗争中，曾 9 次被捕，在英国殖民统治当局的监狱中先后度过了十年苦难的牢狱生活。尼赫鲁在狱中博览群书，结合印度当时的政治问题，写出了著名的《印度的发现》一书。此书于 1956 年在中国出版了中译本。印度独立后，他担任了第一任政府总理，连续担任了 17 年的政府总理，直到去世。尼赫鲁以政治家的务实态度，面对当时印度社会成堆的难题，采取了不急不躁，稳扎稳打，缓慢改革，不折腾的稳固发展的方针。在尼赫鲁执政的 17 年中，他主持的政府制定了一系列新的建国方针和政策，这些方针和政策大大促进了印度经济的发展、国家的统一和进步，对印度的现代化进程有着深远的影响。

整幢大楼用了不少的房间来展示尼赫鲁总理为了印度民族的解放事业的奋斗经历。在展览中，着重介绍了他同世界各国重要的领袖、政治家和知名人士的交往情况；展出了各国领导人赠送给他的礼品，其中有中国领导人送给他的几件精美的“中国瓷器”。人们在参观了有大量的照片及文字说明的展台之后，还可以观看尼赫鲁总理的会客室、会议室、办公室和卧室。

给我最深印象的是尼赫鲁总理的办公室和卧室。办公室除了一张较大的写字台外，就是后面的整个墙上的书柜；写字台对面的墙上，也是整墙的书柜。书柜中的近千本书说明尼赫鲁总理爱好读书而且是很博学的。我曾多次读他写的《印度的发现》一书，这本书是他在英国人的监狱中写作的。书中，他对印度古代历史和文化加以了系统的介绍，论证的问题重点突出，他对印度古代的历史和文化，对印度民族的民族精神的评价也是很深刻的。在我的著作中，有好几处引用了他的观点。

尼赫鲁办公室一角

他的卧室几乎没有什么家具，一张铺着白色床单的卧床大约只有 1.2 米宽。如此简单的用具说明了尼赫鲁总理的生活是非常简朴而清淡的。尼赫鲁总理是印度教徒，我曾经看到过他双脚朝上，头朝下地倒立在床上修炼“瑜伽功”的照片。贾瓦哈拉尔·尼赫鲁总理

尼赫鲁卧室一角

在印度民族为争取民族解放的斗争中，是与甘地、鲍斯齐名的三位领导者之一。他与甘地的政见一致，拥护甘地提出来的“非暴力不合作”的政治斗争纲领。鲍斯则在国大党中主张“以暴抗暴”，号召人们向当时的中国革命者（中国共产党）学习，以武装革命来推翻英国殖民主义的统治。

1948 年 8 月，印度独立后，印度国大党成为执政党。此前不久，1948 年 1 月甘地遭到极端分子的刺杀身亡，贾瓦哈拉尔·尼赫鲁就成为印度共和国第一任总理。20 世纪 50 年代，在世界的冷战状态下，美苏两个超级大国及其同盟国处于严重的对峙状态中。富有智慧的尼赫鲁总理知道：积贫积弱的落后的印度，超级大国是不会理睬你的！印度怎样才能引人注目，怎样才能够做到：既能有效地表达自己的声音并受到别人的尊重呢？尼赫鲁的智慧在于，在国内，他采取了稳健的经济政策来发展工业和农业；在国际上他采取不偏不倚的政治主张和诚恳务实的、低调的政治态度。凭着他对东西方的政治、历史和文化的深刻了解，凭着他特有的学者气质以及个人的人格魅力，他创造性地提出了印度的“不结盟政策”。他坚持的“不结盟”立场的聪明之处在于，他成功地做到了在以美苏两个超级大国为首的敌对的政治阵营之间，在尖锐对立的争吵声中，响起了第三种独特的声音，这是两个超级大国不得不倾听的声音，第三种声音表达出了当时人们观察世界的“第三只眼”的观点。“不结盟”的政治主张，使尼赫鲁成为全世界“不结盟运动”的倡导者，印度共和国成了美国和苏联都想拉拢和争取的政治力量。印度共和国从此在国际政治舞台上左右逢源，备受青睐，处处讨好。

但是，尼赫鲁晚年犯了一个致命的错误，这个错误导致了他政治上的重大失败，也促成了他伟大人生的灰溜溜的结局。这个错误就是他的领土扩张政策以及由此而来的中印边境之战。

众所周知，当年的英国殖民统治的印度总督麦克马洪曾一厢情愿地画了一条中印边境线——麦克马洪线，并要求当时的中国政府予以承认。当时中国的袁世凯大总统并不糊涂，他慑于中国民众的抗议而始终没有在条约上签字，也就是说，麦克马洪线是英国殖民者单方划定的边境线，对于中国来说，这是一条实际上并不存在的边境线。尼赫鲁居然坚持这条边境线，并迫不及待地向中国提出领土要求。其实那时候，中印两个大国之间有许多可以互利互惠的事情可做，但尼赫鲁偏偏选择了军事对抗。在军事对抗上，尼赫鲁又真有些缺乏自知之明！中国的毛泽东、周恩来等人一生中多次指挥千军万马的大战，既是政治家又是军事统帅。尼赫鲁没有毛泽东、周恩来那样的长期的军事指挥实践，他本人也不是一个运筹帷幄的帅才呀！加之，印度军队从来就没有独立地打过仗，却要同打了几十年仗的中国军队单挑，结果可想而知！1962 年 10 月 20 日,中印军队一开战，在短短的半个月的激战中，就以印度军队的惨败而结束，也让尼赫鲁在印度国内的大选中惨败而下台！尼赫鲁在低落的情绪中，于 1965 年死去！

“出师未捷身先死，长使英雄泪沾襟!”不过，究其一生而言，尼赫鲁在印度民众的心中依然是伟大的民族解放的英雄!

如今，他的府邸不断地有来自世界各国的参观者，不断地有印度国内的青少年们来这里聚集，就说明了他在印度人民和世界人民心中的崇高地位。

尼赫鲁博物馆

离府邸大楼的右边二十多米远的地方，有一幢两层楼的建筑，这就是尼赫鲁博物馆的图书资料室和研究室。在这所建筑中，除了印度国内在这里固定从事研究的学者之外，它每日都接待着来自世界各地的从事“印度近代和现代史”的研究者。这里收藏有印度近现代最丰富的、有权威性的资料和最有代表性的研究成果，来到这里查阅资料要付 50 卢比（2009 年初，人民币与印度卢比的比值约为 1∶7，印度的 50 卢比约折合人民币 7.1 元）的查阅费。所交的费用在一个星期内有效，过了一个星期，又得交 50 卢比。

资料室内非常静谧，来自各国的学者们各占一个座位在那里静静阅读。在资料管理方面，这里也是很现代化的。

尼赫鲁府邸除了这两幢建筑外，主楼背后还有非常宽阔的草坪花园，周边的树木高大粗壮，像一排排仪仗队的士兵一样，整齐而静静地屹立在那里。这一切都是尼赫鲁生前的景象。然而人去楼空，逝者如风，只留下后人的无尽的感叹！如果再联想到他的女儿、政治事业的继承人英迪拉·甘地以及他的外孙拉吉夫·甘地的悲剧性的人生结局的话，就更会感到这个家族有一种无法摆脱的政治上的宿命，他们都是为政治而生、为政治而死的伟大家族的成员。

尼赫鲁总理府花园

十一、印度现代艺术馆

游客们从“印度现代艺术中心”出来，向前走大约一千米，就是德里的心脏、著名的“印度门”。把“印度现代艺术中心”设在德里的心脏地带，正说明印度政府对于发展现代艺术的重视。

在我的研究项目中，有“近现代印度美学和艺术与中国美学和艺术的比较研究”的内容。所以，参观“印度现代艺术中心”及展出的展品对我是很有重要意义的。中国同印度一样，都有漫长的文化传统。进入20世纪之后，这两个伟大的民族都面临“现代化进

印度现代艺术中心

程”的问题。如何处理好传统与现代、外国与本国的文化的关系，如何坚守传统文化与借鉴西方的现代文化，是中印两国都急需解决的问题，也是两国都感到有些困惑的问题。我心中想，一向善于坚守传统的印度人会给我们提供一些什么样的“现代艺术”呢?

尽管“现代艺术中心”的园林道路在整修，但中心的展览室仍然在开放。这个中心是由一组彼此连通的两、三层黄色楼房组成。这些房屋线条简单明快，是现代性建筑。这里环境很安静，树木、草地很优美。参观这个中心，我的门票费是150卢比（折合人民币约21元），印度人则只收10卢比。这种情况正像中国改革开放初期一样，任何景点、任何服务，对外国人总是要多收一点钱，而现在中国已没有这种区别了。

进入展厅前必须进行安检。这是自从2008年11月孟买发生血腥的恐怖主义屠杀事件后，印度政府的紧急规定。后来，我所去的任何地方，都有严格的安检和防御措施。参观展览不允许带照相机进去，照相机只能存放在进门处的保管箱中。

现代艺术中心系统地介绍了印度近现代的绘画与雕塑艺术，集中介绍了印度近现代艺术家学习和模仿西方的绘画和雕塑艺术的成果。

从19世纪开始，英国殖民统治者就让印度学习绘画的学生，系统学习西方的透视、素描、色彩、写生、生物形体结构等知识。这些方法和理念完全不同于当时还很流行的、印度传统的“细密画”“装饰画”。19世纪那些学习西方绘画的印度画家们的作品还显得稚嫩，但是还是看得出，他们的作品是以学院派的技法为主，谈不上什么创造性和个性，更没有自己的民族风格。这种情况一直延伸到20世纪初至20世纪上半叶。这时的画风有些变化，这种变化其实就是西方油画自身的变化在印度画界的反映，这就是印象派、表现派和立体主义等现代主义的艺术风格开始出现。所以说，几乎整个20世纪，印度绘画还是亦步亦趋地学习西方的技法和风格。从总体上讲，印度现代画家的西画作品比起学习西画的中国画家的同类作品，成就明显差多了。这里看不到一幅能够与徐悲鸿、林风眠、刘海粟、常书鸿等媲美的素描作品，也看不到与他们相媲美的油画作品。

我看完展厅的东西后，出来走到院子中，看到了放置在地上的、大量的现代雕像作品。这些作品陈列在露天的庭院中。我非常细致地观看这些雕像作品，观察他们的艺术形式语言，体悟艺术家的感觉，揣摩艺术家们所要表达的意蕴。

在这里，我拍了不少照片。

这些现代主义思潮影响下的雕塑作品有的已清楚表明：印度雕塑艺术家已经拥有了自己独特的选材的眼光。在这些现代主义的作品中，开始融入了印度传统的艺术手法和审美意蕴。

当代印度雕塑家更关心的是人类的生命和生存的状态问题。这些作品不同于西方现代主义艺术的地方在于，它们没有西方现代主义雕塑与绘画所热衷于表达的那种愤世嫉俗的批判性和否定性。印度的艺术家与现实社会似乎不存在对立与否定的关系。印度艺术家的作品更多是表达亲情、爱；表达他们心中关于“人与自然和谐”的理念，以及他们对生态环境、人口增长等问题的关心与忧虑等。这种情感正是千百年来印度民族固有的慈悲情怀的延伸。但所有这些作品，其手法和艺术语言无疑都是现代主义的，更多的是抽象派的和立体主义的。

印度的现代主义艺术对传统的审美心理所产生的冲击力还是很小的。除了在“现代艺术中心”所看到的作品之外，我还在德里大学的校园中，看到了一两件抽象派的雕塑作品，其他地方就很少看见了。现代主义艺术在传统很深的印度社会要获得更大的影响力，恐怕还不是短时期能办到的事。

相比较，中国的现代艺术已开始显示它的巨大的冲击力！在中国各地的美术学院中，无论什么画种和其他门类的造型艺术，现代主义的表现手法都成了主流艺术，传统的写实主义和表现手法都已被“边缘化”，被看作是“陈旧”的玩意儿，成为了“老土”！中国的现代主义雕塑大部分被堂而皇之地耸立在一个城市的中心或最显眼的位置，几乎没有一所大学的校园中没有耸立着一两件现代主义风格的雕塑作品，尤其是你走进北京的“798”画廊和宋庄的现代艺术创作基地，你就更可以获得这种深刻的印象！在现代主义和后现代艺术上，与印度相比，中国已大大超前了！

十二、印度国际中心

上午10时，水运博士陪同我们去“印度国际中心”（India International Center）参观并查阅资料。这是印度政府下属的一个国际性文化交流和学术性的研究机构。就这个中心所开放的部分的范围而言，占地并不宽广。汽车进大门后绕行一片草坪，停在一条长廊边。长廊里边又是一个草坪，其中有几棵高大的榕树，环境很像中国的广州。这个中心里设置有资料室、阅览室和一个较大的、可容二百来人的会议厅；中心还在两层楼上设置有两个各自独立的餐厅，这两个餐厅都不对外界开放，只为会员或官员提供相关的服务；因为在这里消费后，只“签单”记账而不收取现金。会员或官员，一个月结算一次，通过专门的财务渠道结算。

印度国际中心

餐厅后面的花园中有一片长方形的草地，放置了几组藤编的沙发椅以供座谈交流之用。围墙是用竹子编成的，上面缠绕着的藤蔓正开放着红色鲜艳的玫瑰花。这里的环境显得很静谧、舒适、高雅。

阅览室设在一座两层楼房的底层。阅览室只对会员开放，我是经过博士给门岗有一番说明，才被允许进入阅览室 。进入阅览室就可以看到：这个阅览室有130平方米左右，它与资料室直接连接在一起，资料室约有一百多平方米，摆满了书架。书架上面的书由阅读者自行抽取、选看，你在阅读完这些资料后只需把书籍放在桌子上，立马就有人来回收，重新放回书架上。就查阅资料来说，这是很方便研究者的。遗憾的是，我们不能经常来，这里并不是谁都可以来的地方。我们能顺利地进来查一两次资料，全都依靠水运博士的帮助。

水运博士曾长期担任印度政府的高级官员，大概是负责文化事务的官员。印度政府机构中，没有像我国那样的文化部，更没有像执政党那样的专门的“宣传部”。博士所在的是什么名称的部门，尽管他告诉过我，我也不得而知。他本人在印度是著名的历史学者，出版了不少有影响的著作，我曾见到他写的一摞著作，完全可以称得上是“著作等身”。后来，在我要离开德里回国之前的一天晚上，他曾问我：“你是否有兴趣看一看几十年前的老照片?”我当然表示，非常愿意看老照片，老照片可以给人以最大的怀旧的乐趣。在博士给我看的许多老照片中，有好几张照片是他陪同印度总理英迪拉·甘地视察印度的文化机构和参观文化展览时拍下的；还有几张是陪同后任的政府首脑和高官进行视察时的照片。这足以证明他在印度政府中在文化事务方面的重要地位。所以，他领我们来，别人就很爽快地提供方便，给予我们很好的接待。

结束查阅资料的工作，我们同水运博士在国际中心的草坪边合影后，此时已是下午一时，水运博士请我们去“印度国际中心”二楼的餐厅吃午餐，同时到那里去会见德里大学历史研究所的布瑞吉·唐卡（Brij Tankha）教授。

后来，我的亲身经历使我了解到，在德里，中国人要找到能吃得下饭的地方太不容易了！二楼餐厅里已有不少的客人。从这些人的穿着和模样看来，他们不是文化界的学者和名流，就是政府官员，至少过去曾是这种人物。这是印度上层社会的聚会场所！我拍下了照片。

在点菜肴时，有人从其他饭桌上向水运博士打招呼，有的人走向我们的餐桌前同水运博士握手致意。水运博士也把我们介绍给他们。水运博士曾两次到中国访问和讲学，去过昆明、上海、深圳、北京、武汉、宜昌等城市，他尤其为“大三峡”的磅礴气势而震撼，不断地说：“那些山峰太高大了！”“三峡水库太壮观了！”他两次来中国，在中国待的时间加起来竟长达一个多月，所以他对中国人的口味有所了解。他考虑到我们的口味和习惯，点了橙汁、中国炒面、蛋炒饭等。但印度人的习惯中，所点的食品，都是共食的，不是每人单吃一份或一种食品。他们认为，每一种食品都是一道菜，大家都得吃，都得品尝。这与中国人自己点什么东西就吃什么东西的饮食方式完全不同。

德里大学的布瑞吉·唐卡教授同我们一起用餐。我们同他相约于2月9日去德里大学。因为那一天，德里大学文学院“印度近现代史研究所”有一个小型的国际学术报告会，据说，有一位中国台湾的学者将做一场报告。布瑞吉·唐卡教授想趁大家聚集在一起的时候，把我们介绍给印度的同行学者。

饭后，水运博士用他的车把我们送到“印度现代艺术中心”后，他就返回家去休息。

十天后，我又一次来到“印度国际中心”。这里正在召开一个纪念甘地的国际学术会议。印度举办的国际学术会议与中国举办的国际学术会议有一点很相似，就是客少主人多。在中国，召开一个国际学术会议，能来上几个外国学者就是很不错的国际学术会议了。印度这个学术会议放在“国际中心”举办，级别似乎比一所高校主办的会议级别要高一些。四五十人的会议，也只来了几个外国学者，当然其中可能有印度裔的外国学者，但我分辨不出来。

我坐在会议厅中，体验着印度式的国际学术会议。会场的主席台上设置有一排铺着白色桌布的长桌。有五六位权威专家坐在桌后。主席台旁的一个角落放着一个发言的讲台。下边坐着四五十位学者。这些学者有的穿着宽松的印度式的长袍和背心，有的穿着笔挺的西服，但有一点是共同的，这就是会议的语言都是英语。

印度的国际学术会议

会议先由主席台上的权威专家轮流发言，每人讲 15 分钟。这些权威专家发言结束后，就休息一会。其间，大家都拥向后院的餐饮处，喝茶吃点心，互相问候和聊天。30 分钟后，会议继续进行。学者们被安排轮流发言。

印度的学术会议开得很认真。除了我在照相之外，大家几乎都在专心地记笔记。有意思的是，在会议厅的入口旁的长桌上，摆满了与会学者的学术著作。我一问，是现场售书的，不赠送。我国的学术会议，常有不少学者带了不少的书来签名赠送。相比之下，我不由得产生了这样的想法：对于自己的学术著作，是我国学者慷慨呢？还是印度学者吝惜呢？

十三、德里大学和尼赫鲁大学印象

我是大学教授，到一个有着悠久文化传统的国家，自然要拜访它的大学，结识同行的学者和专家。这次赴印度也是为了完成我们承担的美国“基督教亚洲联合董事会”投资的项目——“近代印度与中国的比较研究”中的“近现代印度美学和艺术与中国美学和艺术的比较研究”子项目作资料收集工作。在水运博士的陪同和引荐下，我们来到了德里大学。此前，我们在“国际研究中心”已同德里大学的布瑞吉·唐卡教授认识并一起吃过午餐。布瑞吉·唐卡教授约定我们今天来德里大学参加一个小型的学术讨论会。

水运博士的儿媳妇是德里大学经济学院的讲师。今天她要来学院上课。所以，她开车送我们到了文学院后，又匆忙赶去上课。

德里大学是印度国家公立大学，建于 1922 年，是一所综合型大学，也是印度一流的大学。它在印度高校中，是地位最高、影响最大的大学之一，它以高水平的教学和研究闻名于世。德里大学是一个令我咋舌的超大型的大学，学生人数竟然达到了 22 万人；教师有 8890 人，职工 4000 人。它设有 14 个学部，共有 86 个系，分属 79 个学院。德里大学 95%以上的办学经费由政府拨付，我在印度没有听说“教育产业化”的说法。近些年来，由于德里大学的提速发展，原来的校园远远不能容纳这些学院，所以，德里大学就见缝插针，在德里各处购置校园，今天的德里大学分布于德里市的各处。除各学院有独立的图书馆外，德里大学还有 15 个学校的图书馆。

德里大学文学系是开办最早而且规模最大的系。多年来，他们在国际学术界的眼中，一直都保持着较高的研究水平。

德里大学文学院

走进德里大学文学院的大院，我的第一印象是，校园显得有些杂乱，教学楼显得陈旧、简陋，就像中国 20 世纪 50—70 年代的师范学院那样。红砖楼房只有三、四层，墙壁很厚重，外墙上的砖头都已剥落；教室内的桌子、座椅显得古老而陈旧，整个教室都是灰扑扑的。相比当今中国高校的校园、教学楼及绿化环境，德里大学的建筑和环境状况同世界名牌大学的名声完全不相称。印度的大学中，讲师和教授都配有一间 10 平方米至 14 平方米不等的独立的工作室，如果不是上大课，而是给几个研究生上课的话，一般就在工作室讲课。教师的工作室照例都是拥挤和杂乱的。看得出来，工作室中的桌子、椅子都用了多年，就差缺胳膊断腿了！

文学院里有一座印度现代著名哲学家斯瓦米·韦维卡南达的站立的塑像。韦维卡南达穿着印度式的长袍，头上缠着锡克族式的圆尖顶头巾。他是印度最早睁眼看世界的思想家，也是最早反思传统“印度思想”并着手改造“印度思想”的思想家。斯瓦米·韦维卡南达曾赴英国学习，后定居美国，他在欧美生活了多年。在美国期间，他一心一意致力于印度“吠檀多”哲学的研究和介绍活动。他创建的“新吠檀多哲学”对于促进印度思想在欧美的传播起了重要的作用。西方人通过他而了解、认识了印度思想。

斯瓦米·韦维卡南达像

韦维卡南达站在德里大学的学生中间，就像蔡元培站在北京大学的学生中间一样。他标志着传统思想与现代思想之间的变革与传承。

学生三三两两地坐在韦维卡南达像的花坛边谈话，女生穿传统的长裙、头带纱丽的居多，男生几乎都穿着衬衫和牛仔裤。

德里大学的大学生

印度的大学都是独立招生。学生们可以应考适合自己的大学。名牌大学的考分高，费用也高；一般的大学考分低，费用也较低。所以，印度不存在令全国的家长和学生都胆战心惊的、一锤定终生的全国统一的“高考”。这就意味着学生们只要能念完高中，只要你家庭经济条件允许，大学是有得读的。吃亏的是那些占全国高中毕业生人数一半的农村的穷苦孩子们。没有钱，就算有天大的本事也不能上大学，更无法承担名牌大学的高额的学习费用。这些孩子们是否能得到社会上的慈善机构的帮助，在什么程度上得到帮助，就不得而知了！

印度的大学实行的自主招生至少杜绝了“应试教育”的教育模式，避免了学生们从小就被塑造成为考试的机器，从而也就避免了“高分低能”的人才培养模式，可以在素质教育方面有所作为。印度政治家们在办教育方面有一点是十分清醒的，这就是：全国十二亿人口不是人人都能上大学，也不是人人都应当上大学。因为社会对人才的需求是多种多样的——各个文化层次的都需要。如果小学教育和中学教育的终极目标都指向大学，学生们都挤上大学这座独木桥，那么这座独木桥无论如何也承受不起如此的重负而必将发生断裂的！

我们按约定的时间等待唐卡教授。但唐卡教授迟迟没来，早已过了约定的时间了！这又令我想起了“印度时间”。我们只好主动同邻近的教授工作室的老师们打招呼。他们说：“恰好，有一位来自中国南京大学社会学系的杨德睿副教授，你们可以认识一下。杨老师刚从中国来德里，他将在这里做一年的访问学者。”杨教授是研究人类学的博士。我们听说了今天小型会议的论题后，觉得论题与我们的研究没有什么联系，我们决定不参加了。唐卡教授一直没有来，其他老师今天又有讨论会，我们决定过些天再来访问。

我们正准备离开时，唐卡教授来了。他笑着说，因事耽搁了。我想，大概是“印度时间”的效应又在唐卡教授身上起作用了。据说，印度人对于时间的观念很独特，在实践中也显得很可笑。古代的印度人经常把永恒看作瞬间，把意念中的时间看作客观的时间；把传说中的故事当成历史，所以在日常生活中，总是把经验中的时间感受当作是客观的时间。印度人常常觉得：啊！怎么才说几句话，就过了一个小时了呢！所以，人们在生活中，总是习惯于不按时，如果他们许诺你在某个时间见面的话，你决不能当真，因为总是有很大的偏差。既然大家对于时间的观念都是模糊而近似的，那么汽车、火车经常晚点或早到，或者让情人在那里苦苦等候，也就显得十分自然了。不久之后，我在德里火车站，又一次亲身体验了印度人的“印度时间”。

唐卡教授热情地陪我们参观文学院的资料室。

德里大学文学院的资料室规模同中国的一些老牌大学一样，都比较大，房间也有两百平方米。其中的图书从数量上和管理上看，都同中国大学的院系资料室差不多：新进的书不多，布满了灰尘。我们进去时，工作人员正在进行大扫除，电工们正在换旧灯具，这间资料室不知有多久没有打扫了，四处满是灰尘。我们来到中国文学的书架看，中文版的中国图书不多，有百余本书吧！书架上有几本英文版的鲁迅选集。中文的书籍都显得比较陈旧了，代表中国近年的新的学术思想的书几乎没有。这说明两国之间在学术和文化交流上存在着长时间的隔离。

日文版的图书和英文版的图书较多，其中大多是介绍日本作家的书，但都显得版本陈旧了，新书不多。

不久之后，我们又来德里大学同老师们进行交流。德里大学文学院从事东方历史，尤其是日本和中国历史研究的教授们，他们有较优越的条件，其中女教师居多，同我接触过的教师不少人都来过中国，当过访问学者，有的还经常来中国参加相关的学术会议。他们的英语和汉语都不错，普通话的发音也都标准，用词造句准确而流畅。他们在研究资料的获得方面有宽广的路径，有些资料是我们难以获得的。

德里大学文学院的教师对我讲，他们每次去中国的时间都很短，前些年，不仅申请出国的指标和办理护照很困难，而且获得中国的签证同样也很难。近几年一下子变得好多了，希望今后能够发展为经常性的交往。

我表示，中国学者同你们的处境也是一样的，我们的愿望也是一样的。

德里大学的教师们工资收入相比较其他行业来说明显较高，教授的年薪相当于人民币 8 万元，但他们的日常生活的消费价格明显低于中国。

第二天我们在水运博士的陪同下去了位于新德里西南边的尼赫鲁大学。尼赫鲁大学的全称是“贾瓦哈拉尔·尼赫鲁大学”（Jawaharlal Nehru University，简称 JNU），始建于 1950 年。据该校一位在北京大学做过访问学者的教授说，这所大学的占地面积比北京大学还大。但是，在读的学生却是少之又少。学生仅 3500 人，教师只有 350 人。这个学校以专门培养研究生以上层次的人才为主，本科生数量极少。尼赫鲁大学设立有社会科学院、国际研究学院、生命科学院、环境科学院、计算机系统科学院、物理科学院和生物研究中心等。从建校初期的办学宗旨看，尼赫鲁大学是一所以文科为主的大学。它的社会科学院和国际研究学院在国际和国内都很有名气。

尼赫鲁大学建在德里城边一个高地上，地势起伏，形成了些小山坳。这里风景很美，到处是绿树和绿茸茸的草地，花圃里盛开着鲜艳的花。校园中的柏油路很干净。图书馆是大学的主体建筑，也是该校的形象工程。这座图书馆有十层楼，规模很大。其他各学院散建在四周。大概由于学生人数不多而校园占地又大的缘故，这里的学生宿舍建得并不集中，居住也不拥挤。本科生与硕士生都是两人共住一间房，博士生一人住单间。讲师和教授都有自己独立的工作室，供讲课和备课使用。

尼赫鲁大学设有文学和文化研究学院，其中有汉语和东南亚研究中心，过去俗称为“中文系”。中文系有 6 名汉语教师，他们所教的学生有本科生、硕士生和博士生，共计有 85 名。据说，这里的汉语教学是全印度最好的。2007 年 3 月29 日,中国驻印度大使孙玉玺代表中国政府向尼赫鲁大学即将建成的“孔子学院”提供了 5 万美元的启动资金。但是，直到我去的时候，孔子学院似乎还没有开始运作。

墨普德教授

水运博士陪同我们到中文系去会见几名研究中国文学和文化的教授。第一位见到的是尼赫鲁大学的墨普德（Priyadarsi Mukherji，Ph. D）教授。他四十多岁，个子不高、皮肤灰黑，一头黑色的卷发，眼睛闪亮有神。他的中文很好，为了便于交流，大概也为了展示他的中文水平，他坚持用汉语同我们交流。我赞扬他能讲一口标准的普通话时，他颇为得意地说：“我有语言方面的天赋！”他通晓孟加拉语、印地语、英语、汉语，能读懂俄语、法语、德语、西班牙语和印度各省的方言的著作。他的研究面很广，曾研究 20 世纪 40 年代中印之间的政治外交关系，他是首位利用中、印档案馆中的“解密文件”等材料来研究印度革命人物的学者，他对中印的文学和民俗学也有研究。他于 2002 年荣获了中国教育部颁发的“文化奖”（大概是中国政府针对外国学者颁发的奖项）。

他告诉我们，他曾是复旦大学的访问学者，现在还经常去中国参加学术会议，并在一些学校短期讲课。近期（2008 年 10 月）才从深圳大学文学院讲课回来。这是他第六次来中国访问。他听说我在从事“东方美学和文化的研究”、从事印度美学和艺术的研究，又听说同去的陶教授是研究印度史的专家后感到很惊奇。我们表示，今后有机会就邀请他到我们学校的“南亚研究中心”讲学后，他开玩笑地大声叫起来：“哇！深圳大学的郁龙余教授是我的好朋友，他却把我‘囚’起来了，不让我到其他学校去。我不知道你们学校也有研究印度和南亚的教授！哈哈……”

墨普德教授与中国的缘分很深。他的祖父中文名字叫墨晓光，是《泰戈尔传》的作者，曾研究和写作了一些中国佛教的著作。墨普德教授在读初中时，就通过英文版的译文，阅读了李白、杜甫的诗歌；高中时就选修汉语。在尼赫鲁大学毕业后，他来到中国，先后在复旦大学和北京师范大学学习中国文学。曾拜中国著名的民俗学家钟敬文先生为师，学习民俗学；也曾采访过中国当代著名诗人艾青，并翻译和出版了艾青的诗歌。1988 年回国后，他很快就成为尼赫鲁大学最年轻的（22 岁）中文教授。2008 年墨普德教授被印度文化委员会推选为第一个来中国深圳大学短期讲学的印度学者，他也是第一个在中国用中文讲课的印度学者。

他送给了我一篇用中文写的论文，题目是《印度现代史上被遗忘的篇章——鲍斯与印度解放战争及其中国情结》。我根本不知道鲍斯是何许人。他指着工作室墙上的鲍斯穿着军装的照片，详细地给我们介绍了前印度国大党主席鲍斯的传奇经历。正是在这个鲍斯的推动下，当年印度的一批热血青年，怀着反对日本法西斯的信念，投身于中国的抗日战争之中。著名的柯棣华大夫就是当年印度援华医疗队的医生，他也像白求恩大夫一样，牺牲在抗日前线。

从他对鲍斯的尊崇和文章中对鲍斯的评价看，他对甘地和尼赫鲁的“非暴力、勿抵抗”的政治主张是持有不同看法的，这也许是新一代印度人对于传统的“印度精神”的一种反思和反叛。

谈话还在进行之中，就被一阵嘈杂的口号声和喧闹声打断。墨普德教授笑着说：“学生们又在集会示威了！这是印度大学中最常见的景观！学生们一有所不满，或者学校哪方面工作没有做到位，学生们就立即示威抗议，或者在校内游行。德里大学和尼赫鲁大学隔三差五就有示威游行。学校方面一旦表态并有所承诺，示威就立即平息了！”

邵葆丽教授

我们告辞了墨普德教授，上楼去会见另一位中文名字叫邵葆丽(Sabaree Mitra)的女教授。邵葆丽教授四十来岁，穿着印度妇女的长袍，披着纱丽。她的工作室较小，有些拥挤。办公桌前放了几个椅子，大概是学生上课用的。邵教授是典型的印度妇女形象：身材不高，皮肤的颜色较深，大大的眼睛，身体有些肥胖。她一见面就笑着说："今天学生们又集会示威，我上午原本有课，我还担心没时间与你们见面，这下正好，学生们不来，正好同你们见面!"

我们都笑了起来。她热情地打电话叫办公室的侍者端来咖啡。她曾在北京大学攻读过中文，讲得一口流利的普通话。近些年，她主要从事中国当代文学的研究，尤其注重中国女作家的创作研究。她曾到过武汉大学参加国际学术会议，她说，她认识武汉大学从事当代文学研究的於可训教授。她也希望有机会去中国参加学术会议。她的研究中始终有一个参照系，这就是印度女性文学。她注重从印、中女性文学的比较中看待印、中文学创作的不同特点。

在与印度学者的交谈中，我发现印度学者的知识面较广泛，研究视野较开阔。他们在学术上的关注点较多，非常注重资料的收集和分析。他们的研究很有欧美学者的风格。相比较，不少中国学者的研究目标明确而固定，在研究上非常"安土重迁"，多年都把研究视角集中在一点上，或者说在很小的范围上，不愿挪动地方。这样，研究者的知识面也就受到很大的限制，研究方法很难更新。然而，持这种方法的学者，反倒讥讽那些能够转移研究重点的学者为"门门懂，样样瘟"。我以为，整个20世纪，中国学者在文学和历史学科的研究上很少有创新，很少有外国学者所公认的新的研究方法，不能不说与这种"三亩地、两头牛"的"小农经济"的研究观念有密切的关系。例如，那些红学家研究了一辈子的《红楼梦》，并没有创建出一种新的、具有普适性的文学研究方法，反倒把虚构的小说当作真实的历史来加以"索隐"，力图把人物或情节"还原"为真实发生过的"历史事实"，并为此耗费了终生的精力！

相比较，俄罗斯著名学者巴赫金研究了一阵子19世纪西方的长篇小说，就创造性地建立了“复调小说”和“对话”理论；他研究了法国作家拉伯雷的《巨人传》，就总结出了具有普适性的“狂欢化”的美学理论！

在学术研究上，应该说印度学者在与国际对接方面做得比我们要好。

水运博士认识德里大学文学院的院长。在水运博士的安排下，我们去德里大学同这位教授见面。由于他上午有课，一直到十一点半时他才匆匆而来。院长个子不高，微胖，皮肤有点黑，笑容可掬。院长邀我们去校内一个地方喝咖啡。这个地方大概是师生都来的一个角落，地上很肮脏，散落着一些破砖头、木片和用过的纸杯。这里只有两个书报亭和一间小咖啡屋。屋内除了老板在烧煮咖啡及卖点心的侍者外，根本容不下人，也没有座位。我们就站着，手捧着一小杯咖啡聊天。院长是研究印度历史的教授。陶教授同他谈到了印度近代史的问题，同时请他帮忙提供一些相关的资料。

院长对于中国学者的印度史研究很感兴趣，他说，可惜他不懂中文，而中国学者的英文著作又极少见到，这就导致了交流上的困难。说者无意，听者有心。中国的人文学科学者的中文研究的成果很少进入到国际领域；外国学者又不懂中文。所以中国学者的成果既难以引起外国学者的重视，更难以产生世界性的影响。这说明，中国文化，尤其是当代文化要进入当代世界文化的领域，要实现中国学术与国际对接，一方面是中国学者用英语来写作，或者是把中文成果翻译为英文，就像林语堂先生那样；另一方面是外国学者积极主动地学习中文，通过直接阅读中文著作来了解和认识中国。但是，要消除语言上的阻隔不是短时间中可以办到的。我想，大概在今后的二十年之内，中国学者和中文学术著作还得继续游荡在世界学术界的边缘地带。

十四、德里购物见闻

听说德里的中心花园有一个出名的大巴扎（Bazaar，专卖百货的集贸市场）。它的出名，一是因为规模很大，它是建在庞大的街心花园地下的商城，什么东西都有卖的。二是因为它居然成了恐怖活动袭击的目标：2005 年 10 月 29 日，德里市三个繁华的市场发生了一系列的爆炸事件，共有 67 人死亡，224 人受伤；2008 年 9 月 13 日德里的购物区先后又发生了五枚炸弹爆炸，造成了 20 人死亡，90 多人受伤。其中，大巴扎就是恐怖袭击的重点！恐怖分子之所以袭击这里，原因就是人多，可以多杀人，造成巨大的恐怖的效果！

恐怖袭击不能中断人民正常生活的进程。在几个流血惨案发生的地方，人们依然如此这般地生活。这就是对恐怖主义最大的蔑视。

新德里的中心花园名叫“康诺特广场”(Connaught Place)，这是德里的商业中心，不仅有许多高档的商店，还有许多金融或商业的公司。有的商店的服装、纱丽或披肩贵得惊人。各种高档的外国进口的消费品、时尚的家电、电脑及家具等等应有尽有。这是富人的消费区，是德里商业的门脸，也是交通中心和重要的旅游购物点。

康诺特广场呈一个大圆环形，圆的中心是中央花园，面积约两个足球场大。花园中建有喷水池和大片的绿草地。中环广场周边的街道呈圆周形修建，一条条地像扩散开来的圆圈。从中心的花园广场辐射出去八条宽阔的马路。康诺特广场内环的高大的建筑分别编为 A—F 的六个街区；外环的高大的建筑和街道则分别编成从 G—N 的六个街区。

由于多次的恐怖袭击，我去的时候地上的花园已不再开放，空旷的草地上只有一些灰色的鸽子在悠闲地散步，广场周边的人行道上有一些身穿黄色制服、手拿着一米长的木棍的警察在来回巡视。

这里也有中下层民众购物的地方。这就是建在环形广场地下的大巴扎。

地下的大巴扎经营的大多是中、低档的百货商品，各种商品令你目不暇接，眼花缭乱。你想买什么几乎都可以买到。这里总是人山人海，来德里的人几乎都要到这里观光或购物。圆环形的大巴扎有多个进出口，而进出口处总是坐着许多人，有的是休闲，有的是购物累了在这里休息。这里，印度各民族的人、穿着各种服装的人、不同国家的外国人都在这里聚集，这里是典型的“国际村”。

我们无意购物，只是为了一饱眼福，留下印象。在游荡中，时间流逝，直到感觉饥饿难忍，才想起没吃午饭。这里有不少豪华的餐厅，但我们不敢贸然进去，我深恐印度的餐厅，受不了那令人大倒胃口的强烈的辛香味！我们走过去、荡过来，总想找到一家有卖“中国炒面”的餐厅。中国炒面是我在印度唯一能吃得下去的食品。

走到康诺特的中环F区，才看到一个巨大的“中国餐厅”的招牌。招牌是用粉红色打底，上面用各种汉字书法写满了大大小小的“福”字。我们见到了中国餐厅，那时的欣喜，真有“众里寻他千百度，蓦然回首，那人却在灯火阑珊处”的感觉！我连忙往里跑。这家中国餐厅是一家很高档的餐厅。餐厅里面的地板、桌椅、屏风、中国古典式吊灯及餐具，都显示出了它的高贵的气派和典雅的品味，内部的餐桌、椅子以及氛围很像一家高档的西餐厅，但却挂着中国的红灯笼，竖起的是中国式屏风。餐厅里灯光幽暗，不断地轻声地播放着优美的中国古典名曲《春江花月夜》《茉莉花》《二泉映月》《阳关三叠》……

侍者是印度人，他拿来英文写的中国菜谱。读着这些菜名，我们犹如堕入云雾之中，不知道这些是什么样的菜。最后，只得又点口味上我们能把握得住的食品——中国炒面！

在等待的过程中，来了一位年轻娇美的中国姑娘。她一见我们是中国人，就笑盈盈地招呼：“你好！”在印度期间，我很难见到中国人，一下子突发了“他乡遇故交”的欣喜。

原来，她是这里的大堂经理。她自我介绍她是湖北襄阳人，她的丈夫是湖南长沙人，是这个“中国餐厅”的首席厨师。我很吃惊地问她：“你们有很好的厨艺，国内在餐饮方面有很大的发展空间，为什么要跑到印度来经营餐厅呢？”

她回答说：“原本我们在北京的餐厅工作，后来这位印度老板聘请我们来德里的‘中国餐厅’当主厨。”

我很吃惊：“这家餐厅不是你们开的？”

她说：“印度政府不允许中国人在餐饮方面投资，我们只能以技师的名义为他们打工。”

我问：“比起在国内来，你们在德里的收入是多还是少？”

她说：“比国内的收入高一些。老板待我们不错，专门为我们三个人租了一套两室一厅的住房，提供的生活条件也还不错。”

我问：“这里生意好吗？印度人吃得惯中餐吗？”

她说：“生意很好。有不少印度人喜欢吃中餐！这里吃中餐的外国人很多，他们经常到这里来订餐。”

我问："你们回国一次很不容易，费用又贵，路途又远，多久回国一次呢？"

她说："大概一年多回国一次吧。一般都是夏天回去一段时间。夏天太热了，是旅游的淡季。"

她问："你们是来旅游，还是出差？"

我告诉她，我们是访问学者，进行短期访问的。我们向她谈到在印度饮食方面的困难，常饿肚子。她笑了起来说："其实，德里还是有许多中国人可吃的东西。"

我不由回答："我们到处找'中国炒面'！"

她哈哈地笑起来。

她告诉我们，这家印度人经营的"中国餐厅"的食品都要向政府交纳"消费税"，一份炒面的价格是150卢比，消费税是30卢比，约合人民币25元多。在印度，"中国炒面"的价格相差很大，从50卢比至150卢比不等。我在斋浦尔所住的是一家较高档的宾馆，它的餐厅中卖的炒面却只需50卢比，而且味道很好，分量也很足。

中国餐厅的同胞

当我们吃完中国炒面后，她带了另一位姓黄的中国厨师来看我们。然后我们一起合影。看得出，他们也因为在德里能见着中国同胞而高兴。

有一天，我们办完事后还有空闲的时间，就来到新德里的工艺品大楼和附近的卖小工艺商品的街道闲逛。这座工艺大楼有二十多层高，是新德里市区不多的高楼中的一幢。高楼的下半部分都是工艺品商店，上面部分大概是写字楼。这里有武装的保安把守着门，警惕地观察着进出门口的人。这里可以说是工艺商品的博览会。这里有黄金饰品、各种器皿、金属制的各种神像、精制而昂贵的克什米尔地毯和窗帘……一直到进口的打火机！其制作工艺精美，质地优良，然而价格不菲。我在这里仅仅是一个欣赏者，根本无力购买这些商品，这些商品主要是富人和外国人购买。在我坐在门边等人的那段时间中，看到几辆外国使馆的车载人前来购物，也看到几个富人家庭的成员们乘着豪华轿车来购物。

印度的贫富悬殊差别太大。据一位长期驻印度的中国职员讲，南印度的贫民每天的早餐只有几卢比，折合成人民币不到一角钱；而有的富有家庭每人的早餐费达到几十美元！

我坐在那里观看市容风景。这时，一辆旅游大巴停下来，下来一群中国人。他们一见我这副中国长相和年纪，连问都不问我是否是中国人，就热情地打起了招呼："爷们！你是来旅游的还是来出差的？"

我回答："出差的！"

另外一个青年说："出差不就等于旅游嘛！是吧？爷们！"

他们问我到了哪些地方？我告诉了他们。其中一个人告诉我："爷们！我们时间有限，来去只有七天的时间，这些印度佬却拉着我们到处买东西！你看，不又拉到这里来了吗？没去几个地方！"

另一个笑着说："我只求早点回北京吧！我快饿晕了！"

他们告诉我，今天晚上 20 点他们就飞北京了。

在印度的商店购物，我们照例要砍价，但你很难砍得下来。起初，那些印度老板会把你当成日本人。他们心中，日本人特有钱，不宰白不宰！一听说我是中国人，他们也一视同仁。商店老板会说："中国人可有钱哪！看样子，你是当官的，更有钱！"

看样子，印度的老板不是以商品的价值来定价，而是根据你有没有钱来定商品的价！

在印度，人们听说我是中国人，就立马露出羡慕和赞许的眼光。印度人觉得中国人很有钱，能来印度的人更是有钱！为此，我在好几个宾馆都不得不多付点小费，侍者收下了你的小费后，却站在那里不走，笑眯眯地说："中国人！你是中国人耶！"你只好再加一点，他才满意地说声谢谢。这些时候，我真觉得，中国人民站起来了！在印度，有钱就是大爷！

回到博士家中，吃罢晚饭闲聊，我谈到"中心广场"的商品很昂贵时，博士夫人拿出了一条披肩。这是一条浅咖啡色的正方形的披肩，花纹编织得很精致，质地很好，很柔软，看起来也很厚实。她神秘地笑了笑，从手指上取下金戒指，把披肩的一个角穿进金戒指的环中，把整个披肩很轻滑地穿了过去。这简直像是在变魔术似的！这么大的一条披肩怎么能如此轻松地穿过一个小小的指环呢？原来这披肩弹性极好，收缩能力极强，这样的披肩非常昂贵，据说，值几千元人民币一条哩！它的价值不仅贵在制作工艺上，更主要的在于它的材料非常珍贵——它是用稀有的藏羚羊的毛精心编织而成的，生产地在印控克什米尔。

我一下子就明白了，长期以来，中国境内外的不法分子不惜一切代价，在青藏高原腹地的可可西里大肆偷猎藏羚羊的目的就是为了谋取高额的利润，不惜把藏羚羊这一物种杀绝！看得出，从偷偷猎杀藏羚羊到偷运出境，再到克什米尔加工，已形成了一条罪恶的链条。这真是一条血腥的商路！据说，在欧洲市场上，克什米尔的藏羚羊毛织品价格更高！我不禁想到，鲁迅先生说过："世上没有买淫的嫖男，岂有卖淫的娼女呢？"同样，世上没有这些富人的疯狂的消费，哪会有中国藏羚羊的厄运呢？中国人民为了保护珍贵的、濒临绝灭的藏羚羊，不仅花了无数的金钱，而且牺牲了多少优秀警察的生命啊！

第三部分

古都阿格拉印象

一、德里至阿格拉途次

为了观瞻泰姬陵和阿格拉红堡等精美的莫卧儿时代的建筑，我前去阿格拉城。阿格拉在新德里的东南方向。从新德里到阿格拉全程有 204 公里。从新德里驱车三个多小时，就可以到达阿格拉。租用出租车的费用（含消费税）是 4500 卢比（约合人民币 641 元）。相比较国内，这个价格是较便宜的了。在中国即便是自驾车，仅高速公路费用就得 200 元，汽油也得 300 元。何况到了阿格拉后还得到离阿格拉城约 37 公里的西克里的废弃的皇宫城堡去，来回还有约好几十公里的路程呢！

印度的出租车行业的风气很正规，订好车以后，就执行合同，绝没有临时找理由拒载或提价的事，也不需先付款。用完车后第二天再付款。付款后的账单上，各种名目清楚地列在上面，与总价相符合。这种商业上的诚信与规整，使我佩服不已！

清晨七时，出租车准时来到小区的大门口，司机把我们随身携带的行李放在后备箱后，就开车了。司机是锡克教徒，头上用灰色的头巾包裹成尖顶。印度的锡克教徒们不是当司机就是经商，据说，锡克教徒和耆那教徒有经商的天赋，最早的荷兰殖民者来印度时，就开始雇用锡克教徒和耆那教徒充当买办，父业子承，现在，在商业发达的孟买，许多商业家和企业的高管都是锡克教徒和耆那教徒。司机年纪有三十多岁，瘦削而高挑的身材，穿着深蓝色的西服。他面孔英俊，长着黑色的浅浅的络腮胡，眼光闪亮而柔和，皮肤白净。他说话时显得有些腼腆，一路上，他静静地开车，也不主动同客人说话聊天，一点也没有出租车司机的灵活和圆滑，倒像是给上司开车的专职司机。

汽车开出新德里后，就看见了沿途的农村风光。印度农村的景象同中国北方农村的风景没有什么两样：公路是柏油路，两旁种植有整齐的树木；公路边是绿油油的庄稼，平原上只要有一片丛林的地方，就是农民的房屋。农民的房屋是东一间，西一间，很不规整，房屋的样式也五花八门，中国农村的房屋都是大致相同的样式。印度农民的房屋大概是经历了多年的雨季的雨水浸泡，都显得斑驳破旧、简陋，相当于中国20世纪60年代的模样。田野间的道路狭窄而不平整，可以想见，雨天的道路是非常泥泞的。路边的庄稼长势很好，植株高大的油菜已经开始开花，到处都看得见一片淡淡的黄色……

经过一个小镇，就看见了印度普通民众最真实的生活景象：公路从小镇的中间穿过。汽车行走非常缓慢，路边摆满了摊点，又停满了大卡车；路上拥挤着机动三轮车（斯库达）、牛车、游荡的牛群、行人、乞讨的人、耍猴的人、争挤着上公共汽车的人……真是一片杂乱和拥堵。街上浮动着喧闹声、牲畜的叫声和乞讨声，不少乞丐拦住车、围住车伸手要钱，汽车只能一走一停，磨炼着司机的耐心。这种状况给人的印象是，似乎一切东西“无秩序就是秩序”。这种状况似乎无人管理。偶尔也看见一两个穿着黄色制服、手拿木棍的人，在那里叫着什么，挥动一下棍子，然而又站在街当中同别人聊起了天，并哈哈笑起来。

杂乱拥堵的街道

小镇的房屋有新建成的，也有很陈旧的。这些房屋的样式同中国乡镇四十年前的房屋很相似：楼下的房间用作商店的铺面，楼上的房屋供居家用，有两层楼的，也有三层楼的，在样式和色彩上，各自不同。我不尽感叹：印度的农村和城镇，真还谈不上城市化、现代化的进程啊！从农村和乡镇的情况看，印度显得“国富民穷”，在“民生”方面，同中国相比还存在着一大截子差距呀！

经过好几个这样的小镇后汽车驶上了“高速公路”。

印度的高速公路准确地说，应当算是“高等级公路”。“高等”体现在路上没有牛车、骆驼和机动三轮车行驶而已。马路中间的隔离带仅仅用一排排的水泥墩隔离开来；没有严格而明确的行车道、超车道和路肩的区分；大部分路面是水泥路面而不是柏油路面。不管怎样说，车速总算大大提高了。十点十分，我们到达了阿格拉城。进城以后的交通又和德里老城的街道和乡镇街道上的状况一样了，因为拥堵而行走困难。大概这位锡克族司机经常在德里开车，到外地的机会不多，他并不熟悉阿格拉的街道。我们把宾馆所在地的地图交给他，他研究了一番之后，就胸有成竹地开动了车。不一会，他又停下来看地图，然后又问路旁的人，又开动了车。我在车上看到，我们的车似乎又开回曾经经过的街道，就提醒他。他又下车询问路旁的行人。这样反复了好几次后，终于把车开进了一条僻静的小街，最后找到了我们订下的“玫瑰宾馆”。

玫瑰宾馆

玫瑰宾馆是一家很普通的、两层楼的旅馆。进大门后，底层中间是一个约六十平方米的公共大厅，其中摆放着几张小方桌，大概是供旅客聚会喝茶、休息用。大厅四周就是十多间客房。楼上的客房没有旅客，可能设施要好一点。我住的客房唯一的窗户朝向大厅，即便开窗也没有新鲜空气。房间空气不流畅，还散发出霉味。房间里摆放着一张木床。床上铺了旧床单，还有一个很小的、似乎是供儿童用的枕头，一条薄薄的线毯。里边是卫生间，除了抽水马桶和淋浴外，还有一个陈旧的小小瓷面盆，设施很简陋。看得出，这个旅馆住客不多，大概主要是为旅行团服务的。

这些房间的窗口都朝向大厅，每个窗口上都装有一台印度特有的体积庞大的“土空调”，据说这台机器有一个放置冰块的冰柜，其中有一个抽风机，把冷气送进房中，由窗口上方的风扇把热气抽出来。我猜想，这种土冷气造成的最终的结果是大厅成了热空气的聚集地，同样难以散发出去，而且这样做似乎也并不怎么省电喔！此时是冬天，我无法体会这种土空调的制冷效果到底如何。幸而是冬天住在这里，不然怎样承受得了这里闷热而浑浊的空气呢！

我们等了好久，旅店老板才办完了入住手续。我们请司机一起吃随身带来的食品，司机很高兴地笑起来。在印度，司机的工作是伺候人的，如果公司有什么活动，请客人们吃饭，都不会叫上司机一起吃。我们来自中国，中国社会讲究平等，我们从小受到的教育就是：“大家都是革命同志，为了一个共同的革命目标走到一起来了，我们的同志要互相爱护，互相帮助。”“我们要解放全世界占三分之一人口的贫苦人民!”因此，我们不习惯自己吃饭而让人家饿着肚子在那里等你。

我估计年轻的司机早已饿了，他吃了好几个面包和菜卷，喝完了一瓶饮料。我们再劝他多吃，他表示撑不下去了。饭后，司机同我们熟悉了，情绪开朗起来。他主动热情地为我们安排起这两天的行程来了：现在就去参观泰姬陵，然后去参观阿格拉城堡；明天早上去西克里废弃的城堡和大清真寺，下午返回德里。

二、如梦如幻的泰姬陵

公元8世纪，信奉伊斯兰教的阿拉伯人开始进入印度半岛的西海岸。公元1000年突厥苏丹马茂德首次侵扰北印度，他以长达三十多年的连续进攻，为日后穆斯林长驱直入并最终在次大陆建立稳固的政权铺平了道路。1206年突厥人库特布-乌德-丁·艾伯克在德里建立了“奴隶王朝”，成为北印度的独立的君主。从此，北印度先后出现了一系列的突厥人的哈尔吉王朝、图格鲁王朝、萨依德王朝和洛迪王朝。最后，蒙古人来到北印度，于1526年建立了莫卧儿王朝。莫卧儿王朝把首都建在德里。1565年，莫卧儿王朝的第三位君主，即著名的阿克巴国王则把首都建在阿格拉城。此后，莫卧儿王朝的沙·贾汗皇帝一度把首都迁到德里，因此，我们今天才能够看到德里的“红堡”和“贾玛·玛斯吉德大清真寺”。17世纪时，阿格拉再一次成为莫卧儿王朝的首都。18世纪时，莫卧儿王朝又把首都从阿格拉迁到德里。从此，阿格拉城就成了莫卧儿王朝的废都。

莫卧儿王朝占领了北印度就拥有了大量的资源，加上几代国王在宗教和文化上都采取了宽容和融合的政策，社会秩序相对稳定。莫卧儿王朝的几代国王，尤其是第三代国王阿克巴为莫卧儿王朝的崛起和兴盛作出了巨大的贡献。阿克巴超常的本事表现在他明智的“治国方略”上。他力图让各种宗教信徒和平共处，主张各民族相互尊重，互利共赢；他抓“民生”，让老百姓的日子相对好过一些。“前人栽树，后人乘凉”，他的创造力所开辟的大一统局面以及他敛聚财富的本领，居然让他的几代子孙挥霍了两百多年！阿克巴皇帝虽然没有什么文化，但却有智慧和雄才大略。他是个武夫，却热衷于艺术，扶持绘画、文学和音乐；他喜欢自我表现，热衷于炫耀财富而故意在建筑方面铺张扬厉。德里的“胡马雍陵墓”和阿格拉城的两座王宫和大清真寺，就是他的杰作。这些杰作，作为印度艺术精品而流传至今。

胡马雍陵园

阿克巴的父亲胡马雍不幸从图书馆的楼梯上摔下来死后，阿克巴就决定为父亲造一座美丽而豪华的陵墓。为了保证质量，他特地从波斯请来了著名的建筑工程师米拉克·米尔扎·吉亚斯负责陵墓的设计和施工。皇帝的母亲、胡马雍的遗孀哈米达·贝古姆皇后亲自在工地督造。从1564年开始，历时八年，终于建成了印度知名的“世界文化遗产”——胡马雍陵。

1565年德里的胡马雍陵墓建筑刚开始施工不久，阿克巴就在阿格拉为自己修建新的首都“阿格拉城堡”和美丽而豪华的王宫。阿格拉城堡既是一座固若金汤的城堡，又是一座气势非凡的皇宫。这就是著名的“阿格拉红堡”。

现在阿克巴什么都拥有了，有了稳固的政权，有了最高的荣誉与尊严，有了坚固的城堡，有了豪华的皇宫，有了一群美丽娇艳而性感的女人，但是，他一直没有儿子。没有继承人，就意味着他所拥有的这一切将来都是别人的，他一生的努力，只是为别人做嫁衣而已！阿克巴心急如焚，不少夜晚，他一个人在城堡的露台上转悠，对着冷月繁星禁不住唏嘘长叹！

有一天，他得知在阿格拉城外西南方向的西克里山上，有一位隐居的圣人，他是一位伊斯兰教苏菲派的教士，据说，此人有特异功能，他能预言一切而且非常灵验。阿克巴连忙兴师动众，亲自跑去拜见这位名叫赛里姆·克里斯蒂(Salim Cristi)的圣人。圣者见皇帝居然能放下架子前来拜见自己，非常感动，就慎重地预言，只要皇帝能够住在风水宝地中，只要坚持不懈地在嫔妃们身上努力耕耘，皇帝将有三个儿子！阿克巴皇帝听了欣喜万分。

随行而来的风水师审视了西克里山的形貌，就禀告皇帝，西克里山就是一块风水宝地。阿克巴皇帝兴之所至，决定在西克里山建筑一座城堡和皇宫。后来，这座城堡被命名为“法特普尔·西格里”（Fathpur-Sikri）——意思是“胜利之城”。“胜利之城”建成后，阿克巴在西克里城堡中居住了十二年之久，也果真生下了三个儿子。

胜利之城的建筑材料也是红砂石，它可以称为阿格拉城的第二座红堡。

阿克巴生了三个儿子，其中老大、老二两个很年轻就死了。1605年，阿克巴的第三个儿子萨利姆继承了王位，称号为“贾汗吉尔”。贾汗吉尔身体羸弱，才能平平，执政了22年就死了。他的儿子沙·贾汗（1592—1666）继承了王位。这个沙·贾汗无论哪方面都与他的父亲相似，也是一个平庸的国王。但是，“无心插柳柳成荫”，沙·贾汗却居然名垂青史，他的名气与他的爷爷阿克巴可以媲美。为什么会这样呢？我想，原因大概有三点吧。

首先，沙·贾汗挥金如土，大把地烧钱，真是“儿卖爷田不心疼”！他在宫廷内过着极其豪华奢侈的生活。仅仅是他放置在德里红堡觐见厅中的一个“孔雀御座”居然耗时七年，花了1000万卢比！其次，他叫人把梵文的文献和文学作品翻译为波斯文，大量出版这些翻译作品，还鼓励并赏赐一大批作家和艺术家。再次，他大量扩建、改建或修建宫殿、陵墓、寺院。沙·贾汗扩建了阿格拉城堡和宫殿，还修建了泰姬陵和德里的“红堡”、德里大清真寺。

泰姬陵就是沙·贾汗大把地烧钱烧出来的杰作，是皇帝为他的爱妃蒙塔兹·玛哈所修建的陵墓。

玛哈皇后出生于波斯贵族之家，皇帝给她册封的封号叫做“Mumtaz Mahal”（“蒙塔兹·玛哈”，意思是“皇宫所选的”或“皇宫所仰慕的”）。沙·贾汗皇帝是一个对爱情专注的情种。有一次，沙·贾汗——那时他还叫“库兰王子”——在皇宫内的集市上遇见了一位美丽的波斯姑娘，她名叫阿珠蔓巴娜。阿珠蔓巴娜不经意地回头看了一下库兰王子，库兰王子顿时感到“回眸一笑百媚生，六宫粉黛无颜色”，一下子就着迷了。这时，库兰王子已娶了两个妃子，但库兰王子决定想方设法要把这个绝美的波斯姑娘娶回来。经过多次的约会与偷情，也经过双方家庭的讨价还价，总之经过了一番曲折和努力，1612年，20岁的沙·贾汗终于同阿珠蔓巴娜订婚了。这次婚姻是真爱的结合，是彼此爱慕的结果。婚后的沙·贾汗真是情有独钟，“后宫佳丽三千人，三千宠爱在一身”，专爱蒙塔兹·玛哈一个人。他们相伴19年，无论是皇帝在征战中，还是巡视各地时，蒙塔兹·玛哈一直追随在丈夫身边。蒙塔兹·玛哈聪明博学，长期充当了皇帝的政治顾问和随行参谋。他们相爱很深，真是如胶似漆，在19年的岁月中，生下了14个孩子。公元1631年6月17日，沙·贾汗的玛哈皇后在第十四次生产后，患上了"产褥热"而不幸去世。皇后死时年仅39岁。此时，皇帝正在印度中部的德干高原的博汗普地区指挥军队作战，人们把皇帝紧急请回来，来看望已处于垂死状态中的皇后。皇后弥留之际，要求沙·贾汗皇帝在她死后，一定为她建立一座世界上最美丽、最豪华的陵墓，并恳请皇帝不要再娶其他的女人为妻。沙·贾汗借用真主的名义，承诺了皇后的要求。皇后突然香消玉殒，这给深爱皇后的沙·贾汗皇帝以沉重的打击。

就在皇后去世后的第二年，沙·贾汗皇帝就邀请多名波斯和印度的著名建筑师开始设计"泰姬陵"的样式，决定把陵墓建在阿格拉城堡东南面的朱木那河畔。自北而南的朱木那河在流经阿格拉城堡后，就转向东方，从而形成了一个将近九十度的转弯，正同泰姬陵遥遥相对，可以相互凝望。

一个民族总是不断地创造历史，历史也不仅仅为这个民族留下怅惘的记忆，它也留下民族的骄傲。埃及人留下了金字塔，中国人留下了长城，意大利人留下了威尼斯，印度人留下了泰姬陵。凡是到印度的游者，无论平民、富豪或是显赫的政要，几乎都要去泰姬陵观瞻一番，甚至有人说，没有去过泰姬陵，等于白去了印度。

在历史的潮流中，美的东西似乎很少单独来到世间，它们像是串通好了似的，不是成群结伴地涌现出来，就是前后紧随而至。美的艺术就是这样涌现的：数百年间，中国的紫禁城、罗马的圣彼德大教堂、印度的泰姬陵、法国的卢浮宫、俄国圣彼得堡的冬宫、日本京都的桂离宫等世界上绝美的建筑都纷纷闪亮登场。

这些美的建筑都具有家族相似的特点，同样都是美，然而风格却不同。它们或崇高、或博大、或富丽豪华、或幽静雅致……泰姬陵的美是匀称的、典雅的美，很有视觉冲击力！它令人懂得了什么叫做"完美"，令人无可挑剔！

泰姬陵建在阿格拉城郊的朱木那河畔，锡克教司机很快就把我们送到了这里。在离陵墓约800米远的地方就是停车场，人们只能步行到泰姬陵的城堡前。这期间有不少经营马车的、机动三轮车的、牵着骆驼的商贩来载客，以免步行这一段路。沿途有不少贩卖自制的泰姬陵的图片和说明书的人们，他们围堵过往的旅客们，想尽办法让你购买，使你无法前行，你只得不断地说：对不起！

不要！谢谢！我们好不容易才冲出了小贩们的围追堵截，直到进入了入口处的栅栏中才松了一口气。

参观泰姬陵的外国人的门票是500卢比，相当于70元人民币；交钱取票时，送你一双白色的塑料薄膜鞋套。按照伊斯兰教的教规，进入清真寺或伊斯兰教的陵墓是要求打赤脚的。

来泰姬陵的人相当多，到泰姬陵观光的人中，大多数是来自各地的印度人。印度妇女们来到泰姬陵观光就像过节似的，她们穿着鲜红色的、天蓝色的、嫩绿色的、白色的艳丽的长裙，使得庭院中到处是一片花团锦簇的景象，让泰姬陵洋溢着喜庆的气氛。我看到好一些肥胖的印度妇女蹒跚前行，印度妇女同中国新疆的维吾尔族妇女一样，没生孩子之前，身材都苗条柔美，生下孩子之后，很快就肥胖起来。不同的是，维吾尔族妇女吃牛羊肉，长胖可以理解，而印度妇女大多是吃素食，怎么会长胖呢？我在泰姬陵看到的这两位印度妇女胖得可以与日本相扑运动员相比。

我终于进入了渴慕多年的泰姬陵园之中了！

我看到泰姬陵的瞬间，没有感到惊诧，因为太熟悉它的身影了。这时反倒产生出想细细触摸这个曾经让我有着神秘感的对象的欲望。这种心情，就像人们和已经非常熟悉却又未曾谋面的网友之间约会一样，感觉既熟悉而又陌生，既期待而又神秘。

走到享殿的城门洞口时，人与泰姬陵之间就产生了一种奇异的互动感：人离城门口愈近，泰姬陵的身影却愈远；如果从城门口后退几步再看，泰姬陵的身影却显得愈大。这是人的视觉因城门口与泰姬陵的不同的比例关系所造成的错觉！

泰姬陵的设计者是波斯人乌斯泰特·阿哈马德·穆阿玛·纳蒂尔·阿尔阿沙（死于1649年）。陵墓建立在阿格拉城外、朱木那河的南岸河畔上。据说，该工程每天投入人力2万，为了从河中的船上拖运那些数量巨大的大理石，工程师特别修建了一条长达4公里的斜坡路作为运输通道。工程师为了防止建筑过程中出现意外，也为了脚手架能在运输石块的过程中承受巨大的重量，工程师放弃了传统建筑中用木头或竹子搭建脚手架的方法，而采用砖头砌成的一个圆形的平台来替代脚手架，这等于是在陵墓主体建筑之外，又建筑了一座巨大的围墙。陵墓建成后再逐一拆除这巨大的围墙！泰姬陵的建造过程历时22年才竣工，耗资4千万卢比，用如此浩大的工程为妻子建造陵墓，这在伊斯兰世界中是空前绝后的。

初建成的泰姬陵园的外围四周建有四条交叉的水渠，人们必须通过水渠才能够接近墓园和泰姬陵；这象征着《古兰经》中描述的天堂的位置——天堂周围流淌着四条河流。从平面图上看，整个陵园是一个南北长583米、东西宽403米的长方形。泰姬陵由三大部分组成。一部分是一个宽阔的正方形的享殿广场，第二部分是陵墓花园，第三部分才是陵墓的主体。

陵园的南部是享殿广场，享殿广场的四周修筑有高约十米的红砂石的围墙，围墙的四角都建有一座八角形的印度式的凉亭。城墙下面有长长的宽阔的柱廊。

泰姬陵享殿广场

享殿广场是一个独立而封闭的宽阔的庭院，四周是红砂石的城墙。庭院中绿树成荫，繁花似锦，幽雅清静。从南部进入中部的大花园，要经过一座宏大雄伟的城门。这座城门用红砂石建成。城门南、北两面都建有大型的呈凹状的尖形拱门，大型的凹型尖顶拱城门内，又建有上下两层尖顶的门窗，每层有三个门窗。其中，只有底层的中间的尖顶拱门才是贯通整个建筑的大门，供人们进出，其他的门窗仅仅是为了装饰上的对称、平衡的需要而做成的假门。这座城门顶层的四角，各建有一个印度式的凉亭。顶层的南、北两边的中部建有一排整齐排列的11个小巧的小型圆拱顶。这种充分使用对比、对称以及利用体积大小的变化、数量上的变化的建筑方式，使整个城门显得既整齐有序，又富于变化，充分显示了多样化的统一的建筑美学原则。在泰姬陵的建筑实践中，印度文化艺术的多样化的统一的特点，再一次鲜明地表现出来。以波斯精巧、轻盈、明快的建筑艺术风格为主，又融入了印度建筑的沉稳和细致的特点！

泰姬陵园大门

泰姬陵

陵园的中部是宽敞开阔的大花园。花园中间建有一条长带似的浅浅的水池，中间等距离地安装有喷泉。当喷泉喷放时，就绽放出一排白色的盛开的水花；当池水平静时，就倒映出白色的圣洁的泰姬陵的美丽的影子。

水池两边是长长的供人们行走的甬道；甬道的两边是宽阔的青青的大草坪。走完了近两百米的花园的甬道，就来到了泰姬陵前。

陵园的北部是主陵区，泰姬陵耸立在中央。陵墓建在高 6.7 米的正方形白色大理石台基上，台基每边长 95 米；台基的四角上各耸立着一个高 42 米的细长的圆锥体形的阿拉伯式尖塔（作为装饰的宣礼塔）。这四个尖塔的顶端建有小巧的印度式凉亭，这与阿拉伯式的封闭的尖塔不同，凉亭的纤细的柱子以及形成的空间，显得玲珑剔透，使尖塔变得轻盈而雅致。这四角的四个尖塔对于陵墓的主体建筑起着非常重要的视觉审美的作用，它们不仅与主体陵墓在体块大小和高低方面形成对比，还起着重要的陪衬和平衡作用。你可以做一个视觉试验：如果你在照片上，把泰姬陵的四个尖塔抹去，你就会发现，泰姬陵的主体建筑显得太单调、太臃肿了！

泰姬陵宣礼塔

这四个尖塔都不是真正垂直的。这四角上的尖塔在建造时故意保持有一个向外倾斜的角度，这是为了因地震或其他意外的事而在尖塔倾倒时，不至于砸坏陵墓的主体建筑。

陵墓主楼的底部如果按正方形计算，每边长 56.6 米，但由于设计为八边形，正方形的四角都被削去而成为不等边的八边形建筑物。该陵墓的一个突出特点在于四面的造型样式完全一样，但以面向花园的一面最为精美。每一面楼体的中间有一个高 33 米的波斯式圆拱大门，大门两边是上、下一组的圆拱形门窗，上边的是窗，下边的是门；被削去的斜边上也是同样大小的圆拱门窗。整个陵墓建筑体的上方有一个直径 17.7 米、高 58 米的巨大的洋葱形圆顶，它象征着圆满、永恒与无限。大圆顶的四方对角线上各建有一个小型的圆拱顶。整个建筑物的高度达到 76 米，相当于现代 20 层高的建筑物高度。这一组一大四小的葱形圆拱顶与下边楼体的直线形成了强烈的对比，使整个建筑物蕴含着一股涌向中心的凝聚力和向上的抬升力，给人以升腾之势。泰姬陵内部装饰的豪华和工艺的精湛令人惊叹！它代表了印度-伊斯兰艺术的最高水平。相比较其他著名的陵墓建筑，泰姬陵以简洁的线条、明快的色泽、强烈的对比和对称感，以及多样化统一的和谐，空灵的美感而超越了其他同类建筑，成为印度建筑的经典之作，被人们誉为“大理石之梦”。

泰姬陵在总体设计上，体现出了伊斯兰美学三个重要的特点：

第一个特点是在设计和建造上充分运用了数学，尤其是几何学的原理。在充分满足人类视觉审美的前提下，突出了数学的最恰切的比例关系和均衡、对比、对称的形式美原则，同时又富于变化，使多样化的艺术元素达到了完美的统一。因此，在视觉审美上，它显出了整体性的圆融和完美。

第二个特点是在设计上显示了鲜明的象征性。

一方面，泰姬陵的总体形状呈现了轻盈的升腾之势，体现对天空中的真主的向往。泰姬陵在形式上充分表达了升腾之势：无论是洋葱形的大拱顶、四座轻盈雅致的尖塔和大量的尖顶拱门和窗户，都指向上空，指向那令人想往的蓝天；因为蓝天深处存在着那永恒与无限的真主安拉。

另一方面，利用阿拉伯花纹的结构来表达真主的“无限性”和伊斯兰教团结一致的宗教理念。

阿拉伯式花纹是运用各种不断重复的、不断延伸的几何图形来加以装饰的技巧。这些几何图案取材于各种植物的形象。这种艺术是伊斯兰艺术的重要元素，常见于清真寺、宫殿和陵墓等建筑的墙壁上。

阿拉伯花纹所采用的几何图形都表达着伊斯兰教的观念。伊斯兰教的观念认为：无数的几何图形接连不断地组合在一起，就代表了在可见的物质世界之外还有那不可见的存在——它就是真主安拉。延绵不断的几何图形就是象征真主的无限性。

此外，对穆斯林来说，阿拉伯式花纹还象征着团结一致的信仰。

阿拉伯花纹由一个一个连绵不绝的图案组成，形成统一的装饰墙。它既开放又封闭，体现了伊斯兰教的多样性和统一性。

泰姬·玛哈陵的墙面上的阿拉伯花纹主要有三种模式：

第一种模式是为了表现世界有统一的秩序。这些花纹的图案结构稳固而美丽：每一个重复的图形本身都具有特定的内涵和象征的意义。例如，等边四方形代表着四种重要的自然元素：土、气、火、水。因为这四种元素构成了现实的物质世界，缺一不可，否则物质世界就会崩坏。圆形代表无始无终的永恒理念，真主是永恒的！

第二种模式是以不断延伸的、相互交织的植物图形为基础。这种模式象征着自然界赋予生命的繁衍性，具有不断延伸的生命力。

第三种模式就是用阿拉伯书法形式作为装饰。

对于穆斯林来说，书法是所有肉眼可见的艺术中的极品。阿拉伯书法是语言，是思想和历史的传达。阿拉伯书法的字体千变万化，可以自由地形成各种图案。所以，书法就成为一种重要的装饰手段。泰姬陵正面的大门上曾经装饰有大量的银饰，大门非常厚重。门楣上用珠宝镶嵌着《古兰经》中的字句：“请心地纯净者进入天堂的花园。”

泰姬陵用宝石装成的阿拉伯花纹图案大大小小，种类繁多，姿态万千，布满了整个建筑的墙面，各色美丽的图案映印在洁白的平整的大理石上，真是绚丽夺目，美轮美奂！大量的花纹图案装饰也花费了大量的金钱：据说，泰姬陵的全部镶嵌工艺使用了 35 种宝石和

泰姬陵的装饰花纹

半宝石。这些宝石来自亚欧大陆各国，有黄金、青金石、翡翠、玛瑙、珊瑚、天青石、缟玛瑙、鸡血石、红玉髓、碧玉、石榴石、孔雀石、水晶等等。泰姬陵装饰的阿拉伯式花纹既华美，又丰富，真可谓多姿多彩！

第三个美学特点就是泰姬陵独具女性化的柔美的艺术风格。

在硬邦邦的、冰冷的石头建筑上如何体现女性的柔美风格呢？为了体现女性的柔美，设计师乌斯泰特独具匠心，采取了三种手段来表达女性化的柔美的建筑风格。

其一，是充分利用色彩的表现力。泰姬陵的主体全部采用了纯洁的白色大理石。伊斯兰教和印度教都崇尚纯净，而白色则是最纯净最圣洁的色彩。以纯净的白色来象征蒙塔兹·玛哈的圣洁纯净。

其二，泰姬陵拥有简洁而轻盈的形式。陵墓建筑的曲线和直线都显得简洁清爽，尤其是四周的轻盈纤细的白尖塔和主体建筑的每条边上纤细的小圆柱，都透着轻盈典雅的气息。

其三，泰姬陵不是孤独的。在它的大台阶两旁，建筑有较低的两座红砂石的清真寺。由于泰姬陵高踞在大台阶之上，三座建筑无论在平面上和高度上都共同形成了品字形的“山峰”结构；泰姬陵与两旁的清真寺的组合，非常富于建筑的高低的韵律和节奏的变化。这两座清真寺屋顶上又有白色大理石建成的大圆顶，泰姬陵的主体与这两座建筑物的形式和色彩形成了对比和反衬。所以，建筑师们赞美泰姬陵是“一首白色大理石的交响乐”！

进入泰姬陵内部可以看到巨大的布满彩饰的豪华的穹顶和白色大理石做成的镂空的窗户，无论在窗棂和墙壁上都布满了藤蔓等图案的阿拉伯式花纹。在殿内大理石地面的圆心处，安放着蒙塔兹·玛哈的白色大理石假棺，旁边摆放着沙·贾汗的白色大理石的假棺（真正的棺木放置在地下的墓室中）。石棺上都镶嵌着彩色的花纹和图案。围绕着石棺的是八角形的大理石屏风，屏风上部刻着镂空的花纹，参观的人们只能透过这些镂空的花纹窥视其中的大理石假棺。

棺木大厅的四周有一些大理石建成的房间，大概原本是为了让前来凭吊皇后的亲人和官员休息的地方。

宫廷中的钱像流水一般花出去了……当沙·贾汗的建筑之瘾兴味正浓时，他还奢想用纯黑色的大理石为自己修建一座与泰姬陵一模一样的陵墓。他打算把自己的陵墓建在泰姬陵对面的朱木那河的左岸，与右岸的泰姬陵隔河相对。

黑、白两座陵墓之间用一座精美的桥梁跨河相连，融为一体！然而，沙·贾汗还没有来得及把心中美好的建筑图样付诸实施，1658 年 6 月，他的儿子奥朗则布发动了政变！儿子把老子关押起来了。儿子把老子长期囚禁在阿格拉城堡的宫殿中。沙·贾汗再也不可能把心中浪漫的建筑蓝图化为真实的陵墓，他只能每天在阿格拉城堡的城楼上遥望下游河岸上的泰姬陵，回味过去如烟似雾的“春花秋月”的豪华往事！

印度大诗人泰戈尔曾写下动人的诗篇哀悼这悲剧结局的爱情：

你只祈告
你内心的哀痛长留人世。
……
你只希望你滚落的一滴老泪
千古湿润时间的秀额——
皎洁晶莹的泰姬陵。
……
你永辞人世，
但处处留下你的痕迹。①

当我站在泰姬陵北面的朱木那河畔，一边望着宏伟秀丽的泰姬陵，一边眺望着对面河岸绿色的丛林、芳草萋萋的河滩和无语流淌的河水，不禁遐想：如果沙·贾汗皇帝没有被儿子废黜，现在，我就会看到耸立在河对岸的、与泰姬陵一模一样的黑色的陵墓，就会徜徉在黑、白两座陵墓之间的美丽的大理石桥上，那又将是一种什么样的感受呢？

朱木那河畔

1666 年，被废黜并历

① ［印］泰戈尔：《泰戈尔全集》第 4 卷，刘安武、倪培耕、白开元主编，黄志坤、白开元、谢冰心译，河北教育出版社，2001 年，第 447～452 页。

经了八年囚禁的沙·贾汗国王抑郁地死去，时年 74 岁。

沙·贾汗死后，篡夺了他王位的逆子奥朗则布根本没有打算给这个老国王修建坟墓，打算草草掩埋算了！沙·贾汗的一大群女儿——公主们苦苦哀求现任国王和兄长奥朗则布，给老父亲一块葬身之地，公主们的哀求终于使这位逆子动了恻隐之心，他同意把老父亲埋葬在泰姬陵中。但是，问题又出来了：泰姬陵原本就只是“蒙塔兹·玛哈”皇后一个人的陵墓，所以蒙塔兹·玛哈下葬时，就把她的陵墓安放在正中心。现在老国王的遗体又要下葬于此，怎么办呢？实在没办法，就把沙·贾汗的陵墓建在圆心的边缘——让老皇帝的棺木与皇太后的棺木并排安放在一起。这样，从空间布局上看，皇后成了正份，皇帝反倒成了偏份！不管怎样讲，终于让这对有情人“在地终成连理枝”，终于生前同床，死后又能同穴了！

沙·贾汗把莫卧尔王朝时期的建筑艺术推向了顶峰，留下了一大堆世界级的建筑精品，享誉世界的泰姬陵（Taj Mahal）让沙·贾汗青史留名！

泰姬陵堪称莫卧儿王朝建筑艺术的典范，也是印度-伊斯兰艺术的杰作。法国著名的东方学家、法兰西科学院院士、法国吉美博物馆馆长雷奈·格鲁塞（René Grousset，1885—1952）曾经赞叹道：泰姬陵“可以说是把波斯的灵魂放进了印度的身体之内”①。在美学与艺术形式上，泰姬陵可与世界上任何建筑艺术媲美！正因为如此，1983 年联合国教科文组织让泰姬陵入选“世界著名文化遗产”。

我背着相机在泰姬陵四周晃悠，一边猛拍照片。面对保存完好的庄重典雅的泰姬陵，自然地就想到了雄伟而精致的胡马雍陵墓，想到了奴隶王朝和洛迪王朝的国王们的陵墓，它们历经几百年乃至千年之久的风风雨雨，至今都保存得很好。我不禁想到：为什么中国人却老是喜欢掘开古代人的陵墓呢？秦朝末年时，项羽打进关中，烧毁了秦始皇陵和正在建筑中的阿房宫；以后，历朝历代的新的执政者也老是喜欢挖掘和捣毁前朝皇帝的陵墓。1927 年，军阀孙殿英挖开了乾隆皇帝和慈禧太后的陵墓；1959 年，明朝十三陵的定陵被挖开，结果，许多文物见风即腐，烟消云散！这样竭泽而渔有什么意义呢？这又是一种

① ［法］雷奈·格鲁塞：《东方的文明》（上），常任侠、袁音译，中华书局，1999 年，第 183 页。

什么心理呢？

自古以来，中国人就有盗墓的癖好，那是“饥寒起盗心”，是为了发财。现代的民间盗墓贼们为了发横财，依然铤而走险，疯狂盗墓，屡禁不止！20世纪80年代以来，“要想富，盗古墓，一夜就成万元户”成了盗墓贼们铤而走险的口号！但是，现今的国家文物部门并非为了发财，却依然是大挖古墓，见古墓即挖掘，不挖开古墓心里不踏实！“文革”中挖开了汉代中山靖王刘胜的墓，取出了金镂玉衣；20世纪70年代又挖出了湖南马王堆的汉代墓和湖北曾侯乙的墓。前不久又挖开了空空如也的曹操的墓！人们在网络和媒体上为“曹操墓”的真伪发生了激烈的争论。人们争论的兴趣只是围绕着此墓是否真的是曹操墓，而从来没有想过，曹操的墓是否应当挖？人们是否想过古代的墓是否有必要去挖？“见到古墓就开挖”是否必要？是否合理？

不同的民族文化心理决定了不同的行为方式。

印度历朝历代的穷人都不少，今天印度的穷人依然很多，为什么没有听说印度人疯狂挖墓的事呢？

印度人把古代的东西视若神圣，不断地对这些文物古迹加以朝拜。不管是在印度的农村或城市，甚至在那些荒凉的旷野上，都有许多古代的荒废了的遗址和残破的寺庙和其他建筑。至今，它们依然无声无息地屹立在那里却没有被人偷偷地拆除。在印度人看来，万物有灵，建筑物也有它的生命和灵气。它们在那里沉睡，你何必去打搅它们呢？印度人对古代的东西都有一种莫名的敬畏感，因此总觉得它们是神圣的，不可侵犯的，因而有意无意地保存着这些古代的遗址与建筑。中国人往往有恃无恐，以“彻底的唯物主义者是无所畏惧”的心理，来面对古迹与文物。所以中国人在眼前的利益的驱动下，可以毫无顾忌，肆无忌惮地破坏一切文物古迹！

与印度游客合影

我看到，不少印度人都带着小孩子一齐来到这里瞻仰泰姬陵。他们见我的模样和穿着，就问我是哪国人。当他们知道我是中国人时，露出了惊奇而友好的微笑。他们不仅请我用他们的相机为他们拍合影，而且还邀请我同他们合影。我同好几家印度人合影，他们的笑容是真诚的开怀的笑容，从他们的笑容中，我深深感到印度民众对中国是非常友好的。

三、阿格拉“红堡”

我离开泰姬陵后，就直奔久负盛名的阿格拉古城（City Site of Agra）的“红堡”。红堡离泰姬陵不远，坐汽车约 15 分钟，如果你顺着朱木那河岸步行，大约一个小时就可以走到红堡。

参观阿格拉红堡的门票是 265 卢比，它的开放时间是 6:00—19:30。

阿格拉是印度古代莫卧儿王朝的都城，也在朱木那河的右岸（南岸）。1504 年德里洛迪王朝第二代皇帝塞坎达尔·洛迪曾定都于此，兴建了阿格拉城和王宫。1526 年，洛迪王朝灭亡，莫卧儿王朝继续以阿格拉城为都城。阿格拉红堡在 16 世纪和 17 世纪曾经两度成为莫卧儿王朝的首都。

阿格拉宫城堡建于 1565 年。当年，莫卧儿王朝第三代帝王阿克巴在阿格拉城大兴土木，将波斯的伊斯兰风格的建筑和印度教风格的建筑融合成一体，建成了许多式样新颖、各具特色的建筑物。阿格拉城堡于 1571 年完工，后来又经过第五代帝王沙·贾汗改建和扩建。

参观阿格拉城，除开红堡和泰姬陵外，还有阿格拉城内的莫卧儿王朝贾汗吉皇帝的皇后努尔·贾汉为她父亲修建的伊蒂默德·乌德-陶拉陵墓；阿克巴皇帝的陵墓、法塔普尔·西格里古堡和西格里大清真寺等文物古迹。

历史名城阿格拉现今属于北方邦。当初，阿克巴建立阿格拉城堡的主要目的是为了军事防卫，到了他的孙子沙·贾汗时，城堡的功能主要是拱卫宫殿。1628 年沙·贾汗皇帝对阿格拉城堡加以扩充和改建，扩充的建筑主要是宫殿和花园；沙·贾汗的儿子奥朗则布皇帝也对城堡中的建筑物加以了增建。经过一百余年的时间和几代人的努力，阿格拉城堡成为一座坚固的军事要塞，其中的皇宫又是一座气势宏伟的金碧辉煌的宫殿。

阿格拉城堡建在一个山坡上，整个城堡都是用巨大的红砂石建成，在灿烂的阳光下，城堡闪烁着红光，因此人们俗称阿格拉城堡为“红堡”。红堡的外城墙垂直而上，高达22米。城墙总长达2.4公里，上面建有防卫用的高达2米的雉堞，转角上建有角楼；按一定距离还建有高大的塔楼，城墙上边还设置有炮塔。城墙下面是宽约10米、水深约2米的护城河。护城河两岸都建成垂直的形状，根本无法攀登。

阿格拉城堡的防御系统

阿格拉城堡有四个城门，最主要的城门正对着西北方向的德里，所以称为“德里门”。德里门的入口同样采取了“歪门斜道”的结构：进入德里门后，斜坡形的甬道来了一个大转折才进入瓮城，瓮城又有一个高大而坚固的城门。进攻的军队即使攻进德里门，也必然陷入“关门打狗”的境地。

通过瓮城的大门后，还要经过一段两边都是高大城墙的长长的斜坡甬道，才能真正进入皇宫花园之中。

据《阿克巴律例》一书记载：城堡初建时，城堡内共建有五百多座孟加拉和古吉拉特式的红砂石的楼阁，现在有许多已不复存在了。现存的几座宫殿都令人惊叹不已！

游客经过精致秀美的“阿玛辛格门”就进入了阿克巴皇帝为他的皇后珠哈拜和儿子贾汗吉尔建造的多层的“贾汗吉尔宫”。贾汗吉尔宫的大尖顶拱门是中亚式的，而房屋的平顶上的钟形凉亭则是印度式的。贾汗吉尔宫的建筑以精美细致著称。建筑物的装饰手段非常丰富，采取

贾汗吉尔宫

了多种多样的型制和图形。方形的柱子和托架以及石头墙面上雕刻满了的花纹图案也是印度式的。门廊的柱子和托架样式别致，雕刻精美。贾汗吉尔宫既有印度建筑的繁缛而细致的风格，又充满了中亚建筑的明快而秀美的情调。

在贾汗吉尔宫旁边不远处就是阿格拉皇宫的觐见厅。

阿格拉皇宫的觐见厅是一座白色大理石的单层平顶建筑。大厅底座高约一米，由红砂石建成。大厅的正面和两端，这三面都是由柱廊支撑，只有里面才建有墙壁。觐见厅的廊柱之间采用了拱顶的、饰有波浪式的门楣连接，正面共有九个拱顶，两旁各有三个拱顶。

觐见厅

大厅正中部的墙上建有一个凹进去的像神龛一样的空间，离地约三米高，那是供皇帝安放宝座的地方。由于整个大厅三面都没有墙壁，所以显得空旷、开阔，既通风又便于采光。觐见厅的柱廊在设计上很有特点：为了支撑厅顶上的大石头的重量，建筑设计师把两根紧紧并列的柱子建成一组，从外面的花园中正面看大厅，这组柱子是单个的——前面的柱子挡住了后面并列的柱子；从侧面看，才是并列的两根柱子。大厅的四角，则是用四根一组的柱子支撑。这样的设计，使得大厅从正面看显得纤细而轻盈，从侧面看显得厚重而稳定；在视觉上单柱变为双柱更显得富有变化。这种柱廊结构，成为莫卧尔王朝柱廊建筑的典型的样式，并不断被人效仿和复制——德里红堡的白色大理石的觐见厅就是它的“克隆版”；安贝尔城堡中的藩王宫的觐见厅就是它的“缩

精美的托架

小版”或者说是“袖珍版”。

离觐见厅不远的地方就是皇帝的寝宫。这也是一个白色大理石的建筑，小巧、细致而精美。寝宫共有三层楼，从上面的凉台上可以看见秀丽的朱木那河和远处的泰姬陵。这个楼的后院的建筑用红砂石建成，其雕刻非常精美细腻。沙贾汗皇帝被亲生儿子奥朗则布朗废黜后，就被关押在这座宫殿之中达八年之久。他只能在这小院中徘徊，或许可以登上凉台远眺泰姬陵，思念他的爱妃蒙塔兹·玛哈！沙·贾汗在这座楼中每日以泪洗面，眺望远处的泰姬陵，凄凉地度过了他人生中最后的岁月。

离皇帝的寝宫不远，又有一道白色的宫门，里面建有一组白色的建筑群。这就是皇后和王妃们居住的后宫了。

皇后及嫔妃的后宫

在后宫中，沙·贾汗皇帝建造了精美典雅而秀丽的珍珠清真寺（Moti Masjid，又叫做“莫迪寺”）。清真寺是专供皇室妇女做礼拜用的。这座清真寺由于采用了白色大理石而闻名。清真寺全部由白色的大理石建成，它的三个白色大理石的圆拱顶在红色的城墙衬托下非常显目。莫迪寺以它的壮丽和完美的比例、匀称而著名。莫迪寺的附近还建有一个“米娜集市”，是供皇室中的妇女们购物的集市。据说，年轻的库兰王子（即后来的沙·贾汗皇帝）当年就是在这个集市上第一次见到他的梦中情人阿珠蔓巴娜（即后来的皇后蒙塔兹·玛哈）的，从此这位美丽的波斯姑娘令他魂牵梦萦，最后有情人终成眷属。它的西边还建有一系列的白色大理石宫殿。

阿格拉宫殿中最具有浪漫情调的宫殿是哈斯·玛哈宫。如果从空中俯视的话，它有一个造型奇特的中亚式的葡萄园。这宫殿的建筑中有著名的“镜宫”——在白色的大理石墙上，不仅绘有精美的阿拉伯花纹的图案，图案中还镶嵌着名贵的熠熠发光的宝石，而且在图案的空白处还镶嵌着无数个镜子。你面对室内的镜墙，可以感到五光十色的光芒，令你眼花缭乱！除此之外，沙·贾汗皇帝还在这里修建了华丽的浴池。浴池用无数的镜片和一个中央喷泉装饰。你完全可以想象华美的浴池、碧波荡漾的池水和那些肤如凝脂的美女在浴池中那性感而娇美的模样！

“上行下效”，从此皇室豪华的装饰，尤其是“镜宫”“水池”不仅在各地宫殿中出现，而且在土邦藩王们的宫殿中也屡见不鲜了！

宫殿内有一座装饰得最精美、最豪华的白色大理石的八角形的建筑，叫做“茉莉塔”。这里曾是莫卧儿王朝最有权势的两个女人的宫室。一位是贾汗吉尔皇帝的皇后努尔加罕（沙·贾汗皇帝的母亲）；另一位是沙·贾汗皇帝最喜爱的宠妃蒙塔兹·玛哈。

泰姬陵和阿格拉城堡及其建筑，代表了莫卧尔时代的最高的艺术水平；它也是印度-伊斯兰建筑艺术的典型样式。

夕阳西下，我离开了雄伟壮丽的阿格拉城堡。远眺红色的城堡和醒目的白色的圆顶时，不禁深感华丽岁月消逝远去后的悲凉！

回到玫瑰宾馆后，锡克族司机就离去了，不知他到哪里去寻觅自己的住所去了。玫瑰宾馆地处城市的边缘，在这条小街或者说小胡同中，四周都是上等的居民住宅，也都是关门闭户。黑夜来临，这条街上因为没有街灯的照射而显得沉寂。我在这条街道和附近的街道逛荡了一圈，都没有看见一家超市或小商店，更没有看到饭馆。我只得又吃自带的面包和菜卷。印度全国的电力供应极度紧张，大中小城市经常停电。由于经常停电，有的大户人家就用柴油机自行发电；有钱人家也采用“停电宝”等蓄电装备来应对停电。玫瑰宾馆也用自备的柴油发电机发电。看来，阿格拉城的夜晚并不安静，到处都响着柴油发电机的噪音！由于玫瑰宾馆警告旅客各自保管好自己的贵重物品，我也不敢出门溜达；即便出门溜达，周围的道路都是黑黝黝的，街道上又没有行人，因为我随身带着两台高档的相机，怕碰上什么意外或惹上什么麻烦。我吃完饭后只能就在昏暗的灯下写日记。然后，就到卫生间冲凉。晚上阿格拉的温度只有十多度，卫生间中根本就没有热水装置，我明白了，这是常年用冷水冲凉的宾馆。我用薄薄的线毯裹着冰凉的身体，坐在简陋的床上看电视。阿弥陀佛！幸好室内还有一台旧电视，否则习惯于晚睡的我，怎样才能够熬到深夜呢？

看看印度的电视节目也是了解当今印度社会的方法。在印度期间，只要住在宾馆里，我就猛看印度电视，直到深夜困乏不行了才关掉电视机。

印度的电视频道也不少。在阿格拉的玫瑰宾馆里，这台破旧的电视机依然可以收到十来个频道。印度的领导人似乎只出现在官方电视台的新闻频道中，我搜寻了一遍，只有一个电视台出现过辛格总理的形象，其他电视台都是播出自己制作的节目。这对于习惯于关心时事政治的中国人来讲，太不习惯了。印度的各家电视台都开设有宗教频道，有印度教的、锡克教的、伊斯兰教的、巴哈伊教的、基督教的、佛教的……各自都有本门教派的圣人、大师在论坛讲经说法，现场有一些虔诚的教徒在聆听教诲。有的宗教频道则在播出宗教仪式的实况，有的播出的是介绍寺庙风景的电视片。

今天看到的频道中有一个频道正在播出什么演唱会。一群歌手在演唱着一个传统的故事。有主唱、有独唱、有合唱和重唱。演唱中，既有乐器的间奏和伴奏，也有乐器独自的演奏。这些乐器都是印度传统的乐器，没有小提琴、大提琴和钢琴等西洋乐器，连电吉他似乎也没有看到！歌手们有穿印度传统的衬衣配上背心和肥大的扎脚裤的，也有穿牛仔服和牛仔裤的，但是，女歌手绝对没有敞胸露背的和故意透露出性感部位的。歌手们的演出形式活泼多样，歌手的演唱也很随意和放松。一首歌曲结束时，歌手们也没有像中国歌手那样，深吸一口气，憋足了劲，运足了气，很有准备地去唱完最后一句。印度歌手唱得很轻松，很随意，很愉快，有一种自我的享受感，似乎不是为了做给或唱给别人看的。歌唱艺术就应当是演唱者自己觉得快乐，也向别人传递快乐；自己觉着美，也让别人分享这种美，歌唱应该是很轻松和惬意的事，听了印度歌手的演唱，我也受到他们的快乐情绪的感染，感到轻松与愉悦。我就不理解了，为什么有的中国歌手唱歌就那么装腔作势，那么做作、呆板而缺乏生气呢？听他们唱歌让人感到很累，让人喘不过气来。

我听不出印度的时尚音乐与传统音乐有什么区别。这些歌曲似乎都很欢快，节奏迅速，旋律优美，高低音的起伏很大，还伴有大量的装饰音和颤音，叫你学都学不会！

现代印度民族的世俗精神通过它的激情四射的艺术表现出来！当下，印度民族的世俗的、享乐主义的精神集中在“宝莱坞”电影和歌舞中。

“宝莱坞”原本是印度电影艺术的制作中心，是生产电影和明星的工厂，其地位相当于美国的“好莱坞”，人们说它是印度的“好莱坞”。“宝莱坞”的创新性和国际影响力当然远比不上“好莱坞”，但是，它却是令世界上许多国家的电影、电视行业不得不甘拜下风，不得不委屈于后的影视制造基地。它每年的电影产量多达上千部，电视剧的数量也非常巨大。巨大的数量正暗示着它们的广阔的销路和丰厚的利润。

据说，在印度，青年们和妇女们最喜欢看的电视剧是时尚的爱情剧。这种爱情剧大多数是表现现实生活中的男女爱情的种种曲折的经历：或者因为双方门不当、户不对，两家财产状况差异较大而发生的波折；有的是表现因为第三者插足而引起的相互的误解、猜忌和痛苦，最后有情人终成眷属；或者是男女之间的争风吃醋的三角恋爱，相互之间的偷情和错位的幽会而引起的矛盾和风波。这些题材的电视剧走的路子，依然同印度电影传统表现爱情的路子一样，好色而不淫，哀而不伤！据说，印度官方的电影、电视审查制度很严格，绝不允许播放色情的或有床上戏的东西，即便是撩人情性的激情之吻也不允许。

有的电视频道也经常播出过去优秀的、票房很高的影片或经典的歌舞节目。在播放老片前，请来那些担任主演的著名影星，回顾当年的情景，就像中国中央电视台的文艺频道播出的“流金岁月”一样。

“宝莱坞”的歌舞也是最受世界各国观众热烈追捧的艺术，仅次于美国“百老汇”的歌舞。当然，第一名同第二名之间的差距是明显而巨大的。的确，“宝莱坞”的歌舞在首创性上远远不能与“百老汇”的歌舞相比。它却是全世界的“山寨百老汇”的艺术中最好的！

“宝莱坞”的歌舞最善于玩弄后现代艺术的种种手法，例如，它们善于运用拼贴、组装、复制、模仿秀等“山寨”手法，来使美国“百老汇”的歌舞“脱胎换骨”成为印度式的歌舞；或者用“点铁成金”的方法改造成传统的印度歌舞。例如，印度艺术家把“百老汇”激情四射的歌舞形式融进了传统的印度歌舞之中；把美国的街舞、踢踏舞、乡村音乐、摇滚音乐、黑人的布鲁斯音乐，甚至西方非常绅士化的古典舞蹈也融进了印度的电影、电视剧之中。这些最西方化的，或者纯粹美国化的歌舞成为当下印度电影和电视剧的重要场景中不可缺少的一个环节。在这些时髦、前卫的西方“山寨”版的印度歌舞中，印度的俊男们穿着笔挺的西服，手里拿着精致的手杖，头上戴着时髦的礼帽在跳着劲爆的舞蹈。印度的性感的美女们有的穿着吊带裙、单肩裙、超短裙，或者干脆不穿上衣，只戴上炫目的高耸的“乳杯”，脚上穿着高跟鞋在旋转中跳着劲舞。这些歌舞的表演场地一律都是西式的宏大绚丽而豪华的客厅或会所。“宝莱坞”歌舞中的一切元素都按照西方当下的歌舞的水平运作。唯一能区别的就是“宝莱坞”歌舞中的音乐旋律和歌词是纯印度的。

值得说明的是，印度“宝莱坞”的歌舞具有后现代主义艺术的多元化色彩。在现代歌舞中，传统歌舞依然占据有相当的地盘，依然拥有广大的受众。“宝莱坞”歌舞的多元性和丰富性令人目不暇接，不知所措！当下的印度歌舞、电影、电视都表现出多元化多样性。传统印度艺术的一切似乎都在急剧的改变之中。但是，无论印度艺术的变化和走向如何，印度的各门类艺术有一个永远不变的元素——对美的追求和对美的理念的完美的表达！所有的印度艺术都炫耀着美，表达着美。当下的印度艺术中不存在西方现代主义艺术那种“反美学”的理念，更不存在那种在时下的中国艺术中颇为流行的、颇为时髦的“以丑为美”“以丑代美”的潮流！

唯美主义似乎是印度艺术几千年来的不变的元素！这是当下印度艺术唯一坚挺的东西！

当晚，有一个频道正在播出西方的流行的“劲舞”，音乐是西方的，舞蹈也是西方的“街舞”类型的，舞蹈者是印度的，而且是人数众多的群舞。这些舞蹈者的服饰与西方的舞蹈者服饰完全一样。他们动作之奇特、形体变化之快和强烈刺激的节奏，刚柔相济的动作，即便与中国香港的郭富成的舞蹈相比，都有过之而无不及。观看印度的“劲舞”，就使人感到舞蹈者的动作都在快速地“频闪”之中，根本无需用后期制作的“频闪”技术来处理！印度青年的劲舞有一种自发的、自然的疯狂劲，他们不像是在表演，而像是在发泄内心中过于饱胀的生命激情！

还值得一提的是，印度的电视台设有专门的体育频道，播放世界各地的体育赛事，但较多地是播放世界各地的板球比赛和世界范围的足球比赛。印度的“国球”是板球，它在印度的普及程度，相当于中国的乒乓球。无论你路过学校或在贫民区的空地上，都可以看见不少小孩子们在打板球。印度国家板球队是世界冠军队，它是印度人民引以为豪的运动队。

四、废都法特普尔·西克里古城堡

早上八点，司机开车前来接我们。上午去城郊的古堡——法特普尔·西克里红堡和大清真寺。

法特普尔·西克里城堡在阿格拉城西南方向约37公里处。阿克巴皇帝因为求子心切，听信了伊斯兰教的圣人赛里姆·克里斯蒂的预言而决定在这里建筑城堡、皇宫和大清真寺。这个城堡建于1571年至1584年间。阿克巴皇帝在刚修完阿格拉城堡后的同一年就开始建造这座法特普尔·西克里城堡。建造这座城堡花费了十三年，而阿克巴皇帝在这里也只居住了十三年，随后又把皇家迁返到阿格拉红堡。从此，法特普尔·西克里城堡就日渐荒废了！据说，荒废这个城堡的原因是这里终年缺水，或者说由于城堡筑在山顶上，造成了供水的困难。这简直有些不可思议！皇帝咋会没有想到水资源的问题而犯下了如此低级的错误呢！

阿克巴皇帝看见老是缺水，皇家卫队的官兵每天只是为了担水而奔忙，喷水池都成了摆设，王妃和公主们洗澡都不能尽兴戏水……最后，皇帝只好叹口气说："这算什么事呢？算了！算了！还是回阿格拉城堡去吧！"于是，皇帝同皇家卫队、工匠们、商人们、皇室的公主、王妃和婢女们、众多的厨子们……以及宫廷歌舞团的人们，浩浩荡荡排着十来里长的队伍，又回到了阿格拉城堡。从此，法特普尔·西克里城堡就成了废都。

尽管是废都，却是旅游者必来之地。为什么呢？因为它规模巨大，而且有漂亮的皇宫和出名的"达加"大清真寺。因阿克巴皇帝求子而果真得子的故事，几百年来，"达加"大清真寺今天成为了印度妇女们的求子之圣地，就像中国佛教圣山中的"观音山"或"观音娘娘庙"一样。许多印度妇女不远千里，到大清真寺来求子，所以这里就成了久盛不衰的旅游胜地。我们的汽车只能开到山下的停车场，据说，当地旅游局声称：因为山顶上没有停车、错车的地方，所以，一切旅游的车辆只能停在山下的停车场。旅客们只能改乘当地公共旅游汽车或机动三轮车（司库达）上山。由于旅游区的班车要等很久，我们只好乘

“司库达”上山。

环山而上的柏油公路修得很好，很快就看到山顶上随着地势的起伏而建的蜿蜒的城墙，就像中国的长城一样。法特普尔·西克里城堡的城墙周长约 11 公里，建有九个大的城门。而阿格拉红堡的城墙仅为 2.4 公里，只建有四个城门，由此可见法特普尔·西克里城堡的范围和规模之大！

参观西克里城堡可分两部分：先是参观皇宫，然后参观大清真寺。

西克里城堡中的皇宫中曾建有许多建筑物。这些建筑物代表了阿克巴王朝时期的建筑风格：同阿格拉城堡一样，主要的设计理念和美学风格是波斯的，但也糅合了印度传统的建筑特色，例如装饰细密甚至显得有些繁琐拥挤的柱子、布满墙面的印度式的花纹和大量的印度式托柱。

沙·贾汗时代不仅完成了伊斯兰、波斯和印度建筑艺术的融合，而且创立了印度-伊斯兰艺术风格。沙·贾汗时代建筑的风格把印度式的细密精致同波斯式的简洁明快有机地结合在一起，形成了局部上繁缛细致，总体上简洁明快的印度-伊斯兰艺术风格。在建筑材料上大量使用白色大理石，并把在大理石上的镶嵌工艺发展到了极致。

西克里城堡三面建有城墙，第四面是一个巨大的人工湖，现已干涸，成为一片广阔的田野。西克里城堡绝大部分古迹都建在连接达尔瓦萨和阿格拉的道路北侧。现在，你来到旧皇宫的残破的大门前，看到的都是断壁残垣，不免有些轻视与后悔：这些破损不堪的石头有什么可看？哪有什么吸引人的地方？

但这只是历史逗你玩的假象！中国有句俗话说：“真人不露相，露相不真人！”当你走过陡斜的通道和残破的皇宫大门后，你就会发现此前的景象只是一道遮蔽视觉的屏幕，在你面前一下子闪现出了令你惊讶不已的景象：到处是造型各异的亭台轩榭和装饰精美的楼阁！

古城将许多风格不同的纪念碑和寺庙荟萃一地，但由于全部为红砂岩建筑，仍具有同一性，形成建筑群体的典范。这是一座被誉为足以与泰姬陵媲美的古堡，除了外形壮观、面积宽广之外，宫殿构图之优美、内部设计之精巧，与泰姬陵不相上下，各有千秋。

西格里城堡初建时，供人们进出城堡的大门叫阿格拉门，也叫做“白象门”。门楣两边的红砂石上各雕刻着一只巨大的大象，现已受到较大的损毁。

进入城门后，首先来到的是用围墙围住的觐见厅(迪瓦伊安厅)。这个厅是一个巨大的矩形大厅。皇帝在这里听取民众的请愿，宣布重大决定，接见外国大使或贵宾以及举办歌舞娱乐活动。歌舞晚会演出时，皇家成员的包厢在西部的前台上，四周用条形的屏风与大厅隔开。

西格里皇宫的白象门

皇帝的宝座的前方，至今还可以看到嵌在地上的石钩，这个石钩是“拴象钩”，阿克巴皇帝的坐骑是一只名叫“希兰”的大象。它常被拴在这个钩上。如果皇帝判决某人有罪而处以死刑，就把犯人放在地上，叫大象“希兰”用脚把犯人的头踩碎。如果碰上行刑的那一天，“希兰”的情绪不高，对踩踏人的娱乐不感兴趣，在它三次拒绝踩踏犯人之后，这个犯人就会被赦免死罪而当庭释放。

看见这个石钩，听见这一轶事，不由得使人想到：豪华雅致的皇宫，不仅有优雅华贵和温馨的一面，还有令人恐怖和血腥的一面呢！

绕过觐见厅，就是皇室的生活区域。在这个区域的北角建有一个小型的看似单层的厅室。这个厅室叫做“迪瓦卡斯厅”（枢密厅)。这个厅是皇帝在这里同大臣们讨论重大事务的地方，也是阿克巴皇帝接见各种宗教界人士并且邀请各派宗教人士在这里讲经说法的地方。

这个枢密厅是一个双层的楼阁。楼顶上的四个角落都建有一座钟形的凉亭。这个厅的结构非常独特：在厅的底层的中央屹立着一根独立的粗大的圆柱；圆柱顶上有 36 个呈圆形分布的柱头托架，这些托架的造型像是悬挂的累累果实一样。柱子的平顶和柱头托架形成了一个圆形的平顶。平顶上安装有四根横梁，四根横梁同周边的横梁形成了一个大的圆拱顶，圆拱顶上又修建了一个圆形的平台；这个平台又延伸出四条石桥，通向这宫殿大厅的四角。阿克巴皇帝的宝座就安放在圆形平台的中央，他的四位主要大臣坐在四个角落里。这一布置象征皇帝统治以及他所支配着的世界的四个方位。

阿克巴皇帝娶了三个王妃：一位伊斯兰教的王妃、一位有着突厥血缘的克什米尔王妃、一位信奉印度教的王妃。阿克巴连娶三个不同民族的王妃似乎不仅仅是为了满足他的好奇和色欲，更有着政治上的考量和盘算。阿克巴是外来的信仰伊斯兰教的统治者，面对印度复杂的宗教信仰和教派冲突，面对印度多种文化传统的碰撞，他执行的是宗教宽容政策，主张各种宗教和平共处、相互尊重、互不干预。所以，这样的婚姻就有着鲜明的象征意义。

西克里城堡建筑中最精美的是五层的塔楼建筑群。

据说，阿克巴皇帝为了答谢率先为他生下儿子的印度族王妃米丽安姆·乌沙玛尼的功劳，于1571年特地为她修建了精美绝伦的五层楼的宫殿，取名为“潘奇·玛哈尔”宫（Panch Mahal）。这座纤秀美丽的五层宫，建立在皇宫庭院的西部，至今还屹立在那里，不断引诱旅游者进入它的怀中。

西格里皇宫中的五层宫

五层宫是巴格达和波斯风格的建筑，下面的两层是居所，上面建有三层平顶的楼层，一层比一层小，形成了塔形的楼房，塔顶采用了印度式的钟形凉亭的造型。这叫做“风塔”，就是为皇后和皇室妇女们提供观赏风景的地方。皇后和皇室妇女白天能在这里观赏西克里要塞和连绵的山脊，观看山下的小城镇人们的生活景象，夜晚可以在这里观赏皓月繁星、沐浴清风。

为了观赏的方便和隐蔽，当年，五层宫的塔楼上还设置有176幅雕刻精美、花样繁多的、镂空的屏风。女人们可以从这些镂空的屏风后面尽情观看外边的一切而不被别人发现，也不被别人窥视。

既能自由地观看别人的一切，又不怕被别人盯视的心理，似乎是穆斯林世界的妇女们永远佩戴面纱的心理。

面纱是穆斯林妇女在日常生活中的屏风；屏风是伊斯兰建筑中的面纱！

大量采用镂空的屏风，是伊斯兰教建筑的重要特点。镂空的屏风既可以起隔离空间的作用，又可以通风，更可以起隐藏、遮蔽的作用。

五层宫的下面两层楼建有宽阔的柱廊，底层的柱子有 56 根。每一层楼的结构都因面积大小的不同而在结构上不同。红砂石的柱子显得纤细而精巧，加上宫前有宽阔的广场和水池，在空旷的广场和水池的衬托下，五层宫总体上显得秀美而轻盈。让人不禁感叹：在沉重的石块的堆积物中，居然能显露出女性的柔美而轻盈的特性！就像米开朗基罗用冰冷的大理石雕凿出了充满母爱的圣母像一样！

五、气势宏大的达加大清真寺

法特普尔·西克里城中最著名的是达加清真寺（Dar-gah Mosque）。它建于 1571—1572 年间。城墙内的三面都建有长长的柱廊，无论四方形的柱子和柱座、柱顶托架都雕刻得非常精美，三面的柱廊显出了强烈的、整齐划一的秩序感。在重大的节日或庆典的日子里，中央的宽阔的广场上可容纳 1 万名穆斯林信徒同时进行祈祷。

清真寺可容万人礼拜

在建造法特普尔·西克里城堡的同时，阿克巴皇帝为了表示对这位苏菲派预言家、圣人谢赫·赛里姆·克里斯蒂的感谢，也为了方便皇家成员在节日庆典期间进行礼拜，就在西克拉山顶上，城堡的旁边，建造了这座规模庞大、气势恢宏的清真寺。圣人谢赫·赛里姆·克里斯蒂死于1572年。八年后，约1580—1581年间，阿克巴用红砂石建造成了赛里姆·克里斯蒂的坟墓和墓园；1606年，阿克巴的儿子贾汗吉尔皇帝感恩于圣人曾经预言自己的降生，便命令设计师屈图布丁堪斯卡用白色的大理石将谢赫·赛里姆·克里斯蒂的墓园封顶，并且在墓顶上用灰泥建成了一个巨大的圆拱顶。又过了两百多年，1866年时，阿格拉的地方官员用华丽的白色大理石覆盖了圆拱顶的表面，并且用巨大的厚厚的大理石板雕刻成华丽的镂空的栅栏屏风，遮挡住了陵墓的墙面。这样，谢赫·赛里姆·克里斯蒂陵墓就成为了一件珍贵而完美的艺术精品。圣人真正的墓穴，是在灵堂的地下。墓穴不对外开放。现在，这个圣人墓是妇女们必来礼拜的地方，那些渴望多子多孙的妇女们来到这里，都要在大理石的栅栏上、镂空的窗口上拴上一条彩带，并虔诚地祈祷，求圣人保佑自己多子多孙！如果她们的愿望果真实现，她们一定要回到这里谢恩！有些不知情的男游客，也凑热闹同妇女们拥挤，想凑近观看，结果，惹得妇女们一阵讥笑，而莫名其妙的男游客也只好奉陪上讨好的回笑！

达加清真寺

克里斯蒂陵墓

谢赫·赛里姆·克里斯蒂的墓棺的雕刻装饰精美绝伦。他的墓旁还有许多伊斯兰教圣人的墓。伊斯兰教徒的陵墓都是圆顶方座，代表“天圆地方”。非常

清真寺的南大门——胜利门

有意思的是伊斯兰教的墓葬方式：圣徒的遗体深埋在地下，地面上用泥灰或大理石做成的小小的棺材摆放在地上。地上的棺木在形状上也有着象征的含义：男棺的横截面呈桃子形，分三层，分别代表：土地、稻子、碾子。女棺的横截面呈方形，分四层，分别代表：织布机、案板、面团、擀面杖。

据说，达加清真寺是仿照麦加的清真寺的样式建成的，全部都采用红砂石修建。清真寺的西面是圣所礼拜堂，其他三面都建有高大的城门和城墙。清真寺的主要大门是南大门，被称为“布兰德·达尔瓦扎门”（“胜利之门”），是阿克巴皇帝为了纪念征服古吉拉特王国而建的“凯旋门”。胜利之门建于1575年，用红砂石建成，高达54米，如果加上它门前的大台阶，高度有70余米。据说，这胜利之门至今仍然是亚洲最大的圆穹顶拱门。胜利之门采取了与胡马雍陵墓相似的、向内分层凹进的大拱门样式。凹进的门厅内又建了一个大拱圆顶。在高大的门楣顶上，装饰着十三个小巧的钟形凉亭。城门的圆拱顶上建有一个巨大的圆拱顶。在胜利之门两旁的门楣上刻有一句富有哲理的话：“世界是一座桥，通过它吧！但不要在它上面建造住宅。渴望暂时的人才可以渴望永恒！”面对高大庄严的圆拱顶的城门，人们的灵魂似乎可以得到升华。

现在，达加清真寺依然香火旺盛，到这里来朝觐的人很多，废弃的皇宫反倒成了香客们朝拜完后最好的休闲和遛腿的去处。但今天来的人很少！

五百年前这座皇宫被废弃之后，起初大约还有人看守，日久天长，改朝换代，一晃几百年过去了，谁也不管它了！城堡中的几百座建筑如今只剩下百十来座，其他的楼房大概都被周边的老百姓当作建筑材料而偷去建房或做其他什么的了。我坚信，如果印度政府仔细清查周边数公里的民宅，肯定能发现许多民宅的墙基或柱子，都可以判定为是文物古迹。

一到法特普尔·西克里，我们就碰上一位自称是导游的当地人。他把我们带到皇宫的北面，在破旧的城墙上荡了一圈后，东指西指，把西克里的故事讲了一下后就拿钱走人了。他给我们介绍的完全不是那回事，他连皇宫都没有引我们去！他离去后，我不禁感叹：真是穷山恶水出“刁民”！我也实实在在地叫人玩了个团团转。他跑了，我才醒悟过来，但钱已扔在水里了……

我想起了笑星范伟的话：“真是防不胜防啊！”

第四部分

土邦王国斋浦尔

一、斋浦尔藩王的生存智慧

斋浦尔市位于德里西北方向，离德里约266公里。

德里、阿格拉和斋浦尔（Jaipur）构成了北印度旅游的“金三角”。这三个城市的地理位置近似于等边三角形，它们之间的距离也差不多，都是两百多公里左右。对于旅行者来说，斋浦尔的迷人魅力在于：首先，它是北印度拉贾斯坦邦的首府，地处德里西北，有着印度西北的风情；其次，它有保存完好的两座古城堡和城内当地藩王的宫殿、陵墓；再次，它还拥有至今仍旧可以使用的、完好无损的古代天文观象台。最后，它拥有几条繁华的商业街，而且价格较便宜，是北印度的购物天堂。所以，来自国外及印度各地的旅游者都云集在粉红色的城市斋浦尔。

水运博士为了我们的安全和方便，还是为我们订租了一辆出租车去斋浦尔。清晨七点钟，出租车司机准时来到小区门口接我们。这个司机是一个年轻的瘦瘦的小伙子，印度教徒。大概英语说得不怎么好，一路上都没有讲话。他只是说，他经常往来斋浦尔和阿格拉，对斋浦尔很熟悉。

路边的汽车餐厅景象

九点钟，司机把车停在公路边的汽车餐厅吃早餐。他点了一个面饼，蘸着浓稠的调料津津有味地吃着。我们则啃着自带的面包。汽车餐厅前面摆放着几把大型的遮阳伞，下面安放着几张折叠桌子和折叠椅。餐厅门脸的上面竖着大幅的可口可乐的宣传广告；广告上有当下印度最红的男女电影明星，他们手里都拿着可口可乐在那里媚笑！

我们的车继续朝着斋浦尔城方向驶去，路上看到了驮着沉重木材的大象，看到了骆驼、马车、牛车……公路两旁出现了延绵不断的长着稀疏的灌木的丘陵，很难看到茂密的树林，明显让人感到这个地区的降雨量大大小于德里和阿格拉。

十一点钟，我们来到了著名的古城安贝尔。古城安贝尔建在峡谷中，两旁都是崇山峻岭。汽车穿行在狭窄而拥挤的安贝尔城的街道上，这里的街道照例显得混乱拥挤，嘈杂而肮脏。街道在山谷中蜿蜒，两旁的房屋建得错落无序，显得陈旧而破烂。看得出当地政府并没有因为发展旅游事业而加以大力开发，也看得出这里的人们比较贫穷，除了依靠旅游产业外，没有其他的可以从事的工作。

古城安贝尔是兴起于公元 11 世纪的卡查瓦哈王国的首都。卡查瓦哈家族是印度西北的拉吉普特族的一支，卡查瓦哈王国在安贝尔兴起后逐渐向周边扩张，成为拉贾斯坦地区一个强盛的小王国。公元 16 世纪时，从北方来的、信奉伊斯兰教的莫卧儿帝国进逼印度，安贝尔城是进入德里的重要通道，因此，莫卧儿军队最先威慑的就是卡查瓦哈王国和它周边的小王国。

面对强大的、难以对抗的莫卧儿帝国，是对抗还是臣服？是以卵击石，拼个鱼死网破，还是俯首称臣，当儿皇帝？在这两难的选择之中，卡查瓦哈国王选择了当儿皇帝——“好死不如赖活着”嘛！最后，卡查瓦哈国王宣誓效忠莫卧儿帝国，并把自己的女儿献给了莫卧儿皇帝当后妃。莫卧儿帝国的巴布尔皇帝也没有亏待卡查瓦哈国王：封他当上了莫卧儿帝国的将军，并同意他继续在安贝尔的山谷中当土藩王。

莫卧儿的巴布尔国王可是一个精明的人——他刚来到一个陌生的地方，没有必要同这些小国闹得不愉快而影响他统一北印度的建国大业！所以，他采取了拉拢和收买的政策。在陆续拉拢和收买了一些小的土藩王国之后，他就毫无后顾之忧地大踏步地走向了德里。

从那时开始，历任的卡查瓦哈王国的国王们似乎深刻地领悟了他们祖先的智慧，历代的国王只要在面对强敌时，都采取了俯首称臣、以柔克刚的策略而生存下来了！他们对付莫卧儿帝国是这样；18 世纪对付英国殖民统治者时又是这样；20 世纪印度独立后又是这样。为了保持安定团结的局面，尼赫鲁政府对待印度全境的五百多个独立的小藩王国也只好采取“赎买”政策。所以，卡查瓦哈小王国再次逃过灭顶之灾！卡查瓦哈王国的祖先是否学习过中国古代的经典《老子》《庄子》，这不得而知！但是他们善于自保，善于以柔克刚，善于巧妙退避，懂得水滴石穿的智慧却真有些道家思想的遗风。

几百年过去了，莫卧儿帝国已灰飞烟灭，只剩下断壁残垣、古墓夕阳；六十多年过去了，英国殖民统治者早已成明日黄花，随风飘散……而卡查瓦哈王族一大帮人现在依旧住在斋浦尔城中，在那漂亮而豪华的奶黄色的七层大楼内享福，日子过得有滋有味！这就是卡查瓦哈王国统治者的生存智慧！

18世纪上半叶英国殖民统治者到来以前，印度的小藩王国多达上千个。1947年印度独立前，印度全境的小王国（土邦藩王）多达五百多个。所以，各地方势力的独立性极强。印度大诗人泰戈尔说过："印度从来就不是一个国家，而是一个地理概念。"应该说小国林立分裂，各地大小土邦众多是古代印度的基本社会形态，这种情况一直沿袭到印度共和国独立。这种分裂的后果，正如印度著名的历史学家许马云·迦比尔指出的那样："在印度我们时常看到对于家庭和氏族的尽忠效命，但是很少看到对于民族或国家能同样的尽忠。"① 这就是说，印度人缺乏整体的"印度国家"意识和"印度民族"的理念，往往心中只有自己身处的家庭、部族和小王国。

英国殖民统治者为了便于自己的殖民统治，在要求各地藩王服从英国殖民统治的前提下，依然让藩王拥有独立的地位和自己的财富。英国殖民政权同各地的藩王之间形成了互利共存的政治关系。印度共和国建立后，藩王制度也同时宣布被废除。印度政府采取了和平的"赎买"政策，让各地藩王们交出手中占有的全部领土、领地，同时中央政府给各地的藩王们拨付数额庞大的年金，供王室成员享用；印度共和国政府还赋予藩王们非常多的特权，作为补偿。这些特权待遇和补偿种类繁多，例如，保持藩王的一切礼仪，无论他们到哪里去视察、休假都得享受特殊的警卫和走红地毯的待遇；全额免税——藩王及王室成员们不承担任何国家的赋税；免费搭乘国营的飞机、火车的头等舱；王室居住处的水电费全免；王室购买的进口商品一律免税，而印度的商品进口税很高，往往是商品价格的一倍以上！

藩王们当然知道坐吃山空的道理，所以藩王们充分利用政府的政策和优惠的待遇，他们也经营银行、创办企业、经营商业贸易等，从此，他们从坐享其成的地主转变为伸手捞钱的商人和企业家了。

---

① ［印］许马云·迦比尔：《印度的遗产》，王维周译，上海人民出版社，1958年，第41页。

现今活着的藩王已减少到两百多人，其直系享有特权的人员也相对减少。1967年印度的“铁娘子”——英迪拉·甘地总理的政府曾试图取消藩王们的年金，但遭到藩王们的强烈反对，藩王们曾一度“集体罢工”，还举行抗议和示威活动。藩王们的激烈反对和“罢工”运动不仅引发了印度民众的不同的议论，也在国际上造成了很大的影响。后来的政府可能考虑到“安定团结”的重要性，为了建立和谐社会，又恢复了藩王的年金，尽管政府对他们的补助金额也有所减少，但是，印度政府每年仍需要支付上亿的美元供养这些藩王们。至今，藩王们出行时，依然有警车开道，还有大批的警察维持秩序；藩王所到之处，还要铺设红地毯等，依然享受着高规格的待遇。

现今的卡查瓦哈藩王的境遇大致也是这样。

二、令人惊叹的城堡与长城

走过古都安贝尔陈旧的街道后，来到了安贝尔城堡的入口处。参观该景点的门票价是80卢比。入口处真是乱七八糟，拥挤不堪，这里有各种拉客的人，有自称是导游的人，有驾驶“司库达”的人，有大声吆喝着叫人们骑大象的驭象手，有贩卖各种旅游产品的人……

骑大象上山是这里的一道风景。在印度，到处都看得到大象，但人们骑大象的机会却不多。骑大象上山的价格是500卢比，约合人民币70元多一点，一个人乘坐和四个人乘坐都是一个价。我也想骑大象上山，尝一尝在大象背上晃晃悠悠的感觉，但考虑到我们已经有自己的出

载人上山的大象队伍

租车，再骑大象的话，这70元钱花得有些冤枉，就决定仍然坐出租车上山。

刚打算走向出租车，猛一抬头看见了安贝尔城两旁陡峻的黄土山岭上，蜿蜒耸立着两座“长城”，它的形状同中国的长城一样，只是规模要小一些，高约四米，宽约三米，倒很像承德避暑山庄后边山岭上的小长城。安贝尔长城也是顺地势的起伏而修建，连绵不绝……每隔一段距离就建有一座瞭望塔楼。我惊讶得抽了一口冷气——这么一个土藩王国居然能够修筑小型的长城！我顿时消除对印度土藩王的先入为主的轻视，反倒感受到土藩王巨大的魄力和气势！

安贝尔城堡和长城建于11世纪左右，与中世纪欧洲的城堡一样，建立在崇山峻岭之上，主要起着重要的防御作用，王宫也建在城堡中，同阿格拉城堡的安居和防御功能一样。直到18世纪(1728年)，卡查瓦哈王国臣服了英帝国殖民统治后，才真正有了“当稳了奴仆而心安理得”的心态，因此决定把首都从安贝尔城迁移到现今的斋浦尔市。那时的卡查瓦哈国王是萨瓦伊·斋·辛格二世。斋浦尔市的“斋”(Jai)字就来源于这位藩王的名字；“浦尔”是“城墙包围的城市”。斋浦尔(Jaipur)的意思是“‘斋’用城墙包围的城市”。新首都建立在平原上，四面海阔天空，比起山间狭窄而弯曲的街道来说，斋浦尔四方形的棋盘似的宽阔的街道，真是天上的街市！过去建在山头上的王宫，不由得让人想到“山大王”一词。现在，雄伟壮丽的王宫就耸立在城市的中央，王室成员登上“风宫”宽大的露台，一眼就看到了繁华的大街上车水马龙和俊俏的男女，真是趣味无穷。

安贝尔城堡

萨瓦伊·斋·辛格二世是一个才华横溢的国王。他精通天文和数学，在斋浦尔城中，他的王宫附近还修建了印度三大天文台之一的斋浦尔天象台。他还懂得军事战略，尽管他一辈子也没有打过仗，但是，他依然把安贝尔作为陪都，并没有把它废弃，这就显示了他懂得时刻备战而无后患的战略思想。我想，这大概是安贝尔城堡最终没有变成阿格拉的法格普尔·西克里废墟的原因吧！

我们首先参观的这座城堡叫做“琥珀堡”。琥珀堡（Amber Palace）建在安贝尔城郊地势险要的山腰之上，是卡查瓦哈国王斋·辛格一世1592年修建的王国首府。城堡王宫依山而建，材料是琥珀色的黄砂石。阳光薄云，抬头仰望，气魄伟雄。

汽车沿着陡斜蜿蜒的公路开上了王宫的高大的城门口。今天来这里的人似乎特别多，可以说是人山人海，足有几千人，到处人头攒动，摩肩接踵，十分混乱。警察们不停地挥着木棍在那里叫嚷着，看样子我们要硬挤开一条路才能够进去了。我正在与同伴商量，打算挤进去时，突然听到一个人在我身边大声地对我说：“我听得懂你讲的话！你是中国人。”我回头一看，哇！这是一个中国同胞。真是他乡遇故人，见面格外亲。这是一位中年男子，见到我们十分激动。他把我们弄到拥挤的人群旁边，一边说：“哎呀！我几十天没有听人讲中国话了！听见你们的话，我真感到亲切和激动呀！”这位先生名叫赖台新，是台湾同胞，家住桃园，在新竹的职业技术学院教书。他听说我们来自中国大陆，知道我们也是大学教师。他对我们讲：“学校一放寒假我就跑来了。来印度已经有二十多天了，一路上都没有遇见一个中国人！今天我们有缘相见了。”我们一起合了影，但是，我们身上都没有带名片，手中也没有纸张，我好不容易才找到了一片小纸张留下了我们的地址和电子邮箱。

他问我们：“吃得惯印度食品吗？”

我们回答：“一点也吃不惯！每天都是到处找‘中国炒面’或者啃面包，经常饿肚子。”

他大笑起来，说：“我也没法吃印度食品，也常饿肚子！”

他的旅游路线与我们不同。他是从加尔各答入境，然后去了金奈、班加罗尔、迈索尔、海得拉巴、孟买等地才到北印度的。再过些天，他游览了德里、瓦拉纳西等地之后就飞回台北。

赖台新老师听说我去过台湾，去过阿里山、高雄、台南、台中、台东、新竹、台北等地，他非常高兴。他也来过大陆旅游，去过不少地方。他是1949年到台湾的军人的后代，原籍四川，在台湾出生长大。他听说我是重庆市人，是四川老乡后更是激动，连声说："老乡！老乡！有缘啊！"

我原本打算请他同我们一起游览城堡后再一起去斋浦尔，返程一起去德里，反正我们租了车。但他已参观完了城堡，要去斋浦尔，走不到一路。我们在人群中匆匆告别。至今，我没有收到他的电邮和信件，我猜想，大概那张揉皱了的小纸片他在后来的旅行中给弄丢了，否则，肯定会收到他的信息的。

城门口边以及门后的甬道中挤满了人，真是拥挤不堪，人声鼎沸。我猜想，可能今天是什么宗教节日，信徒们在这里聚会吧！不然怎么这些人都身穿盛装，笑眯眯地挤在人群中呢？有几个警察不停地挥动着手中的木棍大声地叫嚷着，把人群推向两边，尽可能地留出通道来。我被挤在人群中，一个警察把我身边的人推开，让我和其他的旅游的人通过。到这时，我才看见身边有一些身穿19世纪英国军人的红色制服、白色军裤的人，我意识到他们正在拍电影。挤在门口的都是群众演员和一些围观的看客。大家都把拍电影当作狂欢节，情绪都很激动。我把镜头对准了一个英俊的、身穿红色的英军制服的小伙子，他马上就摆出姿势，笑眯眯地让我拍照。我们从城堡的侧门走进去，到了这里才又恢复了平静。

群众演员

琥珀堡依山而建，参观也就顺山而上。我来到宫内的平台上，才看到下面有一个大操场，现在正挤满了拍电影的人：有马队、有步兵、有仪仗队，一片乱哄哄的景象。拍摄人员的高音喇叭正在调度群众演员。大概是在拍藩王的军队出征的场面吧。

卡查瓦哈藩王的王宫规模确实不小。进入第二层平台就来到了白色的华美的觐见厅。这个觐见厅是模仿阿格拉红堡和德里红堡中的觐见厅而修建的，是

镜宫

它们的缩小版或者说袖珍版，毕竟只是个藩王的觐见厅嘛。但是其华美靓丽的程度却毫不逊色于它的母版。觐见厅不远处就是琥珀堡有名的“镜宫”。这是效仿德里红堡的镜宫修建的，也是无比的华丽奢侈。镜宫是卡查瓦哈藩王谒见使节和贵宾的房间。镜宫中的柱子上、墙面上和天花板顶上都镶嵌了大大小小的形状各异的镜片和黄金、白银等金属片，在镜片之间又绘有彩色的花纹图案。总之一切可以发光的和可以闪光的材料都被镶嵌到了房体上。白色大理石的地板上也镶嵌着各种花纹图案。整个“镜宫”把波斯的审美元素和艺术风格全都聚集起来。无数个玻璃的小镜子镶嵌在天花板和雕花墙上，眼花缭乱的华丽。据说，在漆黑的夜晚，你在镜宫中，只需燃起一点烛光，就会有万千点光芒在你周围闪烁飞舞，这真是波斯艺术家的奇妙的构思。

觐见厅和镜宫的对面，就是藩王的宫殿。这个宫殿大概是藩王的办公楼，除了走廊就是许多房间。白天藩王们大概就待在这里办事吧。藩王的属地很多，财政管理、宫殿建筑、农田水利、城市建筑和节日庆典等等许多事都得由他决定和处理。这个宫殿大概就是藩王发号施令的地方。

办公宫殿的后边，就是藩王的后宫了。后宫位于古堡最里面的部分，也是藩王和王妃、子女们生活居住的地方。后宫中建有一个小型的御花园。四周建有许多楼阁。其中有一个称之为“迷宫”的地方，这个楼的走道和房间曲折变化，让人晕头转向，你走进去就很难走出来。据说，这幢楼建得很奇巧：下部分的房间分别是藩王的十二个妃子的居室。妃子们的居室都是各自独立的单元，互不相通，也互不往来。藩王住在楼上的居室之中，藩王的居室的走廊里共建了十二个独立的楼梯通往各个王妃的居所。妃子们之间如果有什么事需要见面，就得外出到中央的小广场上，藩王或他的内廷侍卫们却可以在镂空的雕花的窗户后面或在高高的阳台上面窥视一切。

琥珀堡建在半山腰的斜坡上。从远处看，整个城堡的建筑层层上升。你抬头仰望，就会发现琥珀堡上方的山顶上还有一座城堡。这就是斋格尔堡(Jaigarh Fort)，又俗称“老虎堡”。其实，这是一座坚固的堡垒要塞，建于1036年。早先，大概是为了防备突厥人的进攻而修建的军事要塞和城堡。那时，卡查瓦哈王族生活在高高的山顶上固然安全，但与世隔绝，生活条件不舒适，大概也不快乐，更多的是凄凉和寂寞。住在这里的藩王就像占山为王的“山大王”一样。从琥珀堡的后面有一条曲折盘旋的公路通向山顶的斋格尔堡，这大概是后来才修建的，时间不会很早。但现在这条公路不允许通行汽车。我们的车下山后，顺着去斋浦尔方向的公路前行约五公里后，又才驶向山顶的斋格尔堡。上山的公路曲曲弯弯，沿途看到的都是小树林和灌木丛，显得很荒凉。四周的山岭延绵起伏，山脊上修建了起伏不断的小型的长城，总长大概有几十公里。这太令人钦佩了！以一个小国之力，能建这么长的小长城，真是令人惊叹不已！这里的长城同中国的万里长城的功能一样，首先是圈地划界的功能；其次是防御的功能。

小车盘旋了好一会，终于来到了雄踞山顶的斋格尔堡。斋格尔军事要塞建在海拔一千多米的山顶上，周围的山都比它低。

斋格尔要塞有两个城门。我们驱车来的城门原来是一个次要的门；主要的城门修在琥珀堡上面，从琥珀堡修有盘旋的公路通往这个城门，现在公路已封闭了。主要的城门口修建得高大厚重，城墙高度约二十米，也是按“斜门歪道”的格式修建的。我们驱车绕行上来的城门口直通城内的广场，也是采取德里红堡和阿格拉红堡特有的那种“斜门歪道”的结构。

斋格尔堡城门

就占地面积而言，斋格尔要塞的占地面积似乎比琥珀堡大得多。可能是琥珀堡建在半山腰的缘故，地势不广阔，所以，琥珀堡的建筑显得密密麻麻，非常紧凑，显得有些拥挤。斋格尔要塞的城墙厚重坚固，朝山下的安贝尔方向，建有多处炮台。最令人惊叹的是，它早就是一个废弃的城堡，但在经历了千余年的风霜之后，它的工事和城墙、雉堞却依然保存得这么完好，千百年前可没有钢筋水泥啊！在城墙一处，建有一个临时性的简易凉棚，里面有一门号称世界上最大的炮车。这门炮车长 8 米，炮口的直径达十几厘米。这门炮是直膛炮，这种类型的大炮一直用到 19 世纪中叶。据说，这门火炮能够射二十公里远，只使用过一次，可能还是唯一的一次试射。这门大炮没有实用的功能，它只能打很远的安贝尔城，对于眼前的进攻军队没有什么用处。在这门大炮造出来以前，印度民族反对英国殖民统治的大起义已经失败，因此这门大炮不会是对付英军的。况且，一个土藩王国是制造不出这么大的、先进的火炮的。那么，斋格尔要塞安装这门超大型的直膛炮是打算轰击谁呢？这就不得而知了。在离这门大炮约两百米远的城墙上，还有一门较小一点的铜制的直膛炮，总长约三米，现在也废弃在那里，任凭日晒雨打。

巨型大炮

小型直膛炮

斋格尔要塞是个易守难攻的战略要地。它的城墙高达十米，有的地方高达十五米，城墙的墙面坚固而光滑，城墙下面都是陡斜的山坡，一块平地都没有；进攻的部队连人都难以站稳，何况还要架设攻城的器材呢！这里游客很少，只有一些猴子到处乱窜；枯树上偶尔有乌鸦停在树枝上，然后“呱呱”叫几声又飞走了。从前城堡中那些供士兵居住的房屋如今都空空如也，破烂而肮脏。

我站在碉楼上放眼远眺，迷蒙的远山蜿蜒起伏着，绵绵地延伸着长蛇般的长城，不禁想到当年建筑城堡的人所付出的艰辛，想到守卫城堡的人的寂寞，这些人已了无痕迹，而故地犹存，这就是历史的沧桑……

我沿着城墙走了一大段，来到了城堡的内城。内城是城中城，原来大概有一个不太高大的城门，现在已撤毁了。当年内城是供藩王居住的禁地，里面修建有不少宫殿，其中有一幢白色的楼房，现在已成为城堡管理处的办公地和饮

险峻的城堡

食店之类的地方了。

外城中的广场上有一个超大型的蓄水池，池上建有顶棚。蓄水池就像现代的游泳池那样大，可容两米的水深。但现在已干涸了，有些残留的水，但很脏，估计只能浇花浇树了。我看见一辆白色的运水车正停在内城的广场上朝储水罐放水，供城堡中的工作人员饮用。如果说，每天都运送一车水，其运输成本是很高的。

拉贾斯坦邦原本就是少雨的地区，这从沿途的山上山下的植被就可以看出来。山上都是灌木丛，而乔木很少；乔木树中阔叶树更少。卡查瓦哈王朝在山顶上建筑军事要塞，防卫安全当然有了保障，但人畜饮水却成了难题。成百上千的士兵驻扎在要塞中，饮用水从哪里来呢？敌人一旦切断了山下的水源，山顶上的要塞只能是不战而降。可能正是这个致命的原因，才迫使卡查瓦哈藩王在半山腰再建了琥珀城堡，并且卡查瓦哈藩王在建成琥珀堡之后，又在山脚下修建了一个大型水库。这个水库近年才改成了花圃。

这一切都证明了琥珀堡是后建的，大概是卡查瓦哈藩王投靠了莫卧儿王朝，并把自己的女儿献给莫卧儿王朝的皇帝为后妃，自己又当上了将军之后才修建了琥珀堡。

三、红色的斋浦尔城

我们从山顶的斋格尔要塞下山，驱车前往十一公里之外的斋浦尔市区。

斋浦尔市区附近，有一个很大的水库，它看起来像一个清澈的湖泊。这里是斋浦尔市民生活的水源。湖边建有几幢奶黄色和白色的宫殿似的楼房，华丽而雅致，这不是供普通人居住的宾馆或别墅，而是一百年前藩王家族的夏季消暑的“夏宫”，现今早已废弃不用，闲置在那里，怪可惜的！

我们雇用的司机开车在市区内转了一圈又一圈，就是找不到我们预定的宾馆。我也耐心地让他不停问路，趁这个机会观光市容。尽管斋浦尔城是拉贾斯邦的首府，但城市并不大，相当于中国一个较大规模的县城。现今分为旧城和新城。旧城很热闹繁华，街面上全是商店，还专门设有几条商业街。像印度所有的城市一样，斋浦尔市内的街道上汽车、摩托车、三轮车（司库达）、自行车和行人来来往往，拥挤前行，一片混乱。商店中的商品琳琅满目，非常吸引人的眼球。斋浦尔也叫“粉红之城”，因为所有房子和街面的墙壁都刷成像北京的红墙似的赭红色，这种颜色不仅使人感觉到一片热闹景象，而且在盛夏45℃的高温下，一定让你感觉到火炉似的烘烤。红色是心理上的热色，在高温酷热的印度，是原本最不应当用来装饰城市建筑的颜色。那么，为什么懂得高雅情趣的藩王要把整个斋浦尔城弄成一个“粉红之都”，用如此俗气的颜色来装扮自己的城市呢？据说，1876年，当时的卡查瓦哈国王萨瓦伊·罗摩·辛格（Sawai Ram Singh）为了欢迎大英帝国的威尔士王子阿尔伯特·爱德华（即后来的英国国王爱德华七世）巡视斋浦尔城，讨好英国殖民统治者，依靠大英帝国的保护来维持土邦王国的地位，下令将整个城市都刷成粉红色。在拉吉普特民族的审美观念中，红色表示热情好客。从此，斋浦尔就拥有了“粉红之城”这艳俗的别名。

司机停车问了好几个人之后，终于找到了宾馆，其实就在城边一条小街后面。这个宾馆隐藏在闹市区的背后，楼房前面有一个篮球场大小的草地花园，露天放置着一些铺着桌布的餐桌和座椅。宾馆的奶黄色主楼有三层，内中大约设有百余间客房，房间干净而雅致，每间客房都有干净的卫生间。楼房的走道非常干净清爽，隔几米就放置着鲜花。大楼的旁边是餐厅，供旅客用餐。我住在二楼的客房中，房间设施也都很完备，就是没有饮用水。在印度，宾馆中似乎没有供饮用水的服务。我拎着水壶问来问去才找到宾馆的办公室。其中的一位见我索要饮用水，似乎有些吃惊。但是他态度很好，答应叫人送饮用水。我回房中，一个服务员就把水壶送来了，我谢谢他后，他依然不走。他问我：“你是中国人？”我回答了他，他依然不走。我一下子悟到了，他是要收小费。我连忙给了他二十卢比，他依然面带笑容地说：“中国人有钱！”我终于明白了他的意思。他觉得中国人有钱，我只给了二十卢比，似乎太抠门了。我又加上二十卢比，他才笑着离去。我看着这壶凉水，犹豫着是喝还是不喝？我担心喝下去闹肚子的话那就惨了！去餐厅吃饭的时间还早，何况到了餐厅有没有饮用水还不知道呢！口渴难忍，只好放胆喝吧！果真，后来去了餐厅才知道，餐厅里出售各种果汁和可口可乐，没有提供给客人的免费的饮用水。

水运博士告诫过我们，晚上不要单独离开宾馆出去活动，免得因为语言不通，地方不熟而引起什么麻烦。这个宾馆住的都是外国人，不少西方游客坐在草坪的餐桌边喝啤酒和饮料，边在那里聊天；女人逗着小孩玩；有的在走廊的座椅上看报或旅游指南之类的东西。我就回到客房内看电视。通过电视来了解印度社会风情。

斋浦尔市中心博物馆

第二天一大早，司机就来了。他说，由他来安排今天的游程，包我们满意。这时，晨曦蒙蒙，朝阳尚未升起，街上没有什么人，车子很快就开到了城外的一个宽阔而显冷清的广场上停下来，惊起了一大片的灰鸽，它们扑腾飞起来后，又很快地落在地上觅食。清晨是鸽子进食的时候，不知什么人在地上洒满了玉米和小麦，鸽子们欢快地啄食，一直寻觅到你的脚边。下车后，司机告诉我们，这里原来是卡查瓦哈藩王们的陵园，现在成了“斋浦尔市中心博物馆”。我走近它的标牌看，的确上面写着：Jaipur Central Museum，难怪这里如此冷清，毕竟这里是陵园，普通的旅游者都不来的地方。这是一幢典型的印度拉吉普特式大楼，但又糅合了伊斯兰建筑轻巧的柱式和简朴的色彩等审美元素，因此显得轻盈、秀丽、美观。我们来得太早了，博物馆尚未开放，只能在外面参观它的外观。

这幢楼房呈“品”字形建成，除第一层是大台阶外，楼房共有四层，房屋逐层向上收缩变少，第四层几乎就是一个露台，露台上的第五层实际上就是一个伊斯兰式的圆顶。四角建有四个小巧的凉亭。主楼的每一层两侧的屋顶上都建有白色的印度拉吉普特式的凉亭，显得轻巧而悦目。主楼的每一层都建有柱廊，加之墙面上又开设了许多窗口，墙是棕红色的，廊柱是白色的，因此，整个大楼看上去显得轻盈、精致、纯净。博物馆大楼的后边，才是参观的进口。主楼后面建有一个很大的花园。历代的卡查瓦哈藩王的墓都安置在这花园里。斋浦尔中心博物馆代表了印度式建筑的现代风格，在艺术成就上，它超越了阿格拉的西克里皇宫中的五层楼阁。在建筑美学上有很高的审美价值，令我赞叹不已。

印度教徒一般都不建造坟墓，更不盖陵寝之类的建筑，这是印度教徒与印度的伊斯兰教徒在丧葬上的最大的差别。古代的印度人死去之后都是火葬，例如佛教的释迦牟尼和耆那教的圣人大雄都是火葬后而留其遗骨，放置于“窣堵坡”（塔）之中。但是，信奉印度教的卡查瓦哈王族却采取了土葬的方式并修建了豪华的陵园。卡查瓦哈族历代的藩王都埋葬在这里。卡查瓦哈王族为什么要改变印度教徒传统的丧葬方式呢？我猜想，大致的原因有两点：其一，16世纪时，信奉伊斯兰教的莫卧儿帝国已控制了卡查瓦哈王国，国王已变成了莫卧儿帝国的将军，卡查瓦哈国王大概考虑到国家安全，尽量接近伊斯兰教的风俗习惯，因此死后就采取了土葬并建筑陵园的做法，尽可能地在丧葬方式上同莫卧儿王朝保持一致。其二，历代的卡查瓦哈国王集中埋葬在这里，这就纪录下了卡查瓦哈王朝的永不磨灭的历史。

这个由陵墓改成的博物馆中大概陈列了卡查瓦哈王朝历代国王的用品、画像以及一些出土文物吧。由于尚未参观的景点很多，我无法等博物馆开门了，只好离去。

斋浦尔大街乱象

汽车进入斋浦尔城堡的城门，古城建有城墙，现在还保留着7座高大的城门和城墙。每个红砂石的城门都有三个门洞，一高两低。门洞顶上建有城堞，上面建有四个拉吉普特式凉亭。现在的三个城门下边都通行汽车。这条路是斋浦尔主要的商业街之一。这条街的街景给人的强烈的印象就是：

热闹、纷乱、嘈杂。赭红色的街面建筑非常刺目。大街上车水马龙、人来人往、拥挤不堪！小车杂乱地停放在马路边，大大小小的汽车挤在一起前行，不断地按着喇叭；三轮车在人流和车流中穿行，流动商贩的平板三轮车任意摆放，饮食摊点也堆放在人行道上，占满了人行道，小贩则高声吆喝……看来，斋浦尔的大街上从来就没有什么“城管人员”！在人流中，偶尔可以看见一两位手持木棍的警察，但他们是不管这些的，他们防备的是治安事件和恐怖活动。

这种街景将一直持续到深夜。

斋浦尔城内独特而有趣的景观是：两旁的红色楼房的屋檐上，有不少猴子串来串去，相互追打；有的猴子则聚集在凉台上争食东西。有专门的人员对这些猴子进行定时、定点喂食；尤其是在城内的印度教的拉克施密-拿拉央神庙周围，就是猴子们的乐园。这里不仅有专门喂养猴子的人员，而且，前来庙中祈祷的香客都带有食物，专门来喂养猴子们。猴子们也经常跳到街道两旁的住户的阳台上、窗口上窥视，一旦这些住户忘记关窗子，或有的窗口的栅栏出现了缺口，这些猴子们就会串进室内抢劫一通，把厨房中摆放的东西，甚至把冰箱中的东西全部偷走。主人发现之后虽然恼怒不已，但他们也绝不报复猴子。

斋浦尔是动物的天堂。斋浦尔市民主要是印度教徒，他们信奉“万物有灵”，相信众生的灵魂轮回转世。今世的猴子前世可能就是人；今世的人往生之后，也可能变成猴子或牛、马等动物，所以，众生平等。印度教徒认为，珍惜生命所有的就是珍惜自我。印度教徒决不杀生，对于动物的施舍，也就是对于生命的爱护。这就是印度自古以来的原始的“自然生态观念”。从现代的生态保护观念来说，这是印度最伟大的思想。在斋浦尔，你可以看见猴子、牛、松鼠、小鸟在园林中或街道上悠闲游荡……清晨，我在王宫前面的广场上，就看见两辆拖拉机运来两大堆像中国的“广东菜心”一样的嫩草，堆放在地上，许多流浪的牛，从各处游荡过来，享受美餐。这种饲养牛的工作只能是由政府安排的事务，不可能是个人行为。我曾在德里的好几个园林中看见大树下摆放着装满了清水的陶水盆，这是专供松鼠和小鸟喝水用的。印度政府不仅要管人的吃喝，还要提供动物的吃喝，这真不是一件容易的事！

斋浦尔商业街是购物中心，这里可以说是应有尽有。斋浦尔是印度的宝石产地和宝石加工地，也是著名的生产各种工艺品之都。自古以来，这里的宝石矿藏开采和加工就很发达。商店中各种颜色、各种用途的宝石令人眼花缭乱，印度人把宝石的装饰用于一切方面：从戒指到手镯、脚镯；从项链到服饰；从兵器到马鞍；从家用器物到建筑……他们巴不得把宝石镶嵌到所有的东西上去。面对琳琅满目的宝石，我根本不敢买，因为不识货，只有饱一下眼福而已。

这里有专卖木雕神像的商店。印度是多神信仰的国度，商店里聚集了各种各样的神像，而且雕刻精美、刀法细腻、造型生动。因为印度人对神像的需求很大，即便是在现代化的城市小区的住宅中，每一家人的门口都有一座自己信仰的神像供在那里。因此，神像卖得很好，价格也就不便宜。

斋浦尔的商店中，挤满最多的货品和最多的人的商店是衣料店。这里摆满了各种颜色鲜丽的衣料、纱丽、围巾，许多印度女人和外国女人都争相购买。

其他的商店，如香料店、香水店、食品店、百货店、乐器店、鞋店、花店……真是目不暇接。但是，这些商品绝大多数都是印度的传统商品，我几乎没有看到一家经营西方商品的商店。

四、坐享特权的藩王和他的宫殿

对于旅游者来说，斋浦尔最吸引人的景点主要还是藩王宫、风之宫和天文台。

1727 年，当时的卡查瓦哈国王萨瓦伊·斋·辛格决定把王国的首都从安贝尔山上的琥珀堡迁往平原上的斋浦尔。当时就先修建了城墙和街道。街道呈棋盘的方格形，分为六个区。1728 年，斋·辛格国王开始修建斋浦尔王宫。王宫占地面积很大，几乎占了旧城的四分之一。参观这座王宫的门票是 200 卢比(含相机费)。现在由于卡查瓦哈王族依然居住在这里，占住着许多幢建筑，所以，王宫只是局部开放。人们能看到的只是一座王宫、觐见厅和王室用品陈列室。王室用品都是过去使用过的东西；他们丢弃之后，博物馆的人把它们收拾起来，放在展厅中展出。现代最时髦的用品，王室正在享用呢！这里展出的东西有19世纪最高档的英国出产的、装有弹簧的豪华的马车；有藩王斯瓦伊·玛多·辛格一世（1750—1768在位）穿过的、用银丝线缝制的长袍；有国王的佩刀、佩剑；有王妃们穿过的长袍和用品；有仪仗队的旗帜……林林总总，足见豪华与尊贵！

著名的"风之宫"——其实就是王室成员和王妃、公主们乘凉的大型的阳台。它的两端有楼梯连接着后宫的住房。由于只是为了乘凉，所以建得像一面高大的墙。王室的人们可以在这里乘凉，又可以通过大量的格子窗口窥视外面的街景，观看普通平民的生活景象。旅游者们更多的是在外面的大街上欣赏这座"风之宫"。从外面的大街上看，这座宫殿其实就像一堵呈"山"字形的红砂石高墙，第一层是全封闭的，墙上仅仅象征性地修建了一些假窗口。从第二层到第四层，都是等宽的墙，都开设有向外凸出的、三面朝向的窗台，每一面都有一个用格子窗做成的窗口，窗口中的人既可以从正面向外看，又可以从侧面向外看；第五层的窗口逐渐减少，并收缩为一个圆弧形的顶。由于这面墙的窗口很多，通气很好，正是乘凉的好地方。王室成员们又可以躲在窗口后面张望平民的生活状态。正充分满足了伊斯兰民族和印度民族的窥视癖——我可以躲在面纱或格子窗后面尽情地窥视你，让你在我面前一览无余，而你却无法看透我，我在自由的窥视中可以获得别人无法获得的乐趣！

斋浦尔风之宫

风之宫是旅游者必游的景点。这里车水马龙，热闹非常。风之宫的墙根下面有两个印度传统的"耍蛇人"，在印度，现在已很少看见

耍蛇人

耍蛇人了；但在斋浦尔，耍蛇人依然还是一道风景线。我在阿格拉市的西克里堡山下停车场曾见到过一个耍蛇人；在斋浦尔的琥珀堡城门口曾见到过两个耍蛇人。在印度耍蛇人存在了几千年，它是一种世袭的职业。从事这种职业的人大都是古老的奈特族人，他们是印度社会中的低种姓的首陀罗或贱民。印地语把耍蛇人叫做“斯白拉”，中国南方的湖南人把耍蛇人叫做“蛇花子”，即借耍蛇来乞讨的人。现今，印度的耍蛇人大多出自哈里亚纳邦、拉贾斯坦邦、北方邦和马哈拉施特拉邦。印度的耍蛇人什么蛇都敢摆弄。现在他们主要摆弄的是剧毒的眼镜蛇，也有人摆弄无毒的小蟒蛇。印度人为什么对眼镜蛇如此钟爱呢？因为，在传说中，眼镜蛇是财神的化身。印度的大神“湿婆”（Lord Shiva）的脖子上就缠着一条眼镜蛇；此外，眼镜蛇因为它能直竖起三分之一的身体，古代的印度人把它当作“阳物”勃起的象征而赋予它生殖崇拜的含义，所以，大神湿婆的头顶上或手中都饰有一条眼镜蛇。

印度属于亚热带和热带气候，加之森林密布，农田连绵，蛇类特别多，尤其是剧毒的眼镜蛇对于人类的伤害很大。耍蛇人就兼任了蛇医的职务。每逢春季的三、四月正值蛇类的交配季节，耍蛇人都要经常进入森林或农田中寻找和捕捉眼镜蛇。他们带上一根顶部装有金属丝圈的棍子，把眼镜蛇的颈部套住，将蛇捉住；趁着蛇张开大口咬人的时候，用锋利的小刀割开蛇的上颚尖牙后的毒囊，割断毒囊同毒牙的管道，这样蛇的毒牙就彻底丧失了输注毒液的功能。眼镜蛇的伤害力就大大减少。经过这样处理后的眼镜蛇就可以充当“演员”来表演了。为了防备万一，耍蛇人还要研究如何利用各种植物来治疗蛇伤。倘若有人被蛇咬而中毒，他们就用植物研制的药物抢救并治疗伤者。

耍蛇人一般用圆形的有盖子的竹盒装眼镜蛇。耍蛇的时候，他揭开盖子，开始吹类似于中国的“葫芦丝”的笛子，眼镜蛇就摇摇晃晃地竖起了宽大扁平的脖子，好像随着音乐起舞的样子。其实，蛇的听觉非常迟钝，对声音几乎没有反应。导致眼镜蛇起舞的决定因素在于：其一，竹笛的晃动。蛇的信子对动态的东西非常敏感，蛇是通过信子作为传感器来探查对象的位置和状态的。其二，耍蛇人或四周的人的震动。蛇对于任何轻微的震动都非常敏感。眼镜蛇老是竖起身体是很费力的，为了获得眼镜蛇持续不断地高昂脖子的效果，耍蛇人还要利用某些药物来不断地刺激眼镜蛇，使它保持这种亢奋的状态。他们把檀香（旃檀那）、胡椒、鹿角、豆蔻等磨成非常细微的粉末，装一些在竹笛的葫芦中，在吹响竹笛时，又喷发出一些粉末，这些粉末不断刺激眼镜蛇分泌荷尔蒙，使眼镜蛇一直处于发情似的亢奋状态。

现在，耍蛇人越来越少。一方面因为养一条蛇的成本日渐走高。一条眼镜蛇一个月得吃掉一千卢比的鸡肉和羊肉，每个耍蛇人都至少要养两条蛇；而耍蛇人一个月只赚得五千卢比的钱，要养家糊口就十分困难。另一方面，现代人的娱乐兴趣越来越广泛，耍蛇人摆弄的这点小玩意已经难以吸引人，无人喝彩就无人欣赏，无人围观就无人给钱。现在，在各个风景点，耍蛇人的玩意只能引起那些没亲眼见过眼镜蛇的人的关注，旅客拍一张照片就得给 100 卢比，面对持长焦镜头相机的旅客，就根本收不到钱。

我一向怕蛇，不敢靠近耍蛇人去拍。我就用长焦镜头拍了几张耍蛇人的照片。他们看见我在离得较远的地方拍摄，似乎很生气。我拍完了之后，还是从背后走近他们，给了他们两百卢比。耍蛇人这才高兴起来。我想，大概几十年之后，随着印度社会的进步和富裕，印度再也见不到这些耍蛇人了，就像现在的中国再也见不到耍猴人一样。

卡查瓦哈王宫广场的对面有一个特别有科学意义的地方。这就是萨瓦伊·斋·辛格二世建立的斋浦尔天文台。古代印度共有三座天文台，分别建在斋浦尔、德里和瓦拉纳西。其中以斋浦尔天文台的规模最大，是现在唯一还在使用的天文台。

斋浦尔天文台

斋浦尔的天文台共建有大小不等的三座斜坡式的天文台。天文台就像竖起的三角板一样，一面是长长的斜坡，一面是垂直的直角边，顶部都有一小块平台，供观察星象用。最大的一座天文台的直角边约 20 米高，顶部居然建有一个拉吉普特式凉亭，这不便于观星象却更利于乘凉；其余两座高约 10 米和 7 米。天文台的旁边不远处建有一个朝南的、巨型的、直径约两米的日晷。这个园中还有一些供测量和观察用的建筑，总共约十四座。

萨瓦伊·斋·辛格二世不仅是当时的大政治家、武士、学者，而且是著名的天文学家、建筑师，他亲自规划设计了新首都斋浦尔，建了新王宫和这几座天文台，使他能够名垂青史。我曾在《印度文化史》《印度艺术史》《印度建筑史》和《印度科技史》中反复见到他的名字。更重要的是，奢侈了几百年的卡查瓦哈王朝所留下的安贝尔城、斋格尔堡、琥珀堡和粉红色的斋浦尔城，以旅游景点的数量众多、特色突出、文化底蕴深厚、风俗人情独特而成为印度旅游的重要景点，每年来此旅游的客人的数量比斋浦尔市的居民还多！卡查瓦哈的藩王们骄奢淫逸了千余年，留下了一大堆文化遗产和建筑样式，却“无心插柳柳成荫”——无意中解决了后世多少人的就业和生存问题啊！

第五部分

圣城瓦拉纳西

一、印度的火车

瓦拉纳西（Varanasi）是印度著名的宗教圣城。为什么瓦拉纳西是宗教“圣城”呢？因为这里不仅有印度人心目中最神圣的河流——恒河流过，而且又是印度教徒、佛教徒、耆那教徒共同的圣地。

按印度古代的神话传说，在喜马拉雅山脉中冰雪覆盖的冈底斯山的东南坡，有一个蓝宝石般明净的湖，叫做“玛法木措湖”。相传印度教三大神之一的湿婆神就在山中修行，并和妻子乌玛女神在湖中嬉戏、沐浴。为了避免嬉戏而掀起来的汹涌的波浪波及沿岸的众生，湿婆神将自己的长发浸入湖水中，使溢出的水流变得缓慢平静。从高高的雪山奔腾而下的水流汇成为恒河。她孕育了人类最灿烂、最神秘的文明之一——印度文明。在印度人心目中，恒河的每一滴水都饱含着神性，恒河是天神赐予人类的恩典。

恒河发源于喜马拉雅山脉约七千多米高的根哥德里雪山的冰川。它从印度北部蜿蜒向东流向孟加拉湾出海，北印度许多小河流都陆续汇入恒河，因此，北印度都可以叫做“恒河流域”。

恒河长三千多公里，流经了众多的城市，为什么唯独瓦拉纳西被称之为“圣城”呢？原来，在恒河一路东流的途中，在到达瓦拉纳西的地方突然向北转向，变成了由南向北的流向，因此瓦拉纳西成为恒河的一个最明显的“拐点”。恒河在流经瓦拉纳西后，继续向北流了一百多公里后，又才改向朝东的方向流入大海。恒河的突然转向使瓦拉纳西左边河岸正对太阳初升的东方。印度教徒每天早上祈祷就是朝向初升的太阳，这样，站在瓦拉纳西左岸的信徒们，每逢日出时，既面对圣河恒河，又面对东边的日出。由此，瓦拉纳西被印度教徒们视为“圣城”，流经瓦拉纳西的恒河被视为“圣河”。

瓦拉纳西成为圣城还有两个重要的原因：其一，这里是伟大的佛陀觉悟之后，在瓦拉纳西的鹿野苑“初转法轮”——第一次讲经说法的地方，即宣布佛教产生的地方。佛陀去世一百多年后，声名显赫的孔雀王朝的阿育王在鹿野苑竖立起高高的四狮王纪念碑来纪念伟大的佛陀。这朝向四个方向的四只狮子的图案，正是今天的印度共和国的国旗和国徽图案。其二，除了印度教和佛教同瓦拉纳西有深厚的关系之外，瓦拉纳西还是印度另外一个著名宗教，即耆那教的圣地。耆那教历史上十三位教长中有两位诞生于瓦拉纳西。因此，全印度的耆那教徒都以到这里来朝拜两位宗师的出生地为他们一生中的夙愿。

圣洁美丽的瓦拉纳西像花树一样，多枝多叶，繁茂无比，成为全印度宗教的圣城。

德里距圣城瓦拉纳西约800多公里，从德里去瓦拉纳西快捷的交通工具是飞机，最廉价的交通工具是火车。水运博士帮我们选择了乘火车前往的方案，并同时帮助我们订好了火车的卧铺票。

朝圣的路总是千辛万苦的。

晚上七点，我们就乘上水运博士的小轿车直奔德里火车站。火车票清晰地印着：开车时间是八点二十五分。我们住的小区离火车站不远，司机说，最多半小时即可到达。但是，没有想到沿途都遭遇堵车，直到八点过一点，才到达火车站广场。水运博士嘱咐过司机，一定要把我们送上火车才返回！小轿车停好后，我一看时间，已是八点十分。司机也着急起来，带着我们一路狂奔进站……

火车站内没有人检票，没有人询问我们，我们跑上了天桥，跑过了一个又一个站台……又从天桥上跑下，跑上了站台。我们紧跟着司机飞跑，气都喘不过来了。这黑咕隆咚的站台上拥挤不堪，只得慢慢挤着前行，我这才喘过气来。站台上挤满了乘车的旅客，有的躺在地上睡觉；有的坐着打盹；有的站着聊天；有的扛着行李乱挤；有的小贩在人群中兜售水果，有的手提着水壶叫卖饮用水，加上堆满了行李的行李车又不停地按着喇叭，硬是向前挤……真是混乱不堪。我们的司机用力向前挤，他已是满头大汗，还得不断回头看看我们。终于我们来到站台边的列车旁。司机叫我们停下来等他，不知他一下子挤到哪里去了？我一看表，已是八点二十五分了！我们还不知道上哪一节车厢？眼前的这节车厢似乎不是我们要乘坐的，因为车厢里黑黝黝的，里面一个人也没有。这时，司机挤到我们跟前说：“没错！就是这个站台！”他也伸头看了看黑黝黝的车厢里面，又挤着向前走去。过了好一会，司机喘着气，来到我们身边高兴地说：“没错！没错！”我对他说：“这车里面没有人！”这时，他收到水运博士的电话，水运博士又嘱咐他，一定要把我们送上火车！司机再一次向前挤，又去询问别人去了。

九点钟，司机来到我们面前，他笑着说："列车晚点了！我们来早了！就是这个站台上车，不会错！"

他告诉我们，火车要在晚上十一点钟左右才到。我们请他先回去。我们只好耐心地等车吧！

司机一走，我更感到一阵惊慌，心中没有底！我们问话，身边的旅客都听不懂，他们说的话，我们更听不懂！站台上没有照明大灯，仅仅依靠车站远处的照明灯，人们的脸都看不清楚！站台上安装的列车发车和到达的电子信息牌也没有打开，屏幕是黑的！最要命的是，现在才九点钟，还要等两个小时。我们根本无法舒服地站立。来来往往的人们不断地挤我们、冲撞我们，我们手中又拎着沉重的背包和食品，我只有立锥之地，根本无法坐下。我被拥挤和沉重的背包折腾了好久，终于，电子信息牌亮了起来。上面显示有一列车即将进站，停靠我们这个站台，我们要乘的列车还有一个小时才到达。

电子信息牌一亮，顿时站台上掀起人潮：早先坐着的人、睡在地上的人都一跃而起；加之远处的旅客潮流又汹涌而来，我们连站稳都困难了！好不容易坚持到火车到了站。火车尚未停稳，人潮就挤向火车。在一阵拥挤和混乱之后，这列火车的旅客们终于全部挤上了车，而车厢里面早已成了沙丁鱼罐头了，车门边还悬挂着一些人，车顶上也有人坐着，真像战争年代的难民车。这列火车开动后，我们才找到一块可以坐的水泥地。不一会，站台上又挤满了来来往往的人。如果继续坐在地上，很可能被人踩踏，别人也可能摔在我们身上，不得已，只好又站起来。这时，夜风吹在身上居然有了一些凉意，我根本不可能在这样拥挤的状况下打开背包取衣物来穿，只好硬扛着吧！环顾左右，都是一张张陌生的印度人的脸。我只好抬头仰望苍穹。黑黑的天空中闪烁着许多明亮的星星……我似乎找回了多少年前当学生时，在暗夜中等候上火车的那种感觉。

快到十一点时，车站的信息显示牌又亮起来。我们乘坐的这列火车终于在晚点两个半小时后开来了。

我好不容易上了车，在拥挤中找到了自己在上铺的铺位。印度火车无论一等或二等车的卧铺都只有两层，就像中国轮船上的铺位一样。我爬上去后，下层铺位的中年妇女拎着我的皮鞋对我比划，我一下子明白了，她叫我保存好自己的鞋子——在印度的火车上经常有人偷皮鞋，我接过皮鞋并感谢她。我环顾这狭窄的铺位，皮鞋放在哪里呢？这位妇女指了指车顶上的摇头风扇，我便把鞋子放在了风扇与顶板的夹缝中。她会意地笑了!

自上火车后，我就没有看到列车员或服务员，倒是不断地有小孩子拎着一个小水壶来回穿梭，叫卖咖啡或饮料什么的，一直忙到深夜。直到第二天中午到达瓦拉纳西，火车上既没有供应早餐，也没有列车员出现。

原定于晚上八点二十五分开的车，直到晚上十一点钟才开车；原定于上午八时抵达瓦拉纳西的快车，直到十一点多钟才抵达。这就是“印度时间”。

这独特的国度总有些独特的玩意。

首先，列车晚点是常态，不晚点是变态。即便是在当今，在采用计算机控制系统调度列车的情况下，印度的火车依然普遍晚点，正点运行似乎是“天方夜谭”。

其次，印度的卧铺车厢令人大开眼界，怪就怪在它是宽体车厢：不仅车厢中横着安放上下两层的卧铺，而且顺着走道方向又安放着一串上下两层卧铺。每个铺位前还用深蓝色的布幔作为遮挡，以免被人窥视私密。

再次，印度的铁路的车轨有四种宽度：19 世纪中叶，英国殖民统治者为了把印度的棉花运回本土，所修的铁路车轨宽度为 1676 毫米；独立后的印度政府从节约材料的目的出发，新修的铁路车轨宽度为 676 毫米；各地藩王又耍起了个性，在自己的领地上修建宽度为 672 毫米和 610 毫米的窄轨铁路。这样印度的铁路就有四种规格。如果一列特快列车从南部的城市开往首都德里，除了列车运行所需要的时间外，你还得算上因铁轨的宽窄不同而三次调换宽窄、大小不同的车厢所花的时间。这样，你花去的时间将几倍超过了列车运行的时间。这就是印度的一大怪象：火车没有汽车跑得快!

印度的宽轨与窄轨铁路

目前，印度建设统一的宽轨型铁路的工作正在全面铺开，但要在全印度实现铁路路轨的统一，还得耐心等待好多年。印度人听说中国火车的车速普遍都达到每小时 160 公里以上，倘若乘坐中国的时速达 300 公里的高速铁路的话，从德里到加尔各答则只需要五个多小时，他们顿时瞠目结舌，感到不可思议!

他们心中可能认为我在吹牛吧！中国人为中国铁路带来的“中国速度”而自豪；到过中国又乘过中国火车的印度学者则对中国铁路的速度以及一个星期内输送一亿多人口的春节运输更是惊叹不已。

一个幅员辽阔的国家能够在一个星期之内运送一亿多人口到全国各地，这在军事上意味着什么是不言而喻的！

二、佛陀“初转法轮”的圣地——鹿野苑

十一点多钟，我们终于到达了圣城瓦拉纳西。

我们预定的宾馆名叫“苏雅”宾馆，在瓦拉纳西城郊。从火车站坐“司库达”三轮车到宾馆花了近二十分钟。这座宾馆很大，三面是客房楼，中间有一个较大的草地花园，安置着遮阳伞和白色的座椅。这是一家中高档的宾馆，主要是提供外国游客居住。宾馆的餐厅也是西式的，洁净而豪华。房间内设施齐全，很清洁干爽，有一个面对着花园的小阳台，放有小桌子和座椅。我简单地洗漱后，吃了一点自带的点心，就出发了。

瓦拉纳西火车站

我们乘坐“司库达”直奔“鹿野苑”(Sarnath, Deer Park)。

瓦拉纳西在古代被称为“迦尸城”，后来又被称为“巴纳拉斯”，英国殖民统治者用英语称之为“贝拿勒斯”。印度独立后，又称为“瓦拉纳西”。

鹿野苑在距离瓦拉纳西（贝拿勒斯）城外西北约20公里的平原上，乘车约需20分钟。它是印度佛教四大圣地之一。这四大圣地是：释迦牟尼的诞生地“蓝毗尼”(在现今的尼泊尔境内)；释迦牟尼“觉悟”的地点“菩提伽耶”；释迦牟尼“初转法轮”的地方“鹿野苑”；佛陀涅槃的地方“拘尸那迦”（Kusinagarl,

汉译“上茅城”)。一千八百多年前，中国著名的法显和尚就追寻佛陀的足迹，来到过这四个地方；一千五百多年前，著名的唐代大和尚玄奘也曾在这四个圣地学佛参道。如果说，人们前去佛陀的诞生地和涅槃之地是为了缅怀圣人，那么，人们前去“拘尸那迦”和“鹿野苑”就是为获取“人生的智慧”，领悟人生的真谛。

了解佛陀的生活经历是懂得他的学说的一个重要部分。

佛教、基督教和伊斯兰教是世界性的三大宗教，都发源于东方。佛教产生于印度，是反叛婆罗门教而产生出来的新的宗教；也是在对古代吠陀哲学严厉抨击和批判中产生出来的新思想。佛教哲学是世界上最深奥的哲学之一。这位具有强烈的批判精神和革新精神的先知先觉者就是“乔达摩·悉达多”；人们也叫他“释迦牟尼”（释迦族的“智者”）和“佛陀”（Buddha，梵文“佛陀”一词的意思是“完全觉悟者”或“大觉者”)。

按照中国式的“极左”的政治观点看，乔达摩·悉达多的家庭出身是很不好的。他出生于今天尼泊尔领土内的、一个接近印度的小国迦比罗卫（Kapilavastu）所附属的一个小小的城邦国家——“释迦共和国”的国王饭净王家中，是饭净王的大儿子，也是饭净王的王位继承人。释迦族是古老的雅利安民族的一个支脉，信仰婆罗门教。

佛陀7岁时开始读书，12岁开始学习武术，到了16岁时就文武双全，才艺出众，成为优秀的王位继承人。但是人们渐渐发现，这个年轻的王子似乎对豪华的、锦衣玉食的生活兴趣不高，总是郁郁寡欢，缺乏年轻人应有的浪漫和激情。饭净王看到王子忧郁的表情，就猜想：王子似乎嫌现有生活的幸福指数不高，是否是想女人了？于是饭净王就连忙给王子张罗婚事，为王子选中了邻国天臂城国王“善觉王”的大女儿耶输陀罗为妻。17岁的乔达摩·悉达多娶了公主后，的确忘乎所以地快乐了一段时光。但是，新婚的性爱之欢乐持续了一阵子后，王子又陷入了忧郁和沉思之中，整天呆头呆脑、心不在焉的样子。一年之后，王妃耶输陀罗生下了一个胖小子，乔达摩·悉达多却给他的儿子取了一个很糟糕的名字“罗睺罗”——梵语中这个词的意思是“枷锁”的意思——他居然把妻子儿子当作了限制他自由行动的枷锁！饭净王想：一个人居然把妻子儿子当作了枷锁，倘若他为了个人的自由，很可能就要打碎这个枷锁！这个念头把饭净王吓坏了！于是，饭净王下令：绝对不能让王子走出宫门；即便偶尔出门郊游，也要遮挡车窗，不让他知道天下悲苦的事；每天都尽量让王子乐呵呵的！这样，每天悉达多都生活在美女绕膝、灯红酒绿、妙歌曼舞之中。

饭净王真是用心良苦啊！因为国王不能失去王位继承人，更何况释迦王国旁边有两个强大的摩揭陀国和乔萨弥罗国一直虎视眈眈，随时都想吞并释迦国哩！

但是，控制和禁锢岂能禁住人的精神思想的自由活动呢！

有一次，悉达多乘车到城外去，偶然地看到了一个弯腰驼背的衰弱的老人，这位老人走路颤颤巍巍，几乎迈不开步子了。这就是衰老的人的可怜状态。又有一次，悉达多看见了一个濒临死亡的病人，他骨瘦如柴，下肢浮肿发亮，因为疾病的痛苦而不断地呻吟着……这个病人的痛苦无助的状态给他留下了深刻的记忆。有一次，他看见一大群人围在一个尸体旁大声恸哭，悲号不已！尸体冰冷僵硬，即将变成一堆白骨！又有一次，悉达多来到郊外的田野中，看见一个农民赶着牛在犁地，在翻耕出来的泥土中，许多小虫在痛苦地挣扎，有的在灼热的阳光下死去……

这些景象使悉达多想到了：生、老、病、死的痛苦是人生必然要经历的过程，谁都逃避不了这一规律！这世界上的生命，本质上就是痛苦，“苦”就是人生的真实本质；出生时的痛苦、衰老后的老苦、病痛折磨的苦楚以及死亡时的悲痛是人生痛苦的集中表现。此外，还有精神上的欲望所引发的烦恼和痛苦。所以，悉达多认识到了：“三界无安，犹如火宅”——“三界”中的生命都没有真正的欢乐，人犹如生活在一所燃烧的房屋中，让你备受灼热的火烧与油锅中的煎熬……那么，人生的意义究竟是什么呢？怎样才能够避免人生的这种痛苦呢？

像婆罗门那样，依靠不停地祭祀天神就能免去生、老、病、死的痛苦吗？不能！

还有其他的路可以免去人生的种种痛苦吗？不知道！

悉达多 29 岁时，有一天在郊外遇到一个身穿黄色褴褛衣衫的人，手拄着一根木棍缓慢地向他走来，他另一只手中托着一个瓦钵，身上挂着一个破旧的鹿皮的漉囊（装水的容器）。这个像乞丐模样的人眼睛却闪闪发光，神情庄重而淡定。悉达多为他的神态所震惊了。他来到悉达多面前说：“王子呀！我是一个四处飘流的苦行僧。我看到了世间一切都变化无常，一切存在的东西都是瞬时即逝；我一直在思考，怎样才能够达到永恒？怎样才可以避免人生所有的痛苦而获得永恒的幸福？”

悉达多想到："他思考的东西，不正是我感到困惑和苦恼的东西吗？"悉达多就问苦行僧："您要去哪里寻找永恒的幸福呢？为什么您随身之物这么少呢？"

苦行僧说："我将去森林中，在偏僻的地方打坐，我将在'禅定'中获得神的启示。我手中的瓦钵是为了向人们求得施舍，以此维持生命；我身上的漉囊供我喝山泉之水；手中的木棍支撑我不断前行，去寻找人生的真谛和永恒的幸福。这就够了！财物愈多，精神愈累。"

出家漂流的苦行僧的话启发了悉达多。他下定决心放弃锦衣玉食的王子生活，出家为僧，思考并寻求人生的真理。

当悉达多把自己的想法告诉父王时，饭净王万分痛苦：他担心的灾难还是来临了！他一边劝阻儿子，不要离家出走；一边下令军士们严防死守，不能让王子出宫殿一步！

尽管悉达多下定决心离家出走，但他仍不忍心把这事告诉亲爱的妻子。他悄悄地等待离家的时机。有一天晚上，正在熟睡中的悉达多听见一个声音在呼唤他："为了世上人们的幸福，你要决然出走。快快起来跟随我走吧！快走吧！"

悉达多悄悄叫醒了他的随从兼车夫车匿，要他立即备马。悉达多来到王妃的宫中，爱妻和儿子都在精美的床上酣睡，不知道他们即将生离死别。悉达多看见儿子酣睡在美丽的娇妻怀中，他几次都禁不住想拥抱亲吻他们，但又怕他们醒过来，弄得啼哭而悲伤。最后，他只是轻轻地吻了一下妻子的脚趾，就强迫自己离开了这个温馨的家。

悉达多王子赶到宫门口，车匿已把两匹白马牵在那里等候了。悉达多对白马说："你们要提起精神来，快步如飞地前行，就像到战场上打仗一样。今夜我们要走很远的路。我是去寻找解脱之路，既是为了我，也是为了天下的大众，也是为了你们啊！"

在迷蒙的夜色中，他们冲出了宫门，然后催马狂奔，跑了一个通宵，天色拂晓时，他们来到了一片森林之中。当他们休息之后，悉达多王子对随从车匿说："现在你带上马儿回去吧！我的朋友！悉达多摘下项上的珍珠项链送给了车匿做纪念；又把那镶满珠宝的金冠留给父亲做纪念；却没有一句话留给亲爱的妻子和儿子——他无法表达对妻子儿子的深情和歉疚。车匿悲伤地痛哭起来，车匿恳请太子再为亲人们面临的巨大痛苦想一想，别这样离开他们！

悉达多王子说："我的朋友啊！亲人们又怎么样呢？如果我终有一死，我迟早还是要离开他们！死期一到，谁能顾得了谁呢？夫妻恩爱终究是一场春梦；

亲戚朋友就像同一棵树上栖居的鸟儿，大难临头时就各自飞走了；人生聚散无常，这就是人生最大的痛苦啊！我就是要去寻找解脱人生痛苦的方法，如果我找到了解脱痛苦之法，我就回到你们身边；如果找不到解脱痛苦之法，我就不会回来了！”悉达多说完这些话，就散开自己的发髻，用宝剑把长发齐根剃掉。这时有一个穿着鹿皮衣服的猎人从他们身边经过，悉达多叫住了他，用自己华丽名贵的衣服换了猎人破旧的鹿皮衣服，最后又看了车匿一眼，就走向了密林之中。这就是佛教经典中所说的悉达多“伟大的舍身”！

悉达多在森林中风餐露宿，靠吃野果和别人的施舍在森林中修行。他通过苦行的生活来磨炼自己的肉体，锻炼自己的毅力；他不断地抵御自己的精神和肉体欲望的诱惑。按照印度传统哲学思想的说法，肉体是欲望的恶魔；只有让自我的精神克制肉体的欲望，精神才能够达到纯净的、永恒的境界。苦行就是敌视肉体、克制肉体、摧残肉体来达到精神上的洒脱自由。

这期间，饭净王几次派出官员找到了悉达多，晓之以理，动之以情，劝说他回宫，但是悉达多都礼貌地推谢了！从此，悉达多为了不让别人再找到他，就经常变动修炼的地点。

在施行苦行的这期间，悉达多不断地向森林中的“仙人”们（静修者）学习哲学，研究心灵哲学的问题。悉达多曾拜著名的阿罗兰仙人为师，向他深入学习《奥义书》等经典。悉达多苦学苦修，掌握了众位“仙人”们的所有的知识，就像一只饥饿的羊啃光了整个草场一样。但是，他所学到的知识仍然不能解答他所困惑的问题，也不能够回答：“怎样才可以避免人生所有的痛苦而获得永恒的幸福?”

悉达多想，可能是自己在苦行的修炼上还欠缺功力，内心孤独的悉达多离开了这些“仙人”，独自来到了摩揭陀国伽耶山附近的森林中，用更为残酷的方式继续修炼苦行。他来到尼连禅河边的一棵形状像宝盖的菩提树下修炼，他限定自己每天只吃一个小小的干瘪的苹果或野果，偶尔一天吃一小碗米饭，喝一点泉水，每天都用瑜伽的修炼方法，调理气息，集中精力静思默想。渐渐地他能够进入到无意识的冥想之中。他可以接连好些天，一动不动，一点声息都没有，甚至连呼吸都停止了，以至于鸟儿和野兽都以为他死了！偶尔路过的人们都以为他是修炼瑜伽功夫的苦行者，而不知道他是一个思想者。长期的苦行生活使悉达多变得非常瘦弱憔悴。后来，他对弟子们说：“记得有一段时间，我的胳膊和腿变得像芦苇那么细，臀部像骆驼蹄子，脊柱像一根竹竿。眼窝深陷，眼球几乎消失了。然而就是这样克己禁欲，我也没有能够悟道。”身体羸弱的悉达多经常陷入无意识的“禅定”之中，从现代医学的角度而言，其实就是陷入了临死前的弥留状态之中。

悉达多的生命意识终于唤起了他最后一点点的思索：“如果我能够爬到河边，那温暖的河水就会让我头脑清醒过来，我就能够找回思维的能力。”悉达多用尽最后的一点点力气爬进河水中，像死尸一样地一动不动浸泡在水中。附近有五个随同悉达多修行的人看到这个情景，都十分惋惜地说：“他快要死了！苦行僧悉达多活不了呐！”

在河水中浸泡了好久之后，悉达多的意识渐渐恢复了，他依靠一根倒在水中的树枝支撑着，慢慢地爬到了岸边。他想到：“依靠苦行禁欲的方法来修炼精神是行不通的！思想的觉悟还得依靠思想本身。”悉达多决定放弃愚蠢的苦行。

恰好这时，有一位妇女来到了他身边。先前，这个妇女曾在菩提树下恳求过树神：希望能赐给她儿子。一年后，她果真生下了儿子，此时正带着丰富而精美的食物前来感谢树神。她把食物供奉给悉达多，她带着母爱的微笑看着悉达多慢慢地把食物吃下去……

这一切都被那五位苦行者看在眼里。他们对悉达多开胃大吃的行为非常气愤，眼中充满了蔑视。他们指责悉达多：“悉达多背信弃义、自毁誓言，他经受不了苦行的考验。他根本没有资格教导我们。我们走吧，离开这里到瓦拉纳西去继续修炼吧！”

悉达多吃了东西，精神慢慢恢复过来。他继续在菩提树下静思默想，日复一日……那位好心的妇女和其他的过客也经常施舍食物和水果给他。

在菩提树下，悉达多不断地整理自己的思绪，专注于心中的推理。他活跃的思维把多年来的感悟像丝线一样地串联起来，逐渐形成了一个圆融的思想整体。四十九天之后，又一个美丽的黎明来临了。悉达多头脑中，电闪雷鸣，胸中思潮汹涌。他站起身来，面对着金色的尼连禅河，仰望朝霞满天的长空，他禁不住伸开双臂高声狂歌：“我悟道了！我洞察到真理了！”

知识就是力量，人格提升思想，思想完善人格。悉达多经历了精神的洗礼而脱胎换骨，成为佛陀（Buddha）——觉悟者。人类思想界诞生了一种新的强有力的人生哲学，两千多年来，它穿透了如河中的沙子般多的愚昧的人的头脑，不断地给尘世中那些浑浑噩噩的心灵指出了光辉的道路。

佛陀觉悟到的真理是什么呢？这个真理是一个思想体系。释迦牟尼成为觉悟者后不久，在第一次对五个弟子讲道时（“初转法轮”），他就把他所悟到的真理全都亮了出来，这就是“三法印”“四圣谛”“八正道”。“法印”就是日常人们所说的“印鉴”“印章”，以表示自己的身份和特点，所以叫做“三法印”。“三法印”的内容是由三句话组成：“诸行无常”“诸法无我”“涅槃寂静”。

那么，什么叫做“诸行无常”呢？

“无常”就是指世事无常，一切东西都是在不断变化的状态中存在。世界上没有不变的东西。

“诸行无常”中的“行”是迁徙流变、变化的意思。“诸行无常”就是说万物和人，包括人的生命和精神思想都是变动的、不断生成与消失的，一切都只是刹那间的、短暂的存在，世上没有永恒存在的，不变化的东西。例如，我们观察一个人一生的所有照片，哪一张照片不是他？而哪一张照片又是他呢？每一张都是他，而每一张又都不能代表他全部人生的形象。同样，一个人的美也是不断变化着的：从小时候的模样到青春期的美丽模样；从年轻美丽直至变丑、变衰老。人的一生就是处于不断的变化之中的。这就叫做“无常”。

变就是佛教所说的“无住”，就是一切东西的现有状态都不能永驻，不能永恒。一切“无住”的、不断变动的现象都是无法把握的，就像你想去把握住闪电雷鸣和风一样，这是不可能的。释迦牟尼把不断变化中的、把握不住的现象叫做“空性”。

一千多年后，中国有一位名叫“蕴”的禅师说：“黄河无滴水，华岳总平沉。”这是什么意思呢？这是说，滔滔的黄河水，总有一天会变得没有一滴水！几十万年来，黄河多次改道，旧河道上不是没有水了吗？况且，随着地球的死亡，黄河终有一天将没有一滴水！华岳就是西岳华山，华山终有一天会消失，会变得和地面一样的平整！就是从一切皆变的角度来看待黄河和华山的变化。

中国人很早就懂得了生命短暂、世事变迁的道理。曹操的诗中咏道：“对酒当歌，人生几何？譬如朝露，去日苦多。”汉代那些撰写《古诗十九首》的诗人们哀叹道：人生苦短，人的一生犹如“白驹过隙”。明代的长篇小说《三国演义》中开篇有一首词，据说这首词是明代大学士杨升庵（杨慎）所写的：

滚滚长江东逝水，
浪花淘尽英雄。
是非成败转头空；
青山依旧在，

几度夕阳红。

白发渔樵江渚上，
惯看秋月春风。
一壶浊酒喜相逢；
古今多少事，
都付笑谈中。

这首词就是从“诸行无常”的角度看待社会和历史人物的成败得失的。

人生“无常”最震撼我们心灵！我还是先讲一个故事来说明吧！

佛经《法句经》中有这么一个故事：佛陀在王舍城郊外的灵鹫山上说法期间，城里许多人都争先恐后去听佛陀说法。王舍城中有一个绝色美女，名叫潘德里。她的职业是艺妓。她早已厌倦了这种没日没夜的花天酒地、灯红酒绿的艺妓生活。她听说佛陀在灵鹫山说法，就想到山上去皈依佛陀，出家为比丘尼。潘德里在攀登山岭的途中，在一个水潭边喝水休息。当她看到自己在水中的美丽的面容时，就想到，如果自己出家当尼姑，就要过清苦的生活，这不是糟蹋了一副美丽的面容吗？因此，她放弃了当尼姑的打算，准备下山重返城中。这时，佛陀看到了潘德里痴迷于自己的美丽而处于犹豫之中。佛陀知道她具有皈依佛门的缘分，于是就现身为一个美丽的女子，其迷人的魅力超过了潘德里。当她们相遇时，潘德里被佛陀化身的美女惊呆了。她们相约结伴下山。在下山的途中休息时，这位陌生的美女靠在潘德里的大腿上睡着了。过了一会儿，潘德里低下头看这个美女时，一下子惊叫着跳了起来，这位美人在刹那间中，相貌居然完全改变了：她佝偻着身子，满脸皱纹，头发稀疏，牙齿脱尽，真像一个骷髅。潘德里吓坏了，跳起身就跑。她一边跑一边叫喊：她怎么一下子就变成骷髅了呢？这个美人怎么一下子就变成老太婆了呢！这时，佛陀现出了自己的模样。他告诉潘德里，自己就是释迦牟尼。潘德里一下子就明白了，这是佛陀现身说法，来教育自己。潘德里走到佛陀身边，恳请佛陀让她出家。佛陀教导她，要认清人生的四件事情。佛陀说：

第一，无论你有多么美丽，但终究要衰老、变丑的。

从“诸行无常”的观点看，任何生命都不能永远存在，青春与美丽也只是暂时的过程，你自己将很快变老、变丑，乃至于死去，成为骷髅。那么，你执着于当前的青春，炫耀现在的美丽是没有意义的。面对无常，我认为，正确的态度是：珍惜青春，不要虚度青春，以经验、知识、智慧和风度气质来替代青春美，来延续青春。

第二，无论你身体多么强壮终究要死亡。

人都是从幼小长成健壮，从健壮走向衰老，从衰老走向死亡。这就是生命的规律。所以，不要因生而喜，不要因死亡而悲。有智慧的人都能懂得这个道理。例如，老子就告诉我们，如何以平常心去面对死亡。当你看见一片绿叶生出来，又见到它枯黄而飘零，你会感到惊恐吗？人的生命不就是这样自然而生，自然而去吗？面对衰老和死亡，有什么必要感到恐惧和悲伤呢？佛陀的这一人生态度在中国的《庄子》中得到强烈的回应。

《庄子》杂篇第 32 章《列御寇》中说：庄子快死的时候，弟子商议要厚葬他。庄子说：不必铺张浪费了。我用天地作棺木，用日月作美丽的璧和玉，用满天的星辰作陪葬的宝珠，天下万物都来为我送葬，这不是很壮观的葬礼吗？我还有什么可求的呢？弟子回答说：我们是怕老鹰来吃先生啊！庄子回答说：在地上会被老鹰吃，在地下又会被蚂蚁吃。把我从老鹰那里抢过来给蚂蚁吃，你们不是太偏心了吗？在古代，死对于人来讲，是最重大的事，最令人悲伤的事。所以葬礼也是应当讲究的大事，庄子却以平淡的心看待，以开玩笑的口气交代后事，这就是“平常心”。

第三，无论你怎样执着于浓厚的亲朋的情爱，而亲朋最终将分离、飘散。

的确如此。人生是一个过程，亲朋是结伴而行的同路人，不同的人生阶段有不同的亲朋陪伴。有的陪着你走过幼年、童年、少年时代，如爷爷、奶奶、外公、外婆；有的陪着你走过青年、中年时代，如你的兄弟姐妹和丈夫妻子；有的则陪着你走完老年的人生道路，如你的子女、孙子孙女。最终你还是将孤独地离开这个世界。无论你怎样割舍不下，但最终还是不得不割舍。这就是《红楼梦》中，作者曹雪芹借秦可卿的口所说的：“十里搭长棚，没有不散的筵席。”如果你痴迷于亲情，整日因为割舍不下这些亲情而痛苦万分，那就是愚昧无知了。

第四，无论你苦心积聚了多少财富，最终你死的时候，一点也带不走。

这就是我们经常说的，“钱财乃身外之物”，生不带来，死不带去。如果，你把挣钱和攒钱当作了人生的最重要的东西，就失去了生命本身的意义，失去了生活本身的意义。一切贪官和经济上的犯罪分子都没有真正懂得这个简单的人生道理。他们以为自己聪明，其实是极端的愚蠢。最终把自己和家庭都赔进去了。

佛教对于世界和人生的看法就是：一切皆变，世事无常，人生无常。在这个世界上，一切东西都只是刹那间的存在，都只是变化着的存在。既然一切东西都只是暂时的存在，你何必把变化的东西看作是不变化的呢？何必把眼前所得到的东西当作永恒的东西呢？何必死心眼地守着它们、执着于它们呢？因此，佛陀的思想教导人们不要有贪欲和执着，任何执着之心都是愚蠢的。佛陀一针见血地悟透了人生世事。

《红楼梦》第一回中，有一首著名的《好了歌》和《好了歌注》，它们所宣扬的思想，正是佛教的“无常”思想。

《好了歌》：

世人都晓神仙好，惟有功名忘不了！古今将相在何方：荒冢一堆草没了。

世人都晓神仙好，只有金银忘不了！终朝只恨聚无多，及到多时眼闭了。

世人都晓神仙好，只有姣妻忘不了！君生日日说恩情，君死又随人去了。

世人都晓神仙好，只有儿孙忘不了！痴心父母古来多，孝顺子孙谁见了？

《好了歌》由四首七言诗组成。它们表达了什么意思呢？

第一首诗是说，自古以来，有些人渴望获得巨大的功名，渴望建立丰功伟业。但那些获得了巨大的功名、创建了伟业的古今将相们，如今同普通人一样，都已成为了一堆黄土，被荒草遮掩了。世事变迁，昔日的辉煌早已成为古老的历史。世上从来没有永恒的功名成就。那么，人们追求建功立业有何意义呢？

从儒学的观点看，佛教的无常思想无疑是消极的、出世的。佛教这种观点彻底消解了几千年来儒家宣扬的“三不朽”的人生奋斗目标。《左传·襄公二十四年》中，鲁国贵族叔孙豹就阐明过“三不朽”的思想。叔孙豹说：“太上有立德，其次有立功，其次有立言；虽久不废，此之谓不朽。”这就是几千年来不断地激励了中国人的“立德”“立功”“立言”的“三不朽”思想。

什么是立德呢？就是以自身为表率，来树立崇高的道德品行和行为规范。例如，中国历史上的周公和孔子；希腊历史上的梭伦和伯利克里；《圣经·新约》中的耶稣；印度历史上的释迦牟尼和甘地。

什么是立功呢？就是在自己的人生中，为民族为国家创建巨大的丰功伟绩。例如，秦始皇、汉武帝、唐太宗、宋太祖、成吉思汗等伟大的历史人物。

什么是立言呢？这是指，在人的一生中，能够著书立说，创建出具有真理的理论或学说，这些思想可以跨越时空，成为后世人们心灵的指路明灯。例如，《周易》《道德经》《论语》《史记》；牛顿的“第一定律”和爱因斯坦的“相对论”等都是流芳千古而不朽的思想产品。

从远古至今，“三不朽”思想就是中国人的人生理想和实践目标。时光流逝，而中国人对于“三不朽”的追求至今不变，这就是“不朽”！

佛教的“世事无常”的“无常”观念以及《好了歌》中对“三不朽”思想的消解，正是佛教的退避的、出世的人生哲学同儒家积极入世的人生哲学之间的重大区别。

第二首诗是说，世上的人都一个劲地追求金钱和荣华富贵。他们没日没夜地、处心积虑地聚集钱财，即便你成了大富豪、大财主又怎么样呢？你能长生不死吗？你死后又能把钱财都带到棺材里去吗？你真的能把钱财带到阴间去享受吗？不可能。这就是说，钱财对于一个人来说，出生时带不来，死后又带不去。你毕生所苦心追求的东西，你所执着的东西，最终不是一场空吗？

第三首诗是评说人生中男女之间的爱情。男欢女爱原本是人生中最难以拒斥的情感，也是最难以割舍的情感。但是，死亡却无法阻挡地要割断这种情感，阴阳两界最终导致情侣的分离。

第四首诗是说，人生除去男女之间的爱情外，还有血缘亲情，尤其是亲子之爱是难以割舍的。父母的亲子之情向来就是不图回报的情感，亲子之情的确不可能得到完全的回报。人生如水，水往低处流，人生的亲子之情也都是一代又一代向下辈流淌的，是不图回报的真情。所以唐诗中才有孟郊的“谁言寸草心，报得三春晖”的比喻。

《好了歌》通过疯癫道人与和尚之口，以罗列世事的手法，唱出了人世间人人都追求功名、钱财、爱情、亲情等种种的痴迷行径，指出了世事无常，说明了功名、钱财、爱情和亲情在本性上是空幻与无常的道理。如果你执着于它们，最终将是“竹篮打水一场空”，从而得出了人生的终极就是“空”“无”的结论。《好了歌》重点宣扬了“万法皆空”——“一切皆空”的思想。

《红楼梦》第一回中还有一首《好了歌注》。这首诗对《好了歌》所宣扬的“世事无常”“一切皆空”的观点加以了具体的注释和阐发。《好了歌注》可以分为五个自然段落：

陋室空堂，当年笏满床；
衰草枯杨，曾为歌舞场。
蛛丝儿结满雕梁，绿纱今又在蓬窗上。

说甚么脂正浓，粉正香，如何两鬓又成霜？
昨日黄土陇头埋白骨，今宵红绡帐底卧鸳鸯。

金满箱，银满箱，转眼乞丐人皆谤。
正叹他人命不长，那知自己归来丧？
训有方，保不定日后作强梁。

择膏粱，谁承望流落在烟花巷！
因嫌纱帽小，致使锁枷扛；
昨怜破袄寒，今嫌紫蟒长。

乱烘烘，你方唱罢我登场，反认他乡是故乡。
甚荒唐，到头来都是为他人作嫁衣裳。

《好了歌注》以具体的物象，运用强烈的今昔对比手法，说明了人世沉浮、世事变迁的“无常”本性。

第一段是通过居所环境的兴衰变迁来说明世事无常的道理。昔日的达官贵人，权倾一时，享受着荣华富贵，连上朝时使用的笏板丢得满床都是。那时居住的雕梁画栋的厅堂，曾经也是载歌载舞的地方，如今变成了遍地衰草，处处枯杨，一片衰败荒凉的景象。

第二段是说人的一生的兴衰变化：人都要从青年变成老人，都要从活着走向死亡。人们每天在面对人们的死亡，同时，又面对生活中的情感欢乐和生命的再创造。这就是：“昔日黄土陇头埋白骨，今朝红绡帐底卧鸳鸯。”在人间，没有永远的荣华富贵，也没有永远的穷愁潦倒：或由富贵变为穷困；或由寒士变成高官；或者因个人的强烈的贪欲，使自己从高官变成了罪犯。或者曾经有过良好的教育，而命运却偏使他陷入卑贱的、被人凌辱的社会境遇之中。这一切，都是因为人们追逐物质享受，而迷失了自己；反过来说，正因为你迷失了自己，所以，你总是处于追求物质欲望的痛苦和困境之中，不能解脱出来！这就叫做“逐物迷已”“迷已逐物”。

《好了歌注》的最后，以总结的方式说明，世事无常以及大起大落的人世变迁的原因，根本上在于人们认识上的痴迷，思想上的愚昧。由于人们在疯狂追逐物质享受中迷失了自己，失去了人的本性，所以，才会“反认他乡是故乡”，疯狂追求物质财富。而这一切，最终“都是为他人作嫁衣裳”。

我不由得想一想，以上所说的种种的人生事相，在我们今天的生活中，不正在重复上演吗？

什么是“诸法无我”呢？

“诸法无我”中的“法”是指一切客观存在的事物，也有译为“色”字的。因此，佛教术语中也有人把物质世界也称之为“色界”。

所谓“诸法无我”是说，一切事物都是由四种极细微的元素（地、水、火、风；有的说成是五大元素，即地、水、火、风、空）和合而成。这是从事物的组成、构成方式来看待事物的本性。事物这种和合而成的组成方式，佛教称之为“因缘”。这是强调，任何事物都没有自身的、特定的、与其他一切事物不同的本质，一切事物都是由这四大元素和合而成，天下一切事物在构成的元素上都是相同的，只是形式、形状不同而已。例如，花草、树木、人、狗、鸡、鱼、石块等都是由地、水、火、风四种极细微的元素和合而成的，任何东西没有独一无二的、与别的东西完全不同的那种构成元素，也就是说，万物的本性相同。既然万物的本性相同，就不存在那种所谓的单一的“我”的本性。这就是说，任何事物都没有自已独特的本性，万物的本性相同，万物的本性都是由四大元素混合而成的，这叫“法无我”。

“法无我”也就是从事物的本性上说，没有任何事物具有与众不同的本质、本性。我们无法从万物中抽取出自己独特的根本特性，这就叫做“法无我”“无我”。佛教把这种无法抽取出来的、与众不同的、自己独特的本性叫做“空”“空性”。所以，佛教所讲的“空性”或“空”，其实质是否认任何事物都有自己与众不同的独特的“自性”。

除了“法无我”之外，还有一个观念就是“人无我”。“人无我”是什么意思呢？

对于人来说，在人的组成因素上，在人的身心构成上，每一个人都同一切事物一样，也是由地、水、火、风四种元素和合而成的，任何个体不存在独立的、与别人完全不同的组成元素和本性。如果某人的人体组织同别人完全不同，医生就无法给这个人治病了，这种人就不叫做“人”。这种组成上的非个体的性质，“万人同一”的性质，释迦牟尼称之为“人无我”。如果有人坚持强调“人有我”，那就像你打算在无垠的大海中，偏偏要去区分出某一滴水珠是我、是你、是他一样，不是很可笑吗？如果你是一片雪花，你能在漫天大雪中，在厚厚的积雪中区分出你是哪一片雪花吗？所以，你要寻找与众不同的“自我”，确立独特的、唯一的“自我”，就是非常愚蠢的想法。

释迦牟尼认为，不仅每一个事物都是四种或五种细微元素和合而成，而且世界上的一切存在都是“和合”而成的，佛教把“和合”也叫做“因缘”。一切事物及行为都是因为“和合”而成的，一切事物和行为也都是因为“因缘”而起的，任何单一的质料和任何单一的行为都构不成事物和行为。这就是佛教哲学的“缘起论”。例如，家庭是由夫、妻、子、女和合而成；单身的男人或女人都不能够叫做“家庭”，即便男女结合而没有子女，这个家庭也是不完整的。再如，美妙的琴声是由“琴”和弹琴的“人”和合而成的。苏东坡有一首著名的《听琴》诗，说明了这个道理：

若言琴上有琴声，放在匣中何不鸣？

若言声在指头上，何不于君指上听？

这首诗的意思是说：当琴上响起了美妙的琴声，我们能够这样认为：这是琴自个儿发出来的声音吗？如果琴自个儿就能够发出美妙的琴声的话，那么，把琴放在匣子中时，为什么它不会自个儿发出声音呢？如果说，是因为人的弹琴的手指发出了美妙的声音的话，那么，你还需要这琴干什么？不如干脆把手指放在耳朵边听得了！苏东坡的意思是说，我们所听到的美妙的琴声，既不是琴本身具有的，也不是手指所具有的。美妙的琴声之所以出现，必须要有那发出美妙声音的琴和那两只会弹琴的手。苏东坡的结论是，美妙的琴声是琴与手之间因缘“和合”而成的！

苏东坡关于“因缘和合而产生出美的音乐”的思想，是依据佛经《长阿含经·弊宿经第三》中的一个故事而来的。这个故事是这样的：

过去，有一个地方的人，从来没有听到过海螺所吹奏出来的美妙的音乐。当时，有一个善于吹奏海螺的人，来到了这个地方。当他拿出海螺吹了三支曲子之后，就把海螺放在地上。这时，当地村庄的人们听到了奇妙的海螺声音，都惊讶地跑来观看。

围观的男女都抢着问：“这是什么东西发出来的声音呀！怎么这样美妙动人呢?”

这个演奏者指着海螺说：“就是这个海螺发出来的声音。”

围观的人当中有人不停地用手触动海螺，说：“你快发出声音，你快发出声音!”

无论人们怎么拍打海螺，海螺都没有响声。

这时，这个演奏者重新拿起海螺，又吹了三支曲子。

这下子，围观的人们才明白了海螺发出美妙的声音的原因。

他们说：“啊！原来这美妙的声音不是海螺本身发出来的。这美妙的声音是由于有人的手、人的口，再用气吹它，才发出来的。”

这说明，美妙的音乐是多种要素（元素），多种因缘和合而成的。

佛教认为：无常和无我，构成了“空”的观念。我们谈“空”，就是指“无常”“无我”。

这就是释迦牟尼对于世界的根本看法，这就是佛教最根本的世界观。

什么是“涅槃寂静”呢?

从古至今，印度所有的宗教都相信万物有灵魂，万物有感情；也相信任何生命都因为不断的轮回而不断地再生；而轮回的路径都遵循着“业报”的规律，即因果报应的规律进行。一切有情众生（一切生命物）的生命都按照自己的行为的善恶而轮回；恶行获得恶报，善行得到善果。人生的本质就是苦；苦源于人的各种各样的欲望，有生、老、病、死之苦，有精神烦恼之苦，有求而不得之苦……总之，人生有无量诸苦。但是，一个人有了正确的人生道路，就可以消灭、祛除各种苦难，最后达到解脱生命轮回的涅槃境界——即无痛无苦、不生不死、永恒的欢乐的境界。这就是佛陀悟道的内容。从理论上讲，这就是佛教的“三法印”“四圣谛”“八正道”和“十二因缘”的学说。

思想者心中的光明可以驱散愚昧的人们心中的黑暗。

什么是觉悟者？觉悟者就是佛陀。如果觉悟者不仅自己觉悟了，还要帮助别人觉悟，帮助别人脱离欲望的苦海，那么他就是菩萨。佛陀就是第一位菩萨。悉达多决心去瓦拉纳西寻找那五个曾经跟随自己学道的人，向他们传授思想的真理，破除他们心中的痴愚。

衣衫褴褛的佛陀风尘仆仆来到了鹿野苑。那五个苦行僧仍在荒野中的树下打坐，专心修炼“禅定”的功夫。他们远远地看到佛陀向他们走来，他们很不屑地说："这个自毁誓言、放弃苦行的家伙怎么还有脸跟随我们而来，随他去吧，我们不理睬他！"

佛陀走近了他们。佛陀精神焕发的神情，满面慈祥的笑容和电光火石般闪光的眼睛使这五个苦行僧震撼不已！他们下意识地蹦了起来，向佛陀致礼，请佛陀坐下，并端来清水亲自给佛陀洗脚……

佛陀兴奋地为他们宣讲了自己所悟到的一系列真理……

这五个苦行者很快就领悟了佛陀思想的精髓，他们感到眼界大开，他们的思想一下子像走出了漫长的黑暗的通道一样，心如明朗的月光那样清澈透亮，他们很快都觉悟了。五个弟子觉悟的消息一传十、十传百、百传千……很快人们都拥向这荒凉的鹿野苑，聆听佛陀讲经说法。佛陀拥有了一大批最初的信徒，佛陀的思想很快就传播到四野八荒、城镇乡村……

正是在鹿野苑，人类的一个博大精深的宗教诞生了！两千多年来，斗转星移、朝霞落日，来过这里的人有千千万万，他们一代又一代，来到鹿野苑的荒原，又离开这荒原，往复不断……现今地球上有五亿人信奉佛教，释迦牟尼是他们心中的圣人和导师。

有伟大人物诞生的地方就会出现神秘的经久不衰的传说。

为什么佛陀"初转法轮"的地方被叫做"鹿野苑"呢？早期佛教对此有一个充满"悲悯味"的传说。中国三国时代的高僧康僧会所辑录并翻译的《六度集经》中有三篇关于鹿王的传奇故事，其中卷三中的《鹿王本生》的故事时间较早，而且似乎同"鹿野苑"这一地名的传说有密切联系。这个故事是这样的：

从前，有数千头鹿自觉地结成了一个庞大的鹿群，所有的鹿都服从一位鹿王。据说，佛陀在前些世代就是这位鹿王，它身体高大，身上的毛有五种不同的颜色，它的四只蹄和双角都长得奇特。有一天，一位国王带着军队出外狩猎，他想捕捉一些鹿子。在国王军队的围剿下，惊恐万分的群鹿四散逃跑，有的跳下了山崖摔死摔伤了，有的掉进深坑摔死淹死了，有的被树枝挂住而被箭射杀了，有的被荆棘刺穿身体而死去……鹿群遭此捕杀、摧残死伤不少。鹿王见了这一惨烈的状况，就大哭不已。它哽噎说："我作为鹿群的首领，应该考虑到鹿群的安全是第一的，应当尽量选择安全的地方漫游寻食。我却单单想到这里有好草，就领着鹿群来这儿，致使鹿群受到如此沉重的损失，罪责在我呀！"

于是，鹿王独自走进国王的都城。都城中的人们看到鹿王都说："我们的国王有至高的仁德喔！否则天神怎么会派遣神鹿到国中来徜徉呢？"人们都认为鹿王的出现，是国家祥瑞的征兆。因为，鹿王在都城中走来走去也没有人敢冲犯它。鹿王径直来到皇帝的宫殿前，跪下来说："我们鹿群都是小畜生，又贪恋生命，寄居在大国的境内。没想到突然碰上了打猎的人，吓得鹿群四散奔逃。有的鹿虽然活着，但亲人却失散了；有的散乱地躺在地上死了。大王仁慈，爱惜天下所有的事物。鹿群的遭遇的确值得大王哀悯啊！鹿群愿意每天自觉地挑选出一些鹿来供大王膳食，请大王说一个数字，我们每天自觉地前来受死，供大王食用。"

国王听了鹿王的话感到很惊奇！国王说："其实，宫廷中每天食用的鹿，也就一只而已。我不知道因为我的打猎让鹿群死伤了那么多！如果你所说的话诚实可信，那么就按你说的办吧！我今后再也用不着打猎鹿子了。"

鹿王回到了鹿群中向众鹿说明了它向国王自觉上供的方法，就是用不断的、缓慢的、小的牺牲，来换得鹿群的生存和繁衍的机会。鹿王也向众鹿讲清了其中的利害得失。鹿群都同意了鹿王的这个让鹿群生存下去的办法，也接受了先后挑选谁去宫廷中充当牺牲的办法。

此后，每当一只鹿子被选中当牺牲时，鹿王都要同它辞别，为它哭泣，并教诲和开导这只即将去死的鹿子。鹿王老是这样说："世上的人和牲畜都有一死，谁也不可能避免死亡。你要一路上念佛，要仁爱慈悲地对待那位人中的王，不要对他有所怨恨！"

鹿群中每天都有鹿子去送死，鹿王也每天对将要死去的鹿子说同样的话。

有一天，有一只已怀了孕的母鹿将被当作牺牲去送死。这只母鹿就对排名它后面的鹿说："我不敢逃避轮到的死亡。但我已怀有身孕，腹中的小鹿它应当有生存的权利呀！让我生下小鹿后再去送死吧！"它只好找其他的、排在它之后的鹿子来代替它先去死。但是，排在这只母鹿后面的鹿子也悲痛地说："我是必定会死去的。但是，离我的死还有一天一夜的时间，请原谅我享受这一天一夜的短暂的生命吧！时候到了，人该死就死，绝不会怨恨谁的。"

鹿王也拿不定主意，今天该让谁去死。鹿王只得独自来到宫殿中，直接走进了厨房，让厨子杀死它。厨子认识鹿王，见鹿王来赴死，感到非常吃惊，就连忙向国王汇报了这事。国王向鹿王问明了来赴死的原因后，并为鹿王的自我牺牲精神而感动得流下了眼泪。国王说："难道畜生中真有这样心怀仁德，愿意杀身以救众的善良之辈吗？我作为人类中的国王，每天却残杀众生来养肥自己，满足自己。这正说明我喜好凶残，我每天所做的事不就是豺狼的行为吗？鹿王是畜生，它都懂得怜悯，拥有仁慈之德，这是春天般的恩德啊!”于是，国王打发鹿王离开宫殿，返回鹿群中。国王同时下令：“在全国范围内，如果有人胆敢伤害鹿群，他的罪名就等同于故意伤人罪!”

从此，这个国家的国王与大臣都遵循慈悲的精神，宣扬仁爱之心；老百姓也遵守仁爱而不杀害生命。于是，国家太平，人民幸福。那时的鹿王就是前世的释迦牟尼，国王就是在鹿野苑听聆佛陀初转法轮的五个弟子中的舍利佛。

据传说，这个“鹿野苑”就是当年鹿王和鹿群生存居住的原始森林和草场。

我乘坐“司库达”在平坦的原野上行驶了约二十分钟后，来到了鹿野苑。进入鹿野苑，看到的是一大片空地，现今的鹿野苑的总面积大概有四五个足球场那么大。公元7世纪时，中国唐代高僧玄奘来鹿野苑（鹿野伽蓝）当访问学者时，曾在《大唐西域记》中记述过这里的兴盛繁荣的景象。按照玄奘法师的记载，当年鹿野苑大大小小的佛寺是“区界八分，连垣周堵，层轩重阁，丽穷规矩。僧徒一千五百余人，并学小乘正量部法。大垣中有精舍，高二百余尺，上以黄金隐起作庵没罗果。石为基陛，砖作层龛，龛匝四周，节级百数，皆有隐起黄金佛像。精舍中有鍮石佛像，量等如来身，作转法轮势”。就是说，当年玄奘求学的鹿野伽蓝寺内划分为八个独立的部分（单元），这八个部分（单元）又通过一个漫长的围墙围成了一个整体。在这个大的围墙中，建有一个高达六十多米的、有多层佛龛的高台建筑。这个高台建筑用巨石为基础，用砖作神龛，台阶多达一百多级。每层高台的四周都建有神龛，神龛中有装饰着黄金的佛陀的浮雕像。最高的地方有一尊与佛陀真人一样大小的雕像，其姿势是佛陀转法轮的样子。

根据玄奘法师的记载，在中国的唐代时，印度的鹿野伽蓝的规模是相当惊人的。玄奘法师所看到的鹿野苑的寺庙群所占的面积比起现在来要大得多。首先，这些寺庙的建筑群要供一千五百多个僧人长期住宿；其次，供寺院进行日常宗教活动和仪式的殿堂的数量一定很多，规模应当很大。如此说来，古代的鹿野苑寺庙的面积大概有现今我所看到的废墟的十倍之大。现今的鹿野苑应当是当年寺庙群的一个很小的部分，大概就只是当年寺庙群的后部的小花园。因为，塔（窣堵坡）作为坟墓，一般是安置在寺庙的后面部分，阿育王柱是墓园的标志性建筑而已。旷野的中间部分都是古代佛寺的废墟，现仅留下一处处凹陷的墙基，给人一种历史变迁的沧桑和凄凉感。

公元 12 世纪时，信奉伊斯兰教的突厥人的铁骑像潮水般地涌向瓦拉纳西，异教的突厥军队把鹿野苑的佛教寺庙中的宝藏洗劫一空，并烧毁了寺庙，捣毁了阿育王石柱和其他纪念性的建筑。从此，鹿野苑成了一片废墟。佛教僧人烟消云散，飘向远方。转瞬千年。每当夕阳西下、新月初升，只有瑟瑟的荒草和凄厉的风声年复一年地陪伴着鹿野苑佛寺的废墟……

圣地现在已开辟成旅游景点。旅游景点的门口原本就不宽阔，再加上人为设置的铁栏杆通道，使得那些无票却又想要混进去的人，根本不可能混进去。进入鹿野苑后向右转，有一条水泥路直通一座式样精巧的建筑，其中建有一座黄色的镏金尖塔，据说这就是佛陀“初转法轮”的原址，其旁边有几棵高大的枝叶繁茂的菩提树，据说，当年佛陀就在这大树下给前来求法的人们讲授佛法的真理。不远处，耸立着一个高大的“窣堵坡”(stupa)。古代的印度，凡是国王逝世后随即就进行火化；然后将火化后的遗骨装进瓦坛中埋葬；又在埋葬地上建塔立碑，这种碑塔就叫做“窣堵坡”。佛陀八十岁在“拘尸那迦”(Kusinagarl) 圆寂火化后，释迦国的亲友请求把佛陀的遗骨运回家乡安葬；佛陀的弟子们也要求保留导师的遗骨，最后由佛陀的堂弟兼直传弟子、著名的高僧阿难决定，把佛骨舍利分成好多份，在各地建塔（窣堵坡）以播散佛陀的精神。

佛陀逝世一百多年后，印度的孔雀王朝时期出现了一位虔诚信仰佛教的国王，这个国王名叫阿育王，是印度历史上和佛教史上著名的人物。很明显，我们今天所看到的阿育王的人格品性，听到的关于他的故事，都是经过了古代印度的佛教徒的创造性的改写而成的，与真实的阿育王相去甚远。这就是历史。历史从来就没有客观的，历史就是传说史，就是权力话语史。阿育王的人格曾经历过大逆转。据说，他当国王的前期，很想创建文治武功而流芳千古。所以他对内，采用暴力和酷刑手段来统治国家；对外，就不断地发动侵略战争，依靠残酷的杀戮来征服其他人民。他在华氏城北部建有一个大监狱，人称“阿育王监狱”。国王在监狱中实施酷刑来对付被捕的老百姓，凡是进了监狱的人，休想活着出去。有一天，一个佛教徒无辜被抓进了监狱，被判处了烹刑，即让刽子手们把他放在大锅中煮死。在行刑中，无论刽子手们在锅下面把火烧得怎样旺盛，水总是沸腾不起来。这个佛教徒在水中泡了很久，算是洗了一个惬意的热水澡吧！官员立马把这一怪异的现象报告给阿育王，阿育王才知道由于佛教徒思想中拥有真理，在精神力量的支撑下，任何邪恶的力量都不能战胜他。这时，阿育王所发动的征战羯陵迦（Kalinga）地区的战争又大获全胜。在这次征战中有“十五万人被俘，十万人被杀，死者不知其数”。阿育王嗜血成性以及大量的百姓无辜死亡的事实使他自己都觉得震惊和可耻。这样，阿育王决定信仰佛教，放下屠力立地成佛。阿育王息歇了战鼓，在全国响起了佛教的法鼓和螺号，数年间，他“用法鼓替代了战鼓”。阿育王在全国各地的交通要道上“建柱明誓”，同时又重修了许多埋有佛陀和其他圣徒遗物的窣堵坡，以宣扬佛教。此前，佛陀（释迦牟尼）死后各地已建有八座窣堵坡，其中葬有释迦牟尼的遗物和遗骨（佛舍利）。传说，阿育王把这八座窣堵坡中的遗骨、遗物又分成了若干份，共建有八万四千座窣堵坡来纪念释迦牟尼，弘扬佛教。阿育王又建立了许多石柱，在石柱上刻上铭文宣扬佛教。所以，玄奘在《大唐西域记》中记述说，他每到一个地方，就看到不少的窣堵坡和阿育王石柱。

信仰佛教的阿育王又把佛陀的遗骨舍利分为一百五十多份，散播四方，以此方式扩大佛陀的影响力。佛骨舍利还传播到了中国和其他信仰佛教的国家，中国陕西的法门寺就藏有佛骨舍利的一节手指，北京西郊的“八大处”的寺庙就藏有佛骨舍利的一颗佛牙 。直到今天，印度仍然耸立着许多佛骨舍利塔，其中最著名的是印度中部桑奇大塔和鹿野苑的“达克曼塔”（又叫法王塔）。

鹿野苑的法王塔

鹿野苑的法王塔高 33 米，是两层圆柱形构造。塔的下层的直径为 13.5 米，下层塔身上均匀地塑有八个很大的凸出的莲花花瓣。据说，塔身现已有部分塌陷入土中。玄奘在《大唐西域记》中描写过它的形状：“精舍（寺院）西南有石窣堵坡（即达曼克塔），无忧王建也。基虽倾陷，尚余百尺，前建石柱（即阿育王柱），高七十余尺，石含玉润，鉴照映彻。殷情祈请，影见众像，善恶之相，时有见者。是如来成正觉已初转法轮处也。”这是说：精舍的西南方向有座无忧王（阿育王）建造的塔，塔基虽然已经倾斜陷落，但塔身仍有一百多尺高。塔前竖有高七十多尺的石柱。石质晶莹闪亮，如铜镜映照。如果诚心诚意地祈祷诉求，石柱上就会出现祈祷者的身影，不时有人从那上面看到善报、恶报的征兆。这里就是如来成正觉后，初次宣讲佛法的地方。

法王塔的塔顶呈圆弧形。据外国专家考证，法王塔的形式是印度最早的“林伽”(男性生殖器崇拜）的形制，也就是说，古代的印度人用男性生殖器的形式来象征人类生命力代代相传和永恒不灭的意念。法王塔采用的“林伽”形式就是象征佛法永恒不灭。鹿野苑中的法王塔是实心塔，所以才能够建得如此高大；距离鹿野苑不远的旷野上，还另外建有一座法王塔，但早已坍塌为一个土丘了。英国著名历史学家汤因比在其著名的《历史研究》中说过：“艺术方面的现象为我们提供了明显的事例，因为一般人都承认每一个文明都创造了它所特有的一种艺术风格；如果我们打算确定任何一个文明的空间或时间上的界限，我们就会发现美学上的标准是最可靠的，虽然也是最不容易掌握的。”①

我从审美风格上判断，现存的这座“法王塔”无论从它所采取的“林伽”的形制还是装饰的纹饰来看，都应当是一座很古老的建筑。

首先，进入公元 2 世纪之后，印度建筑再也没有直接采用“林伽”和“覆钵”的形制建塔了，后来的印度教所建造的塔都是采取圆锥体的或四方锥体形的印度式的“世界山”的形制了。印度佛教的塔形传到中国后也就变成了方形或圆形的柱式塔和四方锥体形、圆锥体形的多层的塔式了。

其次，从鹿野苑的法王塔上的装饰纹饰看，更证明了它古老的特性。法王塔身上主要装饰的图案是呈涡旋状的莨菪叶图案和印度式的抽象纹式图案。

法王塔塔身的莨菪装饰纹样

莨菪叶

① ［英］汤因比：《历史研究》（上），曹未风等译，上海人民出版社，1964 年，第 304～305 页。

莨苕不产于印度。莨苕是生长在欧洲南部的地中海沿岸一种低矮的多年生草本植物。莨苕叶长着俏丽的锯齿形叶子，有着优雅的姿势。在古希腊的神话传说中，莨苕象征生命力旺盛和生命再生，因而被古希腊的艺术家和工匠们当作“生命力”和“性力”的象征符号普遍运用于各种装饰艺术之中。例如，古代希腊、罗马著名的多利亚柱式就是采取涡旋状的莨苕叶子作为纹样。往后，从拜占庭风格的建筑、哥特式风格的建筑，再到文艺复兴时期的建筑，莨苕叶几乎是所有欧洲风格艺术中最广泛的装饰纹样，无论是古罗马的万神殿的圆柱、梵蒂冈的枝状烛台，还是巴黎圣母院的墙壁等都把造型各异的莨苕叶纹饰刻于其上。莨苕叶还是欧洲诸多涡旋卷草纹样的原始形态，著名的“罗马卷叶纹”就是采用莨苕叶子的形状向两边持续延长形成的。西方艺术史家李格尔在《风格问题》一书中对装饰艺术中的“莨苕叶饰”的来源进行过考证：古希腊的科林斯式柱头的装饰纹样就是“莨苕叶纹样”，其柱头上的莨苕叶纹被用作花下的杯状环托。罗马建筑艺术史家维特鲁威曾在他的书中记述了这样一个动人的故事。古时候，科林斯城邦的一位少女殇逝后，她悲伤的乳母把一个装有女孩生前宠物的篮子放在她的坟墓顶上，并在篮子上盖上一片瓦。这个篮子碰巧放在一棵莨苕的根上。春天到来，植物发芽了，由于瓦片阻拦主茎向中间生长，茎叶便向外曲折，在边沿形成涡旋形。当雕塑家卡利马科斯无意中路过少女的坟墓时，他看到了奇特而美丽的呈涡旋状的莨苕叶子，感到非常惊奇。他从中获得灵感，就把涡旋状的莨苕叶子当作“科林斯”柱头的装饰纹样。卡利马科斯设计的柱式产生了轰动效应，从此这一风格的柱头纹饰就流传开来。

鹿野苑的法王塔建造的时间大约与印度河犍陀罗地区最初制作的佛像是同一时期，大概都是在公元前 3 世纪到公元前 2 世纪期间。正如最初的佛像是由希腊和罗马工匠承担制作的一样，野鹿苑的法王塔也是由希腊、罗马工匠主持或参与了它的建筑设计和制造。所以，他们特地采用希腊化时期地中海沿岸国家最流行的涡旋状的莨苕叶来充当法王塔的主要装饰纹样就显得非常自然了。

耸立在鹿野苑上的法王塔的塔身上装饰的就是遍布欧洲地中海沿岸的莨苕叶纹以及细密的印度式图案。这两种不同风格的纹饰同时出现在法王塔身，正说明印度文化善于融合其他民族的东西，甚至把不协调的东西也能融合成一体。后来的印度-伊斯兰艺术正是印度民族善于融合异质文化的结果。

我遵循佛教的仪轨，从顺时针方向围绕法王塔转了三次。这是向佛陀致礼的仪式。我细细地观赏塔身上美丽的莨苕叶花纹和古老的印度纹饰。窣堵坡的形式既是对伟大的佛陀不朽的精神的崇拜，又是对生生不息的人类生命的永恒性的崇拜。我不由得想到：古往今来，有多少善男信女同我一样曾来瞻仰过这座塔，并在塔下围绕着塔身向佛陀致礼；在未来的无尽的时日里，又将有多少人来到塔下，围绕着塔身向佛陀致礼呢!？伟大的人未必也是善良的人；只有既伟大又善良的人才可能获得永生！

大约从公元8世纪开始，一直到公元12世纪左右，随着阿拉伯军队和伊斯兰教的入侵，印度各种传统的宗教都遭受到了巨大的挤压，加之婆罗门教在“沙门思潮”的严厉批判下，自身改革成功，使婆罗门教从那种注重形式主义祭祀的宗教，提升成为注重反思的、精神性的宗教，从而获得了空前的发展生机，衍变成了后来的印度教。在正统宗教的影响力日渐扩大的情况下，佛教开始走向式微衰落。印度佛教的精英人士逐渐走向东方的印度支那半岛和中国。传说中的中国禅宗的创始人菩提达摩正是在南北朝后期（公元7世纪）来到中国的南梁的。

鹿野苑在经历了多次的士兵的抢劫和战火的焚烧之后，从此变成荒原……

我到处转悠后，才在废墟旁边的一处高地上，看到了被人饲养着的几只梅花鹿。它们关在铁栅栏中，悠然地在那里散步。这几只梅花鹿不过是为了证明鹿野苑的名称的真实性而采用的商标！这真有些搞笑！同样搞笑的是中国庐山下的白鹿洞的“白鹿书院”为了表明这是货真价实的白鹿书院，也在书院中养了一只白鹿，以此方式来“复古”、来验存此照，不由得使人感到有些滑稽。

我几次打听，才找到了阿育王石柱的残体。现在，那原本“石含玉润，鉴照映彻。殷情祈请，影见众像，善恶之相”的阿育王石柱已断裂成了长短不同的五节柱身，都竖着放在一起，但柱身上镌刻的铭文却依然清晰、工整、秀丽。上面修了一个凉亭来遮挡风雨，四周加上了铁栅栏。阿育王石柱的残体的亭子又矮又小，离大窣堵坡（法王塔）有两百米远。石柱顶上的著名的四个狮子的雕像在20世纪被人挖了出来，现今安放在附近的鹿野苑博物馆中。

残存的阿育王柱

鹿野苑的阿育王柱身和柱顶雕刻都可以称得上是绝世的艺术精品。

鹿野苑的阿育王石柱柱顶雕塑

这个石柱的石材采自瓦拉纳西附近的恒河上游的一个叫做“楚纳尔”（Chunar）的采石场。据考古学家测量，鹿野苑的阿育王石柱总高是15米，重约50吨。它原本由一整块石料雕刻打磨而成。结构上分为三部分：底座、柱身和柱头。石柱的柱身的直径约0.6米，长约12米，柱身呈淡黄色，有很强的透光性能，石柱被打磨得光亮照人，细腻而冷清；所以玄奘法师说它“石含玉润，鉴照映彻”。柱头总高2.1米，雕刻精美绝伦，由三部分组成：一个吊钟型的、刻有精细的凹凸槽的底座；底座上是一个厚度约30厘米高的圆盘形的顶板。这个圆盘形的顶板四周均分地刻有四个法轮（车轮），法轮之间用浮雕的方式刻有印度最神圣的动物：大象、马、公牛、狮子；大象代表东方，马代表南方，公牛代表西方，狮子代表北方。在圆盘形顶板的上部刻有四只后部身子连在一体的狮子，它们分别面向东、南、西、北四个方向。据说，原来设计的是四只狮子背上还安放有一个巨大的法轮。法轮和四个神圣的动物象征佛陀的精神威震四方。因为，释迦牟尼被佛教徒尊称为“转轮王”。在古印度语言中，转轮王就是世间智慧非凡、权力至高无上的伟大君主。

整个阿育王石柱的柱头，打磨得晶莹剔透，光洁无比。整个柱式都明显地表现出波斯王国的阿契美尼德（Achaemenid）雕刻的典雅风格和宏大气派。估计当时的希腊和波斯的工匠们得到了阿育王的一笔数量巨大的、大概一个工匠一辈子也做不完的订单，这就是在北印度全境上树立上千根阿育王石柱。

鹿野苑的阿育王柱头形象于1950年被印度国会确定为印度共和国国徽的图案！

我徘徊在鹿野苑。如今的鹿野苑仅有大窣堵坡孤独地耸立在那里……一些又瘦又黑的妇女在那里劳动，不急不忙地用小筐把泥土运走，她们的工作速度真像考古工作者一样！在这里，我又一次体验到了“印度时间”！

鹿野苑巡礼的佛教徒们

尽管鹿野苑的地面上到处是坑坑洼洼的屋基或墙基，但却总有一些身穿白袍的或黄色衣袍的印度佛教徒在这些废墟上曲曲折折地绕行，像是在细心地寻觅当年佛陀和五个弟子的足迹似的。在鹿野苑的废墟上，他们或是群体散坐着打坐，或者是听师傅讲经说法，或者自习经书……这些佛教徒来自印度全国各地和东南亚地区以及西藏。在近代，印度佛教几近失传，几乎可以说，近代印度社会上没有佛教徒。佛教于公元前 1 世纪左右传入中国后，在中国生根开花、发扬光大。佛教的所有流派，无论小乘、大乘、密宗等都曾经在中国广为流行过。经过中国文化的大浪淘沙，最终是大乘佛教在中国的广大地区站稳了脚，扎下了根。现今中国的云南、广西的边境一带的佛教徒因受东南亚宗教文化的影响，仍信仰小乘佛教；中国的西藏、青海、蒙古等地的佛教徒信仰密宗的喇嘛教。印度佛教于公元 10 世纪之后逐渐传至东南亚的各民族，在那里非常盛行，在东南亚主要盛行的是小乘佛教。例如现今的柬埔寨的吴哥古迹、缅甸仰光的大金塔和印度尼西亚苏门答腊的 ZZ 古迹等都是 10 世纪以后佛教在这些地区盛行的佐证。

这里，顺便给大家侃一侃佛教的小乘与大乘派别的区别。

年轻的乔达摩·悉达多原本并没有想去创建一个什么宗教。他只是为“人生的意义是什么”的问题感到困惑，为生命的存在和灵魂的去向感到无法理解而苦恼而已。他出家是为了求知，为了活得明白，这就是人们所讲的：他是追求“觉悟”；他的苦行也只是为了使自己能够获得超凡的精神力量和意志力，能拥有求知和觉悟能量而已。所以，乔达摩·悉达多离家出走、苦行和求知以及最终悟道成佛，成为觉悟者和智者，这一切都只能说明这是他个人的行为。他的得道觉悟，是自我奋斗的成功，是他自己精神思辨的成果，这些都同旁人的利害得失无关。所以，乔达摩·悉达多的道路，是印度社会自古以来常见的“自我拯救”“自我觉悟”“自我成佛（仙）”的个人奋斗成功的道路。这种成功之路的核心是“各人自扫门前雪，莫管他人瓦上霜”的个人主义。后来的佛教徒把这种个人的成材之路和孤独的个人奋斗者称之为“乘小车的人”——独自一人乘着一辆小牛车踽踽前行。最早，人们称乔达摩·悉达多为“佛陀”的意思，就是说他是“完全觉悟者”“伟大的觉悟者”，这是指他思想上的觉醒和开悟，原本与别人没有任何关系。

但是，乔达摩·悉达多得道成佛后，并没有独享其成果，而是把他获得的真理立马向弟子和其他人传播，以期共享福祉，而且在后来的四十五年中，他不断地奔走在印度大地上，向千百万人传播自己的真理，与大众共享自己的成果。这就不是个人主义、利己主义了，而是集体主义和利他主义了。所以，后来的佛教徒把佛陀和他的弟子、僧团称之为“乘大车的人”，就是说：自己坐上了大巴士，还拉扯上别人坐上大巴士，一起享福。

人上一百，形形色色。任何一个群体中，都有一些追求自我完善的、独善其身的人，他们是只管自救的、乘小牛车的人。当然在群体中也有一些不仅“自救”，还要去帮助和拯救别人的人，这种人就是乘大车的人。这就是大乘佛教和小乘佛教的基本区别。

小乘佛教和大乘佛教、密宗等佛教教派都先后传入了中国。为什么大乘佛教会在中国形成影响力最大的佛教宗派呢？这与中国的国情和中国人的实践哲学有密切的关系。

古代的中国社会长期沿袭的是血缘氏族社会。血缘氏族社会的基本结构是原始共产主义：成员共同劳动、共同分享成果；一人之难，即众人之难；一人有难，众人援助。别人有难，个人理应相助。后来的中国的儒家哲学强化了这种信念，使这种信念成为一种“社会责任感”。这就是“老吾老，以及人之老；幼吾幼，以及人之幼”的信念。中国的文人士子“以天下为己任”的抱负和责任感就在于：一方面要“自我完善”，另一方面又要“拯救大众”。可以说，中国人的民族心理中，自古以来就有“乘大巴士”的精神，就有扶贫救困的“拯救意识”和社会责任感。佛教传入中国，佛陀的“救人于危难”中的“拯救精神”和伟大人格，一下子迎合了中国人的精神需要，赢得了中国人民的尊敬，所以大乘佛教在中国就扎下了根，盛开出了鲜花。中国人创造性地改变了佛教中的“观自在天”神，把他从一个探究宇宙、世界本质和真情的哲学家，逐渐改变成拯救大众的“菩萨”，并且夸大了“观自在天”的法力，把他发展成具有“千手千眼”的“菩萨”。从此，哲学家“观自在天”变成了大慈大悲的、拯救大众的、普度众生的、有求必应的、无所不能的大神“观世音”了！

如今前来鹿野苑朝拜的佛教徒们，来自不同的国家和地区，信仰不同的佛教教派，因此他们的衣着各色各样，念的经文的文字各不相同。这种教派的形形色色的区分，也表现在鹿野苑周边的佛教寺院的名称上。

在鹿野苑旁边，沿着公路延伸下去，来自各地的佛教徒们修建了好多所佛教寺庙（有的寺庙为了高雅或好听，称之为“某某佛学院”）。在距离鹿野苑约一公里远的地方，我看见了一所“贝拿勒斯佛学院”，也看到了诸如中华佛教学院、西藏佛学院和斯里兰卡佛学院、缅甸佛学院、泰国佛学院等用各国文字标识的佛教寺庙。我估计，其中带有“中华”“西藏”等字样的佛教寺庙都是“非大陆”的，因为印度政府既然不允许中国大陆人在德里和其他城市开餐馆，岂能容忍中国大陆人在鹿野苑开办佛学院或开坛建寺呢？

我盼望着往后我的同胞们来到鹿野苑时，能看到中国佛教协会开办的“中国佛学院”；中国的“驴友”们能在印度各地城市的中国人开办的餐馆中吃上真正的“中国炒面”！

我深切地期盼着中、印两国更加友好！

三、从今生流向来世的圣河——恒河礼赞

我住的苏雅宾馆是一个设备齐全，服务周到的宾馆，入住这里的主要是外国游客。在入住宾馆时，大堂经理就热情地为我们介绍瓦拉纳西的参观项目，宾馆可以帮助外国客人安排市内的旅游活动，并合理地安排各种旅游项目的活动时间。

根据宾馆的安排，第二天清晨五点我们将去恒河边观看神圣的“恒河日出”。通常，旅客在恒河上来回漂荡约三公里，时间大约两小时，收取的船费是100卢比。我们这趟恒河游，包含着来回的汽车费用，收费是200卢比。

清晨五点钟，天还没有亮，宾馆的大门外一片幽暗。一辆小型面包车就载着我们一行六人直奔恒河岸边而去。车上除了我们两个中国人外，还有来自瑞典的一家四口——夫妻俩和两个儿子。在黎明前的黑暗中，面包车在瓦拉纳西陈旧的街道上转来转去，最后，在一个小街口停下来了。这时司机对我们说了些我们听不懂的话，另一个矮矮的微胖的中年男子凑上来冲着我们笑了笑，他用英语说：“我们走吧！”他们似乎就这样办了什么交接，我们也就莫名其妙地跟随着他走了。

这个矮矮的男人急匆匆地领着我们穿过了几条纵横交错的黑暗而肮脏的小巷。这些小巷建得像迷宫一般，不断地左转右转，黑暗中你根本弄不清方向。我们只顾在黑暗的小巷中急匆匆地择路而行，大家都没讲话，好像是去从事什么秘密的勾当似的。小巷的石板路狭窄而潮湿，石板被行人磨得光溜溜的。石板路的两边都是破旧房屋的高墙，所以小巷显得黑暗而阴森。我们又穿过一条小巷后，来到一条稍宽一点的巷口，这里有一个小小的印度教的寺庙，里面闪烁着微弱的烛光，在朦胧的光影中，似乎有两个人匍匐在那里诵经，我们刚经过寺庙，就传来清脆的手铃声和低沉的钟声。钟声在宁静的夜空中显得凄凉悠远……

又经过几条小巷，看见远处有人影在晃动，又听见了狗吠。我知道，这些也是前来朝拜圣河的人们！这时我们已来到高高的恒河的河岸上，看到恒河就在我们的脚下！我们紧跟着矮胖子的后面，从高高的陡斜的石梯急步而下，最后来到了恒河边。恒河边停放着许许多多的双桨小船，矮胖子把我们带到一艘小船边，让我们一行六人登上了小船。这时，有人默默地把点燃了的小小的莲花灯分发在我们手中，然后默默无语地伸手向我们要钱——每人收取10卢比。这一切动作似乎是在完成某种正常的宗教程序而不是在做买卖。因为，卖莲花灯的人似乎无须问你是否需要莲花灯，也无须向你商谈莲花灯的价格。

看到我们都坐下了后，矮胖子用脚猛蹬一下小船，小船就离开了河岸。船夫早已坐在船头上了，他双手把着船桨用力地划水，小船驶向了河中。船夫向我们示意，我们一边在心中默默地祈祷着，一边就把捧在手中的莲花灯轻轻地放在恒河水中，注视着它在水波中荡漾离去。

小船轻轻顺流荡漾……深红的太阳露出了明亮的日轮，黑暗的恒河被照亮了。这时，我才看清楚了同行的瑞典一家人。夫妻俩年纪约四十来岁，都有北欧人的雪白细腻的皮肤，先生长得英俊，金色的头发，很结实，个子较高，穿着深蓝色的衬衣和牛仔裤；他的妻子也是金发，蓝眼，身材高挑匀称，显得美丽而端庄。他们的两个儿子，一个约十一二岁，另一个大约八九岁，也是金发蓝眼。这一家人很安静，说话很低声，即便其他船上的人在惊呼什么，或者在我们船边突然冒出来一个游泳的人，他们都很淡定。他们只是不停地照相，或是微笑着留影。在整个恒河的旅游过程中，他们除了向我们微笑和点头之外，我们没有任何交流。这是很有教养的、矜持的一家人！

在朝霞的照射下，我看到瓦拉纳西的恒河河岸很有特色：河的左岸是长达几公里的陡峻的石头筑成的三级或四级大台阶。每一级台阶之间都建筑有约十多米宽的平台，每一级台阶都有几十级石梯。恒河涨水时，可能要淹没一级大台阶；退水时也就要露出一级大台阶。这些延绵六七公里的台阶，就是供上百万的人聚集到恒河岸时可以活动和滞留的地方。

延绵数公里的恒河河岸

在大台阶的顶部，就是瓦拉纳西的街道和小巷了。面临恒河的街道建筑有密密麻麻、重重叠叠、大大小小的房屋。如果你细细地了解这些房屋的形制和它们先后的建筑时间，就等于阅读了瓦拉纳西城市的近代史。当年，印度没有铁路时，内陆的运输全部仰仗恒河。瓦拉纳西河岸上最古老的房屋都与商业贸易有关，例如，商行、仓库等。后来，铁路开通了，运输的主要任务都由铁路承担了，瓦拉纳西的商业价值大大降低，这些商行、洋行的大楼就作为他用，例如，成为了养老院、医院、学校等。由于瓦拉纳西的商业功效减退，而宗教功能大增，恒河沿岸的房屋有许多改变成了旅社、贩卖宗教物品的商店，当然，为了容纳来自印度全国的印度教信徒举行崇拜活动，瓦拉纳西恒河沿岸的印度教的寺庙建筑也就大大增加，逐渐形成了现在的杂乱而拥挤的恒河西岸（左岸）。

恒河的右岸，或者说恒河的东岸是一大片冲积出来的沙洲。沙洲宽度约一公里多。这里杂草丛生，河水冲击出了许多的坑洼，积留了大量的河水，使这片沙洲成为大片的湿地。这里是无人之境，过去几千年中，很少有人到这里来。东岸荒凉而死寂的沙洲同西岸繁华而喧闹的城市形成了强烈的反差，似乎是阴阳两界：一边喧闹一边死寂，一边繁华一边荒凉，真是一生一死的阴阳两世界！

但是，事情也不绝对如此。据说，每隔三年，印度全国都要在恒河流经的其他四个城市，即布勒亚格（Prayag）、乌贾因（Ujjain）、纳西克（Nasik）和哈里瓦（Haridwar）轮流举行一次盛大的庆典来庆祝“大壶节”（Kumbh Mela）。关于大壶节的起源有这样一个神话：天界的大神同魔鬼们争夺一个装有长生不老神水的大壶，争斗中，大壶被弄倒了，流出了四滴长生不老的神水，分别洒在了上面这四个地方，从此，这四个城市的恒河河段就成为人们朝圣的地方。每三年一次的、长达 6 周的恒河大壶节吸引了印度全国及世界各地的人来到这四个城市。人数多达六七千万人！这个数字远远超过了全世界的穆斯林去麦加朝圣的三百万人的人数。西方基督教世界庆祝圣诞节时的流动人口也远远比不上它！在全世界范围内，在短短的时间中，除了中国的“春运”之外，就得数印度的“大壶节”的人口流动量最大。

在大壶节的时候，印度全国的很多人也来朝拜瓦拉纳西的圣河——恒河。这时，瓦拉纳西这儿的恒河的东岸就变得热闹非凡了！那时，涌来瓦拉纳西朝拜圣河的人们像海浪，像飞蝗，像蚁群……恒河西岸无立足之地，人们就渡过恒河到东岸来，沉浸在恒河水之中。对于朝拜的人们来说，只要在恒河边有一块立足之地，这就是他们的圣地，就是他们短暂的栖身之所！

黑格尔说过：“宗教没有历史。”黑格尔的意思是说：历史就是过程，有开始和结束。如果宗教承认了历史，就意味着以有限的“历史”否定了神的“永恒性”和“无限性”。所以，印度这一宗教的国度，除了神话传说外，没有准确的、纪年的历史典籍。关于瓦拉纳西的所谓的历史也只是神话传说而已。

传说瓦拉纳西城在六千年前由大神湿婆创造，被称作迦尸（Kashi），意为“神光照耀之地”，晨曦的光芒就是神的光芒。因此，至今瓦拉纳西城中祭祀湿婆的大大小小的庙宇鳞次栉比，据说总数达两千多座，瓦拉纳西的恒河西岸的印度教寺庙就达几百座。中国东晋的高僧法显访问瓦拉纳西时，这里称之为“伽尸国”；四百年后，唐代的大和尚玄奘来到这里时，它的名字已改为“波罗奈国”；18世纪末，英国殖民统治者把它叫做“贝拿勒斯”（Benares）；印度共和国成立后，才又改成了“瓦拉纳西”这个古老的名字，其意思为，这是“瓦拉纳”和“阿西”两条河流之间的城市。

从古代的《吠陀》时代起，瓦拉纳西就因为它是婆罗门教的中心而繁荣；据说，在古代，婆罗门教（前印度教）的许多经典就是在瓦拉纳西编撰和确定的。大概正因为瓦拉纳西是圣城，它才历经了种种磨难而延续至今。全印度的印度教徒都有一个终生的期许：在一生之中，无论如何一定要去一次瓦拉纳西朝圣；一定要在瓦拉纳西的圣河中沐浴，以洗净自己身上的罪孽！他们最圣洁而崇高的愿望是能够在圣城瓦拉纳西死去，把火化后的骨灰抛撒在纯净的恒河中……

在印度教徒的心中，瓦拉纳西的恒河是从今生流向来世的圣河。“圣雄”甘地的遗体在德里火化后，他的骨灰就抛撒在瓦拉纳西的恒河中，他从此获得了永生！

德里的甘地墓其实只是甘地遗体的火化地而已。印度政府修建甘地墓只是为了提供一个凭吊这位“圣雄”的场所！

上古的《夜柔吠陀》中有一首“巴梵摩那歌”吟唱道：

从虚幻迷妄中，导我于真理！
从黑暗重重中，导我于光明！
从死亡毁灭中，导我于永生！

这是自古以来印度人的人生理想和追求！

正因为印度教徒心中充满这种来世的期许和美好的理想，两千多年来，瓦拉纳西一直繁荣兴旺，人们不断地满怀期许的兴奋奔向圣城，又满载着净化后的快感和轻松离去……日复一日，年复一年，一世复一世，直到今天，还将延绵到未来……

西藏的佛教徒不也是在这种神圣而虔诚的信仰中，发誓要从雪山深谷“叩长头”出发，日复一日地叩头前行，直到拉萨的寺庙朝圣吗？

全世界的穆斯林不也是终其一生的努力，一定要跋山涉水，甚至坐飞机直奔麦加圣地朝圣吗?

信仰的激情无尽地延续着……连接着过去与未来。坚定的信仰和狂热的激情任何人也不能阻挡，任何人也无法改变。

在瓦拉纳西，恒河的日出神圣而永恒！人们都相信，沐浴了恒河的第一缕阳光的人将获得宁静与永生！几千年前，咏诵《梨俱吠陀》的诗人就唱道：

太阳从那无穷的日子开始，黎明已照射……
而今后她仍将照射，
不死的她移动在自己的力量中，
永不衰退。

在我们以前的、看过早晨之太阳东升的人们都已去了。
我们，我们生存者，现在看到它的光明，
而今后看她的人们，
他们将要来了。①

个人的生命无限地轮回；人类的生命无限地延续；人们拥有着今生，却憧憬着来世，这就是宗教给人的迷人的希望和无穷的力量。

一位学者的哲理诗说：

一年中，
有多少次风和日丽
有多少次雨雪交加?

人生中，
有多少次晨曦中的出发；
有多少次晚霞中的归家?

轮回中，
谁说得清这是生命的多少次的周而复始?
今夕复何夕

① 印度古代圣典《梨俱吠陀》中一首歌颂黎明女神的诗。转引自《印度三大圣典》，糜文开译，台湾“中国”文化大学出版部，1980年。

当下是哪朝哪代的年华？

日是旋转的星
月是旋转的球
云是聚散的气
水是变化的流

春夏秋冬
沧海桑田
生与死是生命交替的游戏
灵与肉是变动的幻景

你凝望蓝天上聚散的白云
你注视河水中流动的旋涡
你就会参透生死：
我哟——浮云
你呀——旋涡！

瓦拉纳西就是从今生走向来世的地方；这里，既是生命之旅的休息之地，又是新生命的出发之地。

在印度，世俗生活中的一切，只要和神灵越近就越圣洁、越干净；离神越远，就越不干净。例如，牛是圣物，是湿婆身边的伴侣、随从，因此，牛是最干净的，即便是牛粪，也是干净的，印度人经常在牛圈旁边用餐！

瓦拉纳西是离神最近的地方。

瓦拉纳西，这个让人能够参透生死的地方哟！印度人要从今生走向来世就要到瓦拉纳西礼拜朝阳和恒河！思想者要参悟生死，就得到恒河岸边静思默想。对于印度教徒来说，生活中再普通不过的沐浴、饮水、拈花等，一旦在恒河岸边发生，这些琐事就要被匹配上神圣的意义，琐事就变成了神圣、庄严的仪式。

外国人要读懂印度，就要到瓦拉纳西观察体验，去品味他们的生与死的理念，去聆听那神秘而悠远的祈祷声……我就是奔着这个目的去神秘的瓦拉纳西的。

印度教——人数众多而体制松散的宗教

宗教学所认定的成熟宗教有三大要素：教主（创始人）；僧团组织；教义、仪轨、戒律。如果用这个标准去审视印度教的话，你就会发现印度教并不是典型的成熟宗教。印度教没有教主，只有所崇敬的多神；没有固定的僧侣团体和组织；没有明确的宗教教义、仪轨和戒律。相比世界上的其他成熟宗教，印度教没有这些特征。

天主教（基督教）的神是上帝耶和华，教主是基督；教义是《圣经》；有统一而完备的教会和仪轨戒律（如“十戒”）。

佛教的神是多神，教主是释迦牟尼；佛教自古以来就有确定的教义（佛教经典）；有统一的僧团组织和仪轨戒律。

伊斯兰教的神是真主安拉，教主是穆罕默德；教义是《古兰经》；伊斯兰教有严格的僧团组织和仪轨戒律。

印度教是信仰多神崇拜的，以民族的生活习俗、习惯为行为准则的宗教。印度全国约有百分之八十的人口信仰印度教，数量达十亿人之多。几千年来，印度教（古代称之为“婆罗门教”）就是印度文化的主色调。

印度教没有创始人；没有传教的僧团（传教士）；没有严格的教义，也没有严格的礼仪、仪轨和祈祷的规定。准确的说法是，印度教是绝大多数印度民众的一种生活方式，一种生活习俗、处事原则和道德观念体系。对于印度教徒来说，宗教是心灵的体验和人生态度，宗教不是抽象的思想或理论，印度教的信仰是一种对生活的信念，一种生活的方式和习俗。这一点很像中国儒家思想对于中国人的影响力一样，儒家的生活原则和处事态度，就是中国人心目中的信仰！

印度著名的思想家、政治家贾瓦哈拉尔·尼赫鲁在其著作《印度的发现》中说：从信仰的角度看，印度教具模糊性、不定型等多方面的性质，每个人都有自己心目中的印度教。

公元前一千五百年左右，东进的雅利安人同生活在印度河流域的达罗毗荼人相互接触、相互融合，形成了新型的雅利安-达罗毗荼文化。达罗毗荼人从事农耕生活，崇尚生殖与生命崇拜；游牧的雅利安民族崇尚自然物崇拜。这两种文化融合后形成了一种重内省的、重精神思维的宗教——婆罗门教。公元9世纪时，印度著名哲学家商羯罗（Sankara）整合了此前的印度思想，尤其是吸收了佛教的一些重要思想，建立了一神论的客观主义哲学-神学体系，即吠檀多哲学体系，在吠檀多派哲学的影响下，古代的婆罗门教（Brahmanism）逐渐转化为印度教（Hinduism）。印度教正式把古代的经典《吠陀》《奥义书》《薄迦梵歌》尊奉为印度教的三大经典；把精神性的“梵”看作绝对的本体、绝对的实在。“梵”的特性是，梵是独立于天地、不依赖任何东西而存在的“精神”；梵隐藏于万物之中而不显现出来；如果说梵要显现其本来的形相，那只能用太阳来比喻。阳光色彩斑斓，光彩不断变幻，既可感觉，但又不能把握，阳光的光线呈现出各种变化，这各种各样的光线就是梵所显现的众神的形象。

印度教是多神教，在众多的神灵中，主要崇拜三位大神，它们是梵天、毗湿奴、湿婆。印度神话说，湿婆为了创造世界，就从自己的左半边生出毗湿奴，从右半边生出梵天。这三个神都是宇宙的真理——是“梵”的显相，也都像阳光一样，都是变化着的形象。梵天是创造神，毗湿奴是保护神，湿婆是毁灭神。根据吠檀多哲学的解释：这三位神都不是独立的神，而是互相依傍、互相转化的神——因为没有毁灭（湿婆），就没有创造（梵天），而毁灭与创造的过程都需要维持和保护（毗湿奴）。所以，“梵”的真理只存在于“三位一体”之中，强调任何一方面的神，都是片面的、谬误的。同样的道理，每一种生命在结束时，都会以另一种生命形式再生，这就是轮回。一切事物与生命都处于不断的循环往复之中，就像昼夜交替、季节变化一样。人的生命的“生”与“死”也是处于不断的交替、变化的“轮回”之中。决定人的生命形式变化的关键在于“业”（Karma）。所谓的“业”就是，一个人死后将会怎样转化、投生，取决于今生今世的所作所为。一头猪很可能前世是一个作恶多端的人；一个幸福吉祥的人，前世可能做了许多善良的事才会有今世的吉祥的结果。一个灵魂经历多次的转世，有多种生物的形态，在这过程中积累了无数的罪孽，因此，要彻底摆脱轮回，要摆脱罪恶与痛苦，唯一的办法就是不断地赎罪。赎罪的方法就是“去欲”“苦行”“行善”——即不杀生、施舍和帮助别人等。

印度教崇尚的最高境界是梵我如一（梵我合一），这是说，任何生命总有生存的烦恼；人的生命要从不断的轮回中解脱出来，达到不再轮回即不生不死的境界，从而就永远结束了烦恼。为了达到“梵我合一”，首先是“行善”，其次是“去欲”，再次是苦行修炼，去除生存中的罪恶。

印度教徒理想的人生模式是把人生阶段分为“四期”：梵志期——学习、读书期；居家期——结婚生儿育女，承担人生应尽的家庭与社会责任；林栖期——离开家另住森林之中，总结人生的各种体验，领悟人生的道理；漫游期——抛弃家庭，外出漫游，成为无拘无束、无欲无求的人，达到身心的解脱。

印度教的许多重要思想，成为后来的“印度思想”的核心。“印度思想”的核心有以下三个方面：

一、印度教徒信仰并坚守“达磨”。什么是“达磨”呢？梵语中“达磨”主要有以下三种含义：第一，这是一个哲学概念，它指事物内在的隐性的本质、法则或规律。例如，湿是水的本质，燃烧是火的本质。第二，“达磨”是永恒的、独一无二的真理。第三，“达磨”又是伦理学的概念，是指信徒应当坚守的基本道德准则和行为的规范以及应当承担的社会义务。在印度教信仰中，所有人都应当遵守的“达磨”都是要为别人服务、帮助别人——“为他”和“利他”就是“达磨”伦理思想的精髓。这相当于中国伦理道德中的“我为人人，人人为我”。例如，父母所要遵循的“达磨”就是养育和照顾子女；医生应当遵循的“达磨”就是治病救人；军人所遵循的“达磨”就是保家卫国。可见，“达磨”即天职、责任。

“达磨”的利他主义就在于互相服务，彼此彰显，彼此播撒光明。在印度民族的思想观念中，人与人之间是相互映照的关系，就像太阳照亮星辰，星辰反射阳光一样；就像太阳照射水面，水面泛动光波一样，万物都是相互映照、相互映射光辉而共同发光一样。印度哲学中早就有珠宝相互光辉的比喻，最终，是以“达磨”的概念加以总结。

二、前面已说过的“因果报应”和“轮回说”。

三、非暴力说和仁爱说。印度教徒坚守“不杀生”的信念。“不杀生”就不会去戕害生命，不会以暴力对抗暴力，哪怕是面对邪恶的暴力，也不会以杀戮对付杀戮，以鲜血清洗鲜血。这就是后来圣雄甘地提出来的“非暴力不合作”。不以暴力抗恶，就要与“恶”和平共处，去唤醒“恶”的良心，改变“恶”的灵魂。这就是要对“恶”施以仁爱，做到“以情动人”，要坚持教育罪恶的人，唤醒他的爱心和良心。甘地说：“非暴力”和“仁爱说”意味着“无限的忍耐力”！印度教徒坚信“以柔克刚”“水滴石穿”的坚韧性。印度思想中的“非暴力”“施仁爱”的主张，非常接近基督教的仁爱和忍让思想。《圣经·新约·马太福音》中就有：“如果有人打你的左脸的话，你把右脸也伸过去。”

只有睿智的人才会坚信仁爱的精神和真理、道德的力量是无敌的！

印度教教义的散乱性决定了印度教的思想观念中存在许多自相矛盾的地方。例如，印度教一方面宣扬禁欲和苦行，另一方面又公开张扬性欲、肉欲等享乐主义的东西。

当然，印度教中还有许多古代以来就形成的、不成文的陋习。例如，重男轻女、寡妇不能改嫁、妇女不公开抛头露面等。

在瓦拉纳西的恒河畔边，印度教的思想与实践得到了最真切、最充分的表现。你来到瓦拉纳西的恒河畔，你就可以领会和读懂印度教！

世界上最长的大台阶

恒河边的大台阶

瓦拉纳西的恒河河岸最引人注目的是它那延绵近七公里长的，由那些高高的、陡峻的大台阶砌成的河岸。瓦拉纳西人把通向河边的石头大台阶称之为“迦特”(Ghat)。梵语中，迦特一词的意思是“通向山顶或水边的台阶”，特别是指那些通向圣山和圣河的阶梯。在瓦拉纳西的心目中，迦特既是通向河边的台阶，也是人们在圣河中沐浴以及进行其他宗教活动的神圣场所。

恒河水涨水落，台阶时隐时现。千年不变的是，人们总是在大台阶上沐浴、盛水、祈祷、禅定、苦修、祭祀、晾晒衣物，直至在迦特上火化尸体。你在迦特上的一天所见到的景象，就是千年前的景象！瓦拉纳西的迦特浓缩了时间，累积着岁月，汇聚着故事。瓦拉纳西城最早所建的迦特、庙宇和民宅都有它的故事。千百年来，经过历代王公贵族不断的兴建，时至今日，瓦拉纳西河岸上大约有一百个迦特，每个迦特都有自己的故事和由来。例如，“湿婆拉迦特”(Shivala Ghat) 是由瓦拉纳西的藩王所建。他在恒河岸边建有豪华的红砂石墙的宫殿。宫殿朝向河岸的大门，宽阔的大理石的台阶缓缓倾斜直入河中。藩王生活在神圣的恒河边，可以获得无量的功德！现在，在宽阔的湿婆拉迦特上，总有几十头“圣牛”沉浸在恒河的水中享受着清凉。

从瓦拉纳西城河岸的南端向北延伸，共建有好几个著名的专供人们沐浴的迦特。如果你乘坐小船由南往北，即从恒河的上游漂流而下，先后要经过“阿西迦特”(Asi Ghat)、“切特·辛格迦特”(Chet Singh Ghat)、“达斯瓦麦德迦特”(Dashwahmedha Ghat)、“达邦嘎迦特”(Darbhanga Ghat)、“阿迪凯沙瓦迦特”(Adi Keshava Ghat)和“玛尼卡尼卡迦特”(Manikarnika Ghat)。但在所有的大台阶中，我觉得最有神秘意味的，最震撼人心的有两个：

恒河祭祀

一个是“达斯瓦麦德迦特”，它是瓦拉纳西最大、最出名的迦特。每天傍晚，印度教徒就在这里举行盛大的“恒河祭祀”。每晚同样举行恒河祭祀的地方还有“贝拿勒斯迦特”(Banaras Ghat)。现在，这里的祭祀活动早已闻名全世界。瓦拉纳西的恒河祭祀已成为了大型的宗教民俗表演活动了，凡是去瓦拉纳西的人，没有不去观赏这一祭祀活动的，就像中国人去云南大理没有不去参观《三月三》的，去桂林没有不看《印象刘三姐》的，去湘西张家界没有不去观赏《天门狐仙》等大型歌舞晚会一样！

另一个是“玛尼卡尼卡迦特”。它似乎比“达斯瓦麦德迦特”更为有名，具有世界性的知名度，就像埃及的金字塔、中国的长城和中东的死海一样。因为它是恒河岸边的火葬场，是印度教徒销毁人的躯壳和臭皮囊的地方。

百年以前的瓦拉纳西河岸上，在上、下游的迦特中各建有一个火葬台。上游的那个火葬台叫做“哈里希恰德拉迦特”(Harishchandra Ghat)。它是恒河边上最古老的迦特之一，过去它专为贫穷者和非印度教徒服务，如今基本上没有使用了。另一个叫做“玛尼卡尼卡迦特”(Manikarnika Ghat)。它也是瓦拉纳西最古老的迦特之一。它的规模比上游的火葬台要大很多，在若干个火葬台中，居于中间的一个高台是专为王族和重要人物火化用的。

遥想当年，如果你站在恒河对岸的沙丘上，远远地看到在这两个迦特的上空升腾起来的焚烧尸体的青烟，你一定会体验到这两个“迦特”正像通往天堂的两扇门。你也就能领会为什么人们把瓦拉纳西称之为“天堂口”——即“天堂的入口”！

在恒河边，人的灵魂已得到净化，灵魂已飞向天国，留下的躯壳和臭皮囊需要通过火化的方式来清理，所以，千百年来，“哈里希恰德拉迦特”（Harishchandra Ghat）和“玛尼卡尼卡迦特”（Manikarnika Ghat）这两个大台阶，就是人们用来清理死者的躯壳和臭皮囊的“垃圾清理场”。

圣洁的恒河与污浊的“垃圾清理场”奇妙地结合在一起，这就是“印度式的糅合”，也是瓦拉纳西的恒河的神圣性所在。

现在，“玛尼卡尼卡迦特”作为“人体躯壳处理场”，它所占有的地盘越来越小。瓦拉纳西的恒河岸边的迦特，更多是用作沐浴、静坐、修炼和旅游者观赏玩耍的地方了。

恒河泛舟见闻

我们乘坐的小船开始从上游（瓦拉纳西城的南端）的“阿西迦特”向下游慢慢地漂荡，距离河岸大约六七十米。此时，恒河还处于黑暗之中，河岸边的景象还显得朦朦胧胧，只能看到一些高大的建筑物的轮廓。船夫收了桨，示意我们观看恒河的对岸。蓦然，东边地平线上的一抹晨曦划破了黑暗的夜空，千万束霞光直射恒河西边的河岸，太阳露出了一弯暗红的圆轮。整个恒河长达六七公里的陡峻的河岸上那些高高的石梯全部放亮，就像黑暗的舞台突然被聚光灯照得通体透亮似的。在这一瞬间，那些身处黑暗的河岸上的人们发出了一片惊叫！岸上所有的人：那些沐浴的人，打水的人，平台上正静坐禅定的苦行僧，正在水中游泳的人，洗衣的人都低声

恒河日出

咏诵起祈祷词，有的人把裸露的身体沉浸在清凉的恒河水中，有的人开始了对太阳神萨威德丽的礼拜……

恒河的日出唤醒了一切有情众生，激发了他们的生命力！

刹那间，我体验到了《圣经·创世纪》中的那段描写——耶和华说："这宇宙太暗了！要有光！就有了光！"顿时，宇宙变得通体透亮！千百年来，大概人们反复体验到恒河日出的迷人景象，领略了它的魅力，所以更增加了瓦拉纳西恒河日出的神秘性和神圣性！

河面上还处于朦胧的黑暗之中，我们小船附近还荡漾着别的小船，我只能看清人的轮廓而看不清楚他们的脸。我举起相机，连续拍下若干张"恒河日出"！

我多次欣赏过长江上的日出。黎明前的长江，真是"星垂平野阔，月涌大江流"，长江上的日出显得特别壮丽、雄阔而博大，令人惊诧和震撼，但是，一点也不神秘。恒河的日出却被印度教徒赋予极大的神秘性。

据说，来自世界各地的旅客和信徒到瓦拉纳西礼拜恒河，不少人却抱憾而归——他们没有看到恒河上绚丽的日出！

金色的恒河河岸

天亮了，金色的朝阳把恒河岸上的大台阶染成了一片金色。这些大台阶和河岸上错落的大大小小的建筑，很像中国的长江所流经的"四川江段"，尤其像过去的宜宾、重庆、万县等地长江岸边的陡峻的台阶。台阶上的混杂和忙乱的景象也很相似。但人们所忙碌的内容和目的却相去甚远。中国人忙的是挣钱谋生，印度人忙的是净罪与超度！

清晨的恒河河岸上，到处是密密麻麻的人群，他们各忙各的，但都关乎宗教和人的生死！

世界上最大的沐浴场所

恒河沐浴

从河上望去，这些有名的沐浴迦特的河岸边上，到处都是拥挤的人群。只围一条白色腰布的男人和穿着鲜艳的、五颜六色的纱丽的女人们都拥挤在一起。妇女们穿着鲜艳的绿色的、黄色的、红色的或紫色的纱丽来到恒河的台阶上。她们有的坐在没入水中的石梯上，口中念着祈祷词，不断地把水浇到头顶上和身躯上；有的站在水中，把自己的身躯浸没在水中。男人们有的站在河水中，有的坐在水中的石梯上，都裸露着上半身，不时把整个身体浸泡在浑浊的河水中；有的人在河水中自由而惬意地游泳，有的游泳高手还让身体平躺在水面上静静地漂流。我想，大概正是这些游泳高手的表演，才让许多人产生了错觉和误传：瓦拉纳西的恒河中经常漂流着死尸！此刻，我们的船离岸不远，就在我们乘坐的船边上，突然冒起来一个全裸的“死尸”，吓得船上的孩子和女士尖叫起来。我定睛一看，原来是一位两鬓长着络腮胡子的中年男人正仰面在水面上漂流！这是一位真正的游泳高手，我连忙用相机把他照了下来。

水上漂流

在水中洗净了身体的信徒们，又把衣服和纱丽在水中清洗后晾在石梯上；有的人用大大的金属水壶、玻璃水瓶、塑料大桶等装满圣河的河水，或扛着、或顶在头上、或拎着慢慢地爬上高高的大台阶的石梯……他们是要将圣河中的“圣水”带回去给不能前来的家人和亲戚享用哩！

印度教的教徒们相信，恒河水自天上来，它从大神湿婆（Shiva）的头上流下。长期饮用恒河的水有起死回生的奇异效用，经常在恒河中沐浴可以洗清人生中的罪孽。根据印度教教义，信徒在恒河（或其他河流）中沐浴，要站在齐腰深的水中，将水泼洒头顶三次，然后全身完全浸没在水中三次，才能达到净化罪孽的目的。

在瓦拉纳西，每天的日子从恒河沐浴开始，到恒河沐浴结束。据说，即使是最平常的日子，在瓦拉纳西约七公里长的河岸的迦特上，也有约六七万人将自己完全投入恒河的怀抱中。

更令人震惊的是每年的“大壶节”（也叫做“潘切提锡·雅塔”，Panchatirthi Yatra）期间，从黎明至黄昏，来自印度全国各地，乃至于全世界的朝圣者们，都蜂拥至瓦拉纳西，那时节，瓦拉纳西所有的旅社都爆满，所有的街道都堵塞，所有的迦特上支满了帐篷……人们都想到五个沐浴迦特上来沐浴净身，如果迦特上实在拥挤不堪了，人们就划着船奔向恒河东岸的沙滩上去……这时，瓦拉纳西的恒河的怀抱中，每天就有一二百万人沐浴净身，嬉戏玩耍，度过他们宗教人生中最神圣的嘉年华！

瓦拉纳西可以骄傲地宣称：这里是全世界最大的沐浴场所。因为，它的沐浴的台阶长达七公里，在“大壶节”期间，加上恒河的东岸的沙滩，使它成为世界上最大的沐浴场所；每年来到这里沐浴的人数最多，高达两三千万人！

世界上最敞露的火葬场

小船缓慢地顺流漂荡。我不断地拍着恒河上的各种景象，这一切景象对于一个来自非宗教信仰的国度的人来说都格外地新鲜和神秘。小船划向了下游的一个迦特。这里的房屋、台阶、石梯、沙岸、河水都显得一片灰黑，河岸上一堆一堆的黑色的灰烬上还冒着一些青烟。稍远一点的台阶上整齐

恒河岸边的玛尼卡尼卡迦特火葬场

地堆放着一个一个小山似的木柴堆，还有人在柴堆边劈柴，有一艘满载木材的小轮船正在卸货。我一下子意识到，这里就是举世闻名的专门火化死人的“玛尼卡尼卡迦特”了！

我兴奋地站了起来！开始拍玛尼卡尼卡迦特的景象。这时，船夫惊慌地叫起来：“不要拍照！快坐下！”同时，那个瑞典先生微笑着关照地对我说：“这里是不允许拍照的。”我才如梦初醒，连忙坐了下来。这时，船夫早已灵巧地转过了船头，离开了玛尼卡尼卡迦特，把船往上游划去了。在这短短的瞬间，我只抢拍了两三张玛尼卡尼卡迦特的镜头。我想不通的是，既然这里不允许拍照，那么，瓦拉纳西城中到处叫卖的印有玛尼卡尼卡迦特火葬场的明信片又从何而来的呢？各国电视台介绍瓦拉纳西城的文化古迹的镜头中，尤其是介绍玛尼卡尼卡迦特的故事，包括从事火葬的人员过去、现在的生存现状，火化前的价格商谈和必需品的购置、火化的过程等又是如何被允许拍摄的呢？

玛尼卡尼卡火葬场可供参观，不供拍摄。这至少比西藏的“天葬”台“绝对不允许观看”的规定要宽松一点。

印度教徒死后绝大多数都采取火化的方式处理尸体。这个三千年前从伊朗高原下来的民族，就像他们祖先“琐罗亚斯德”教徒一样，崇拜“火”；他们认为“火”可以烧毁一切罪恶，火可以净化人的灵魂。

对印度人来说，恒河不仅是养育他们的母亲，更是通向天国的阶梯；圣城瓦拉纳西是离天神最近的地方，是天堂的入口。他们深信，一个能够死在瓦拉纳西的恒河边，并在这里火化，能将骨灰撒进恒河的人，将得到天神特别的照顾：他的灵魂将直接升入梵天净土，不必再受轮回转世之苦。千百年来，“能够死在瓦拉纳西，能够在恒河边火化，能够把骨灰抛撒进恒河中”就成为印度教徒的终极理想！因此，每年都会有成千上万的垂暮老人来到瓦拉纳西的岸边，安详地等待死神的召唤，随时准备进入梵天圣土。地处瓦拉那西下游的恒河岸边的玛尼卡尼卡火葬场每天二十四小时都有着十多个大大小小的火葬堆在不断燃烧。传说，焚尸的火种来自湿婆神降下的天火，它已经在玛尼卡尼卡迦特的印度教的湿婆寺庙的房顶上燃烧了3000年哩！现在，寺庙里的僧人像保护“奥运会的火种”一般小心翼翼地保护着湿婆的火种！

玛尼卡尼卡火葬场的火焰与众不同。它不仅烧毁人的躯壳，而且烧毁无止尽的轮回！它是让人解脱的火焰！上古的《夜柔吠陀》中的“巴梵摩那歌”就吟唱道：

从死亡毁灭中，导我于永生！

印度教信徒这种独特的死亡理念，正如大诗人泰戈尔吟咏的那样：

像一群思乡的鹤鸟，
日夜飞向它们的山巢，
在我向你合十膜拜之中，
让我全部的生命，
起程回到它永久的家乡。①

也像中国歌手朱哲琴演唱的歌曲《天唱》中说的那样：

最后的死去和最初的诞生一样
都是温馨时光。

最后的晚霞和最初的晨曦一样
都是太阳的辉煌。

解脱就是灵魂升华到了永不轮回的、不死不生的境界！在印度教徒看来，玛尼卡尼卡火葬场的火焰是欣喜的火焰，欢腾的火焰，激动人心的火焰，让人狂喜的火焰！

玛尼卡尼卡火葬场拒绝悲哀，拒绝哭声！它意味着笑着向人生告别，笑着迎接灵魂新生的欢腾！

玛尼卡尼卡迦特天天上演着死亡的狂欢！

正因此，玛尼卡尼卡火葬场只允许死者的男性亲属进入，女性则一律禁止入内，据说是担心女性忍不住哭泣，把死亡的狂欢搅浑了！外国女游客享有可以观赏的优惠，但是绝对不允许拍照。

我曾经看过中国中央电视台播出的关于瓦拉纳西玛尼卡尼卡火葬场的一部专题片。电视中，一位火葬工告诉记者：对于死亡，我们不喜悦也不悲伤，眼泪只会阻碍亡灵升入天国的进程。

印度教徒都懂得：火葬柴堆上空的每一缕轻烟都是一个解脱了的灵魂；他

① ［印］泰戈尔：《泰戈尔全集》第 4 卷，白开元、黄志坤译，河北教育出版社，2001 年，第 318 页。

们在脱离红尘的时刻，跳起了最后的华美的舞蹈，然后袅袅升入凡人不可见的天堂。我们又为什么不为他们鼓掌高兴呢？明白了这一点，也就能明白为什么在火葬后的第七天，人们会在欢快的宴饮之后登上小船，快乐地将亲人的骨灰撒入恒河中，然后将其彻底地遗忘掉。

印度教徒从不用眼泪送别亲人。因为从事理上讲，人生是一种痛苦，是一种罪孽；死亡是解脱，是净罪。既然如此，如果亲人获得了解脱为什么要流下悲伤的泪水呢？

印度人面对死亡，乐观而淡定！

印度文化中让外国人，尤其是西方人最困惑的莫过于恒河边上的火葬仪式。在世界各民族的文化中，死亡和丧葬都是非常悲痛的事。古埃及人在亲人死去后，要夸张地宣泄悲情，妇女们用烟灰涂抹脸庞，用肮脏的灰土撒遍身上的衣服，她们满街奔走，哭天抢地为死者哭泣，并且不吃不喝地哀悼许多日子。其他古老的民族，没有一个不因为死亡而感到悲伤的。古希腊人的风俗规定，必须为战死的英雄们举行最高规格的葬礼，全城公民都应当以悲伤的情怀哀悼他们。雅典城邦著名的政治家伯利克里在哀悼战死的英雄们时说："我们没有了他们，就像一年之中没有了春天！"中国人为亲人的死亡而悲伤，儿子必须为死去的父母守孝三年而不从事任何事务！

然而在瓦拉纳西的玛尼卡尼卡迦特，尽管每天都有若干死人在这里被火化掉，他们的骨骸被抛撒到恒河中，这里，却永远没有悲痛和哭泣，只有默默的祈祷和告别。

瓦拉纳西拒绝悲伤，拒绝哭声，这使很多外国游客感到困惑，他们很难理解印度教徒的生死观念！

恒河边上的解脱灵魂的火焰对我们有什么启示呢？它会影响我们中国人的死亡观吗？

恒河岸边的老城中的小街小巷犹如迷宫。外来的人，尤其是外国游客绝大多数人在老城中都要迷路。贝拿勒斯大学中文系的同学们告诉我一个绝妙的方法：如果你想要找到去玛尼卡尼卡迦特的路，你在较大的街口上，只要听见高亢而华彩的歌声，寻声而去，就能够见到一副裹着色彩鲜艳罩子的抬尸架。你只要尾随其后，不久就可以到达目的地。如果你坐船漂流从河上寻找玛尼卡尼卡火葬场就更容易了：它白天冒着青烟，晚上闪着火光。玛尼卡尼卡火葬场二十四小时都接待死者，千百年来从不懈怠！

印度教徒的丧葬习俗是这样的：亲人去世后，他（她）的遗体都要经过认真的清洗，再用约五六米长的白布将全身都缠裹起来，外面再裹上一层三米长的红、黄底色加金银丝的纺织品。然后，再由男性亲属和其他几个精壮的男子用青竹做成的抬尸的担架将尸体抬至火葬的迦特。这些抬遗体的人一边跨着很大的步幅快步走，一边有节奏地大声喊着口号："拉姆，那姆，瑟迭咳！"（意思是"罗摩的名字是真理"）。抬尸的担架后面往往跟随着一些看热闹的人群，就像跟随迎亲队伍似的。走了一段路后，抬遗体的人似乎是为了休息，要站立十几秒钟，送葬队伍中就有一位家属跑出来朝遗体磕几个头，然后送葬队伍又重新跑了起来。抬尸工把遗体抬到河边放下后，送葬的亲友们就可以离去了，他们都到附近的店铺喝水或休息去了，没有人观看火葬的全过程，把亲属的遗体送来就算尽到了最后的责任。

遗体在火化前，要先将遗体浸入恒河水中，要连续浸入三次，象征死者的灵魂已经三次净化。这时，为火葬仪式准备的木柴堆早已搭好。搭建火葬的柴堆也有讲究：柴堆呈长方体，上下共铺四层：最下面是用胳膊粗细的木头横铺一层，再铺上小树枝；小树枝上再铺一层木柴，这样横一层、竖一层地交错架起来后，再撒上一些木屑，大概是为了便于引火。柴堆的宽和高都不足1米，长不到2米。火葬选用的木柴也有讲究：有钱人家会选用上等的白檀木、樟树木，数量也充足，能保证遗体烧透成灰；普通的人家则精打细算，只要保证遗体能烧完就行了。穷人买不起更多的木柴，有时连遗体都不能够烧尽。这时，家属只有恳求别人布施一点柴火，来尽最后的孝心。

接下来就将遗体放在已经架好的火葬柴堆上。遗体的头部朝向西方。有人拿来两纸包檀香木屑撒到遗体上，又把一瓦罐凝结的酥油抠出，倒在遗体上。据说，火化时加檀香木屑是为了使气味变得好闻，而加酥油是为了助燃。这种使用檀香和酥油的做法是一种奢侈，只有比较有钱的人家才舍得付出"最后的消费"。在点火前，有人用一把蒿草秆，从旁边的火堆里引燃后，双手举着，围着柴堆按顺时针方向转七圈，再将蒿草秆放到柴堆底下的缝隙里。这时，其他火化工们七手八脚地将别人火堆里烧得正旺的木炭拨一些过来，引燃了柴堆。火葬的过程并没有大家想象的那么恐怖。尸体被金光闪闪的织物包裹，还覆盖着美丽的鲜花，放进火堆，立即被熊熊烈火吞噬，看不到什么可怕的画面。而且，由于放进了特殊香料，火葬现场闻不到难闻的气味，空气中反倒飘散着燃香的香气。葬礼安静而肃穆，神圣而庄严。

燃烧约三小时之后，尸体和柴火等都化为了灰烬。火化工将几桶水倒在依然滚烫的灰烬上，顿时腾起阵阵白雾。死者的骨灰由火化的工人收集起来，装入陶罐中交给亲属。亲属将骨灰放在家中或寺庙中存放七天后再洒入恒河中。灰烬中，如果发现死者身上佩带的金银首饰的熔块的话，就归火化的工人所有。

新的柴堆又迅速架起，又一个已经升天的灵魂的躯壳被抬了上来……

印度政府，尤其是瓦拉纳西市政府为了改变恒河边火化尸体并且直接将骨灰撒入恒河污染环境和水质的现状，进行了许多努力，但是收效甚微。

枯水季节，河水下退，露出了更多的平台。这时，玛尼卡尼卡迦特上同时会有几十个焚尸柴堆在燃烧。中国中央电视台播出的关于瓦拉纳西玛尼卡尼卡火葬场的专题片中，报道了一个贫穷的儿子为父亲办丧事和送葬的经过。这个贫穷的人问火葬工人："火化一具尸体需要买多少木头？"火葬工人回答说："一百二十公斤就够了。"当然木头也有质量和等级的差别，按质论价，最贵的是檀香木，只有王族才用得起。但也有非常穷困的人连最便宜的木头也买不起的，只好等着那些好心人的捐助，即便一贫如洗，他们也不愿意去政府建造的新式的火葬场去火化亲人。政府的火葬场虽然免费，却让人害怕升不了天堂，因此，没有人会去领政府的情！

在印度教徒中，死后不采取火葬方式的大概只有两种人：一种是刚出生就夭折的婴儿，他还没来得及进入红尘中，自然也就没有罪孽，也就无须用火化来"净罪"。另一种人就是"圣人""仙人"之类的苦行僧了。他们通过毕生的苦行和修炼已经完成了自身灵魂的净化，早已同"达摩"融为了一体。因此，他们死后遗下的躯壳就可以直接抛入恒河之中，随波涛一起流向天际！这就是恒河上"经常漂浮着尸体"的说法的另一个来源！

千百年来，从事火化的工人们是印度的种族社会中的"贱民"，他们被称为"不可接触者"。三千年前的印度社会实行的是"种姓制度"。社会上的人们被分成四个等级，从最高等级到最低等级的排列是：婆罗门（祭师和贵族），刹帝利（武士），吠舍（商人、自由民），首陀罗（奴隶和战俘）。"首陀罗"就是社会最下层的"贱民"，是"不可接触者"。他们不能够同其他社会阶层的人通婚，而且只能从事最肮脏（如掏粪、洗衣、扫地、处理尸体等）和罪恶（如屠宰牲畜等）的行业。

火化工、洗衣工、屠宰工自古以来都是首陀罗专门的职业，过去他们是最低贱的不可接触者；现在，尽管印度政府已经从法律上彻底废除了“种姓制度”，但是，印度社会上的习惯势力依然有强大的力量。至今，谁也不愿意接触他们，依然蔑视他们。社会上的各种“高档”职业依然不会对他们开放，大概，他们的儿孙们也永远难以改变火化工的职业。

世界上最大的“临终旅店”

印度教徒的人生价值观是：能够居住在瓦拉纳西，有幸结交圣人与智者，能够经常饮用恒河的圣水，能够天天敬奉湿婆神。

印度教徒们相信湿婆经常在圣城瓦拉纳西一带巡视；能够居住在瓦拉纳西就是生活在湿婆的身旁；常饮圣洁而清纯的恒河水是一生之幸福；居住在瓦拉纳西就意味着将来会死在瓦拉纳西，并且能在玛尼卡尼卡迦特火化，灵魂将直接升入天堂，而不必再受轮回转世之苦。

印度教徒们都以在瓦拉纳西呼出最后一口气作为终极目标。不少的印度教徒在年老力衰或病重之时，自己感觉到大限将至，总要想方设法地奔往瓦拉纳西的恒河岸边，住进旅店、医院或慈善机构中，静静地等待死亡来临。这里的旅店、医院和慈善机构的院落里或走廊上，每天总有几个濒临死亡的老人或病人，身穿宽大的白色衣裤，仰面躺在担架上、木床上一动不动。他们的生命力已耗尽而气息却未断，但苍蝇已闻到了死亡的气味，毫无顾忌地在他们的脸上搜寻着什么，旁边有人帮助他们驱赶苍蝇。

但是有的人的濒死感觉很差，以至于过早地来到瓦拉纳西等待死亡。有的人一等就等了几十年。据说，在瓦拉纳西，这些等待死亡长达几十年的男人和妇女为数不少。

印度的许多藩王在瓦拉纳西恒河岸建有自己的宫殿、行馆或寺庙，作为自己最终的静养地。例如，18世纪著名的斋浦尔藩王萨瓦伊·斋·辛格就在切特·辛格迦特上建筑了一个高大的赭红色的王宫。王宫高大的城门和长长的石梯面对恒

著名的切特·辛格迦特

河。城堡两边各建有一个高大的印度拉吉普特式的凉亭。城门中央的门梁上建有三个连接在一起的小凉亭。整个王宫显得气势宏大而庄严。在王宫中的平台上，萨瓦伊·斋·辛格还建有观察天象的“瓦拉纳西天文台”。类似的藩王、贵族们几乎在瓦拉纳西都建有自己的公馆或宫殿。从遥远的外地来的老人、病人几乎为此卖掉了全部的家产，住在恒河岸边；同样想升天的贫穷者由于住不起旅店，租不起住房，只好投身于慈善机构设立的医院和临终院中，这就是瓦拉纳西居住着众多的濒死者的原因。

瓦拉纳西是全世界居住着最多濒临死亡之人的城市。各国的慈善机构和印度各民间慈善团体派驻瓦拉纳西的人数比其他地方都要多；联合国的医疗机构也有人专门致力于研究和帮助那些需要临终关怀的人。国际上和印度的宗教团体更是积极参与帮助需要临终关怀的老人的事务。

古老的瓦拉纳西总是对等待死亡的人说：死亡何时来临并不重要；重要的是你准备好了吗！

濒临死亡者回答：时刻准备着。

世界上“圣人”最多的聚集地

在恒河的小船上，我看到，沿岸的水泥平台上或石头台阶上都有一些身穿橘黄色袈裟的“圣人”或“仙人”面对着初升的朝阳在那里“禅定”。这些就是遍布印度全境的漫游的“圣人”“仙人”！这些人孤独地坐在那里，收视返听，心无旁骛，处于“禅定”之中……

恒河边禅定的“仙人”

在一个高高的水泥平台上，一位身穿橘黄色的、披着长发的“圣人”坐在地上，正在接受一家电视台记者的采访。

恒河河岸上有很多低矮的水泥石洞，那些漫游者、无家可归的流浪汉，或者苦行者就蜗居在里面。在嘈杂的喧闹声中，他们也开始了一天的功课：晨浴、祈祷、打坐、洗脸、用小树枝刷牙，然后开始显摆“道法”，借此谋生。有的苦行者长期寄居在瓦拉纳西。据中国一个女性网友说，她接触过一位名叫巴巴的苦行者，他守候在瓦拉那西的圣河长达四十年之久！

啊！没有大量的圣人和苦行者，圣城也就不会成为圣城。

印度漫游的“圣人”、修行的“仙人”是一个结构非常复杂的群体，也是一个令人捉摸不透的神秘的群体。其中有专门从事沉思冥想的智者、哲学家，他们抛弃了一切物质财富，全神贯注地漫游在精神世界里。他们像当年的悉达多·乔达摩和大雄一样，从一个圣地漂流到另一个圣地，孜孜不倦地追求最高真理“达摩”(法)，向民众解读《奥义书》《薄迦梵歌》等宗教经典。也有一些修炼瑜伽的行者、苦行者、巫师、流浪汉等。印度民众对他们的看法和态度也十分不同。有的人认为这些人拥有神秘的魔法，可以驱鬼祛邪；有的人认为他们可以预知未来的天下大事，预测个人的命运；有的人认为他们是智者，能够洞察一切；有的人认为他们拥有超越凡人的特异功能，例如，英国吉尼斯世界纪录中就有一位印度圣人创下了十七年如一日站立不动的纪录。

印度的寺庙旁边经常聚集着大批的苦行僧。他们靠乞讨为生，有的甚至赤身裸体，只在腰间系一根下垂的带子；有的在身上和脸上涂抹一些彩色粉末。他们除了行乞，就是禅定冥想。几千年来，苦行僧坚持不变的是：抛弃了尘世间的一切物质享乐，把对物质的需求降到了最低的、仅能维持生命的程度；他们终年遨游在精神世界里冥思苦想。两千多年前，希腊的历史学家在《亚历山大远征记》中记载了这样的趣事：希腊马其顿国王亚历山大大帝远征印度时，在印度河边遇到一位沉思中的苦行僧。亚历山大一世同苦行僧有一段有趣的对话。对话结束时，亚历山大感叹说：“我真羡慕你啊！我为了占领这个世界吃尽了苦头；而你虽然一无所有，在精神上却拥有整个世界，并且这么怡然自得！假如我不是君王，我一定会去做苦行僧！”

如果拿古代的圣人与今天的圣人相比，最大的差异可能是：印度古代的圣人们一生都沉湎在精神世界中，探求人生的真理，求证人生的终极目标；今天的圣人们却善于表演“智慧”或“苦行”，大展各种特异功能和魔法，他们在神秘性和表演性上走得更远，基本上失去了民众的“精神导师”的品味！

瓦拉纳西的恒河岸边，每天清晨，面对冉冉升起的朝阳，这些“圣人”、苦行者们或静坐冥想，或单腿站立双手合十，各以各的独特的方式修行。黄昏时，他们又静坐在临近河岸的平台上，在喃喃的诵经声中送走夕阳。人们也在夕阳的最后一缕光线中，将盏盏河灯和玫瑰花瓣一起送入恒河水中。此时的迦特上，香烟缭绕，铃声悠扬；寺庙里的吟颂声也混合着酥油灯的气味飘荡出来。

据说，每年全印度的“圣人”“仙人”和苦行者们都会在瓦拉纳西的恒河边上举行盛大集会，甚至隐居在喜马拉雅山中的圣人们也会在这时离开山洞，开始一年一次的出行。这时节，高僧大德云集一处，在瓦拉纳西城谈经论道。大概世界上没有任何一个地方像这时节的瓦拉纳西这样，拥有如此高密度的人才——在每一平方公里的寻常巷陌中，隐藏着数量如此众多的高僧大德、哲学家、游吟诗人。

在这条“从今生流向来世”的恒河岸边，这些赤脚的、身穿橘黄色袈裟的圣人、仙人和苦行僧们，在探索灵魂解脱的道路上，已经走过了三千多年，他们还将继续走下去……

当然，这要取决于未来时代的劳动者是否愿意继续向他们施舍饭食了！

世界上最肮脏的圣河

每天清晨，来自印度各地的善男信女，提着水壶，带着祭品，扶老携幼地从一条一条蜿蜒曲折的小巷中涌出，迈下高高的石阶，在瓦拉纳西绵延六七公里长的河岸边散布开来，开始一天中最盛大的活动——恒河晨浴。他们缓缓步入圣河，忏悔、祈祷、沐浴和饮水，向神灵倾吐内心的苦闷和喜悦，用圣水洗去今生的罪孽。把河水撒过头顶 3 次，然后全身没入水中 3 次，这样，在印度教教义里就算完成了一次净化。

很多外国游客质疑：如此浑浊的水洗得干净罪孽吗？

东方与西方两种异质文化在此产生了思想观念上的分歧。

西方人讲的是物理意义上的净身；印度人讲的是精神上的象征。

在西方人看来，恒河水被严重污染，它对人体有直接的危害；印度人认为，恒河水自天上来，是神圣的水、最纯净的水。西方人立足于物质的水和水的物理性质；印度人却不顾物理的事实，硬要让精神的理念超越物质的实在性。

印度教徒在恒河中洗去的，不是身体上的肮脏污垢，而是心灵上的污秽。

由于宗教习俗，恒河早就变成了印度教徒的“筐”——什么东西都往里面装！鲜花、纸质的莲灯、祭品、生活污水、垃圾、人与牲畜的粪便、柴灰、骨灰……印度人什么都往恒河里扔。在传统的习俗中，甚至把人与动物的尸体直接抛弃在恒河中！根据印度的宗教习俗，未婚先孕而亡的女人、被蛇咬死的人等五种人不能火葬，它们的尸体直接沉入恒河。

如此一来，瓦拉纳西这一段的恒河水就成为世界上污染最严重的水域。

根据有关的报道，20 世纪 80 年代，联合国属下的世界卫生组织曾在“达斯瓦麦德迦特”（Dashwahmedha Ghat）河段取过一份水样进行分析，研究表明，在每一百毫升的恒河水中含有 150 万个大肠杆菌，这远远超过了国际卫生组织规定的：每一百毫升水中大肠杆菌值必须低于五百个的安全沐浴标准。瓦拉纳西河段的恒河的水质严重污染，超过了正常水质的三千倍！

但印度人却坚信能够洗清罪孽的恒河水圣洁无比，他们不但天天下河洗澡，甚至还用来刷牙和饮用。奇怪的是，多年来，瓦拉纳西居然没有传出过爆发特大瘟疫的消息。

我想，或许是多年来，瓦拉纳西人已经拥有了特强的抗病毒的免疫力；或许是恒河水的确像信徒所坚信的那样洁净神圣。如果真是后者，那就是典型的“印度思想”——精神性可以超越物质性！

我双手伸进恒河水中，掬起一捧水，水是淡绿色的，的确不清洁，但好歹我也接触了圣河的水了！

我想，当下的印度青年或知识分子怎样看待“圣河”呢？

第二天，我在贝拿勒斯大学同几位中文系的同学聊天时，我问他们：“你们去过圣河中洗澡或游泳吗？”

他们都摇头说：“从来没有去过。”

我问：“为什么呢？”

他们回答说：“恒河水严重污染了！在河中洗澡、游泳很不清洁！”

我问：“难道你们不信‘印度教’了吗？”

他们回答：“我们都认为信仰在精神，而不在形式。只要你心中有神，心中有神圣的信念就行了。”

他们的回答颇有禅意，是啊！“菩提本非树，明镜亦非台。本来无一物，何处染尘埃？”中国“禅”回到了它的出发地了。

在清晨的阳光下，瓦纳拉西下游的大台阶上到处晒着大片的色彩鲜艳的纱丽，显得非常的耀眼。晾晒纱丽是瓦拉纳西恒河岸边的一道独特的风景。

河岸边，不少地方都有人在那里漂洗衣物。我看到，有好几个洗衣的地方，

恒河中的洗衣人

在它的上游仅仅20米远的地方，就是城市下水道的排水口，污浊的黑水冒着泡泡不断地流进了恒河水中。色彩鲜艳的衣物在混浊的河水中漂荡沉浮。我不由得想到，到底是衣物脏，还是河水脏呢？如此污浊的河水能洗净衣物吗？在这样的脏水中洗的衣物你敢穿吗？但是，我看到那么多的“不可接触的贱民”们在辛勤地清洗着那么多的衣物，而且他们是日复一日、年复一年地在圣河中清洗别人的衣物，这说明，在恒河里洗衣是他们的职业，用浑浊的恒河水清洗衣物在瓦拉纳西是常态，很正常。尤其是当我看到那么多已经清洗了的衣物布满了大台阶，在那儿晾晒时，我懂得了：对于印度的宗教信众来说，即便是用浑浊的恒河水洗过的衣物也是圣洁的——当然，只能是心理上的圣洁无染而已。

倦慵而懒散的恒河的白天

瓦拉纳西的新的一天从等待壮丽的日出开始。现在，太阳已经高高升起，我们的小船又划回了原来出发的码头。

此时，我看到了在恒河岸上不断重复着的每一天的景象：岸边的高台上，有的苦行僧摆开架势，在那里冥想修炼；石阶上，不同信仰的男女在喧闹的人群中闭目祷告；不断地有信徒来到河边浸泡在河水中；那些学游泳的孩子，一边嬉水一边快乐地叫喊；身穿纱丽的女人们，把鲜花做成的河灯或花环放入水中，为家人祈福；乞丐坐成一排，锲而不舍地将手伸向路人和游客；所有人临走，都不会忘记装一壶恒河的圣水，回家饮用，或送进神庙，作为圣水撒泼。那些吃垃圾的山羊，打瞌睡的狗，静卧反刍的牛，觅食的鸟，嬉闹的猴子和灵巧的松鼠等，都从容地穿梭在人群中，享受着自己的宁静的生活。晚起的男人嘴里叼着一个小木棍，边走边嚼，听说这里的人喜欢用树枝刷牙，路边还看到了卖树枝的商店。

上午10点以后，太阳高照。恒河河岸空旷的大台阶被太阳晒得酷热难当。酷热使喧闹的恒河河岸渐渐安静下来，只剩下洗衣服的男女“贱民”和玩得不知疲倦的孩子、懒散的动物、舍不得离开的游客。他们都想法找一处阴凉的石阶躲避中午的酷热。有的闲散的人聚集在一起喝茶、闲聊、静坐、思索、发呆……消磨这难挨的时间。

晨浴、火葬和夜祭是瓦拉纳西恒河岸边天天都在重复的事情，也是千百年来，年年都不断进行着的事情，就像恒河的水从来没有断流过似的！

当暮色降临，恒河在午睡后再次苏醒，又开始热闹起来。

天天夜晚都要举行的“祭神”仪式又要在恒河边上演了！

恒河祭祀

每天傍晚，达萨斯瓦麦德迦特、玛尼卡尼卡迦特和其他的迦特上都有祭祀恒河的仪式表演。近些年来，每晚的“恒河祭祀”在瓦拉纳西已成了一道靓丽的风景！听说，过去只在一个“迦特”表演“恒河祭祀”，现在发展为在几个迦特表演。“恒河祭祀”大同小异，区别在于祭司的服装的色彩、样式和参与的人数。过去，晚上的仪式通常由三位白衣红带的祭司主持；现在，为了增强祭祀仪式的表演性和观赏性，就改为了多名年轻英俊的祭司共同表演。有时参加表演的祭司是三人，有时是五人，也有八九人表演的，祭司的人数大概是根据日期和不同的节日来决定吧。

参观恒河祭祀不收钱（观众都散乱地坐在大台阶的石梯上也无法收钱），只是在表演结束时，自动捐赠“香火钱”。就像我们国内寺庙设立的“功德箱”一样：捐款自愿，多少自便，来者不拒！事实证明，印度教徒都自觉捐款，甚至可以说踊跃捐赠；外国人也大都慷慨解囊，外国旅游者早已习惯了印度景点对外国人的“高价优惠”了。

在临近恒河的宽阔的台阶上，印度教信徒在地上搭起一个又一个的长方形的结实的木板台，就像举重运动的木台一样，这就是祭司祭祀用的祭坛。参加表演的祭司有几人，祭坛就安放几个。祭坛朝河水的那一端，上面摆放着鲜花、海螺、亮锃锃的黄铜手铃和一个带长把的装饰有五个眼镜蛇头的火盆、牦牛尾做成的拂尘、油灯、香炉、小水罐等道具。祭台的旁边还立着小型的湿婆、毗湿奴和梵天的神像和纸糊的眼镜蛇等。

庄严而热烈的恒河夜祭

一长排的祭坛面对着高高的台阶和蚂蚁般的观众。恒河祭祀活动选择了“黑暗的天空、宽广的恒河和对岸荒凉的沙滩”为背景，凸显了祭祀活动的“天、地、神、人”的宏大主题，也体现了导演的气派。这不禁让中国游客想起了张艺谋导演指导的、在故宫午门上演的歌剧《图兰朵》，桂林阳朔的以山水为背景的大歌舞《印象刘三姐》和湘西张家界的以天门山为背景的歌舞剧《天门狐仙》。恒河祭祀配备了现代化的先进的声、光、电的演出设备，有最时髦的舞台美术造型，有最佳视觉冲击力的服装和色彩，这些元素呈现了它的世界一流的演出水平。

大台阶上早已坐满了虔诚的印度教徒和外国游客。人声像蜜蜂归巢。晚六时整，五位高大英俊的青年婆罗门祭司英姿飒爽地登场了。他们身穿紧身的红色上衣，下身穿着白色的宽大的裙裤，腰间系着黄色的腰带，庄严地走上祭台。据说，主持恒河祭祀的祭司们，他们是血统纯正的、受过系统训练的婆罗门。他们通过层层精选——在知识、学历、人品、长相方面都经过严格的审查和评选，最终才站在了神圣的祭坛上。

五位祭司并排端正地站在祭台上。顿时，人群寂静无声。扩音机中响起了用古典乐器演奏的优雅的音乐，响起了缓慢而悠长的歌声……

恒河祭祀仪式通常分三个部分：请神、拜神、送神——表演连续不断。

第一部分“请神”像是表演神秘的诵经仪式。祭司们随着优美徐缓的音乐开始轻声地念念有词，手中有一些整齐的动作，就像舞蹈表演一样，大概是用谦卑而虔诚的态度向神恭请圣安，或请大神们光临大地，赐福给民吧！有时隐时现的优美而空灵的琴声妙乐伴随着祭司们的低声念诵。这冗长得有些使人感到乏味的“请神”用去了近半个小时。

第二部分是“拜神”。请神之后，五名祭司整齐划一地拿起法螺，吹响了螺号。低沉而悠长的螺号声在夜色中显得幽远空灵而神秘……随后响起了轻柔而清脆的钟声、音叉声和鼓点声，祭师们开始了焚香、唱经……神圣的祭祀活动才真正揭开了帷幕！

“拜神”很像是表演印度古典舞蹈，祭司们不断地拿起一件又一件道具，单手擎着道具，用整齐的动作在身前、身旁上下比划。传统的印度舞蹈就是利用丰富的身体语汇，例如运用复杂的肢体语言、手势语、眼神语、表情语等语汇来表情达意。

在钟鼓声中，年轻的祭司们用装饰有眼镜蛇头的火盆，像杂技演员一样熟练地挥舞着熊熊的火焰表达对湿婆神和母亲恒河的崇敬。他们按照音乐的旋律和节奏，一项一项地表演，祭祀仪式进入高潮。祭司们在诵经声中，在乐曲声中，把玫瑰花和圣水撒向众人，尤其是撒向热情的外地和外国的观众。最后，五名祭司又把盛满清水的水罐举起，徐徐地走向恒河边，把清水慢慢地倾倒进恒河中。

在我看来演出即将结束的时候，只见五名祭司张开双臂，仰面朝天发出了震耳欲聋的呐喊！观众席上的印度教徒们也紧随着发出了震荡天地、动人魂魄的呐喊……刹那间，现场所有的印度人都同时把双手指向了黑暗的深邃的天空！这长长的呐喊连续重复了三遍后戛然停止。现场的灯光骤然熄灭，万籁俱寂。一切都凝固在那里。

那一瞬间，我仰望苍穹。我看见了漆黑的天空中有几颗明亮的星星在闪烁。啊！那就是天神？那就是永恒的境界吗？

印度大诗人泰戈尔吟唱道：

> 每天教徒的祭礼结束，
> 敬神的鲜花抛入江河的湍流。
> 怀着虔诚，
> 我也把满篮赞歌撒进
> 心中的恒河水
> 对它行叩拜大礼。
> ……
> 每天结束祭祀，

让我的歌曲，

欣慰地飘逝！①

灯火重新亮起，祭祀表演结束。人们纷纷掏钱给捧着捐赠箱的人……

据说，每逢满月的“恒河祭”比平常还要隆重得多，时间也要长一些。流传了几千年的繁复冗长的恒河祭仪式，现在正好成为瓦拉纳西旅游观光的重要节目。“恒河祭祀”自瓦拉纳西诞生之日起，就没有间断过一天。现在，它正在悄然地从神圣的宗教仪式衍变为非物质文化遗产的表演形式；正在从庄严的对神的崇拜，衍变为节日盛典和狂欢节的表演。

正当达萨斯瓦麦德迦特举行庄严盛大的恒河祭祀时，不远的玛尼卡尼卡迦特的黑暗的河岸边正在点燃一个又一个的火葬堆，正在送走一个又一个已经赎罪的灵魂升向深邃的苍穹……

印度人的婚礼

参观完恒河祭祀后，我随着人流爬完了最后一级大台阶，又盲目地跟随着别人在迷宫般的小街小巷中穿行，终于来到了大街上。这时，我早已大汗淋漓。

瓦拉纳西的夜晚依然是车水马龙。大客车、小轿车、“司库达”、流浪的“圣牛”和行人依然拥挤在一起，尘埃飞扬，空气中依然弥漫着牛粪和垃圾的气味。宾馆在何方？我根本无法辨认，只好登上一辆“司库达”晃晃悠悠了好半天，才回到了宾馆。

我刚洗完澡，这时突然听到宾馆的大门外传来了响亮而欢快的军乐声。我奔向阳台。哇！原来迎亲的人群载歌载舞地出现在宾馆外面的小街上。我连忙抓起相机，就奔出去！

印度的婚礼一般都在晚上进行。我在德里，住在水运博士家中的时候，有一天晚上也遇上一次印度人的婚礼。为什么印度的婚礼都在晚上举行呢？我想，大概有这几个原因：印度天气炎热，白天更是灼热无比，晚上相对比较凉爽一点，所以婚礼大多在晚上举行；其次，亲友们白天都要经营自己的营生，很难抽身参加婚礼，晚上闲暇时间稍多一些，亲友的参加率要

---

① ［印］泰戈尔：《泰戈尔全集》第 5 卷，刘安武、倪培耕、白开元主编，白开元、董友忱译，河北教育出版社，2001 年，第 174～175 页。

高一些；此外印度教徒崇拜火；婚礼安排在晚上进行，更有利于突出对“圣火”的崇拜。原因可能还可以找出一些，但婚礼在晚上举行，就是印度的民俗或特色。

现代化的印度的婚礼都很相似。在城市街道中的空旷地搭上红色的帐篷，中间的主帐篷是举行婚礼仪式的地方，包括互送信物，证婚人、长辈讲话或赠礼物，相互牵手绕行火盆，等等；两旁的帐篷是来宾观赏和宴饮的地方。印度的婚礼要持续三天。现代印度婚礼一般是用方便快捷的自助餐宴请客人。整个婚礼过程中，都有乐队吹奏欢快喜庆的乐曲。最让人感到诧异的是，印度全国没有一个西方的交响乐团、芭蕾舞团和歌剧团，印度孩子们也很少有人学习西方的乐器，西方音乐在印度是被拒绝的。但是，在印度的婚礼上，主打的乐器却是长号、小号、圆号和萨克斯管。吹鼓手们人数不多，但演奏起来却很有声势，乐曲中用了不少的变奏，装饰音也非常多。婚礼上除了要演奏德国作曲家门德尔松和瓦格纳的《婚礼进行曲》外，其他全部是印度的民间乐曲。

婚礼结束后，照例要上街巡游。我看到的婚礼队伍就是巡游的人群。巡游的婚礼队伍由乐队开道，其后紧跟着几个手持彩灯架的人，这种采用蓄电池的彩灯非常便于移动，五彩缤纷的灯光很亮，而且不停地旋转、闪烁。现代中国的婚礼没有巡游这一项，所以中国没有生产类似的彩灯。第一排彩灯之后就是舞蹈的人群，其中也有人在欢快地歌唱。我看到他们兴高采烈地唱歌跳舞，但看不出谁是新娘新郎，因为妇女都穿着鲜艳的纱丽，男青年或穿着印度式的长衫，或穿着衬衣、牛仔裤在那里转圈跳舞。在宾馆门卫的指点下，我才认出了新娘和新郎。原来，身披鲜红色纱丽的就是新娘，围绕着新娘跳舞的就是新郎。这一大群人边唱边舞，一直进到宾馆的花园草坪中狂欢。

印度的婚礼巡游

在印度，现代婚姻在婚礼的形式上有了很大变化，但人们依然没有摆脱传统婚姻习俗的束缚。这种束缚表现为两个方面：门当户对和经济状况。前者表现为婚姻在相当程度上还是家庭意愿而不是个人意愿。印度社会上流行着这样的说法："在英国，你娶你爱的女人；在印度，你爱你娶的女人。"后者表现为婚姻中男女家庭在经济利益上的博弈：一个家庭生女孩是灾难，如果生了两个以上的女儿那简直是可怕的浩劫。因为，女方家无法承受那沉重的彩礼。在印度，有一句谚语说："神对一个人最好的诅咒就是让他有三个女儿！"

在印度，评价女孩子社会价值的重要条件是陪嫁的彩礼的多少，而不是女孩的能力、学历、工作、社会地位。彩礼少了，女儿嫁不出去，在农村更是如此。家长为了让几个女儿嫁出去，非得倾家荡产不可。富裕的家庭也可能因为女儿众多而破产。嫁妆在印度已经成为一种敲诈勒索的方式。"1982 年，在德里举行的一次婚礼上，新郎家听说新娘的父亲在一笔买卖中赚了一大笔钱，婚礼马上停了下来，男方马上要求分享一大笔钱以增加嫁妆。女方的父亲同意后，婚礼照常进行。《印度斯坦时报》上有一幅漫画，画的是一位新娘走进婆婆的屋子。在婆家的心目中，她被描绘成一包标明嫁妆的卢比。"①

几十年前，印度政府就颁布实施《禁止妆奁法》。但直到现在，传统"妆奁制"的影响力还相当大，"妆奁制"依然盛行。这种习俗直接导致了印度社会对妇女人格的歧视。在印度，由婚姻引发的人生苦恼就是：看你的命运是好是坏，由你生儿或是生女来决定吧！

此时此刻，我看到这欢乐的人群，不由得想到：瓦拉纳西恒河边的葬礼和恒河祭祀不是也在晚上进行吗？这真有些像《红楼梦》中的《好了歌注》所说："昨日黄土陇头埋白骨，今宵红绡帐底卧鸳鸯。"一边是生活，一边是死亡；一边是爱情的激情，一边是解脱的欢娱。印度民族就是追求灵与肉双美的民族。正如印度思想家贾瓦哈拉尔·尼赫鲁所说："我们在印度，也和在别处一样，可以看到有思想和行动的两道河流——一个接受人生，一个逃避人生——并排着在发展……这使得纵欲和禁欲两者时常互为起伏。"② 日本学者武

① ［英］特雷弗·菲希洛克：《印度人》，袁传伟等译，上海译文出版社，1990 年，第 38 页。

② ［印］贾瓦哈拉尔·尼赫鲁：《印度的发现》，齐文译，世界知识出版社，1956 年，第 91～92 页。

田丰四郎认为："古代印度文化，既非唯心的，也非唯物的，以灵肉双美为目标而发达者。然则印度不可仅看作是神灵的国家，也不可看作是肉欲的国家。……印度人是把现实生活作为达到理想生活的过程而十分认识其意义和价值。印度民族在坚定追求人生四宝之时，印度文化精神和物质两方面都达到完善的状态。"①

此前，我们已在瓦拉纳西看到了印度民族的精神追求的方面，现在让我们到卡朱拉霍去看一看印度民族追求肉欲享乐的一面吧！你将看到他们大肆张扬性欲、展示性欢乐、宣扬性享受的一面！

① ［日］武田丰四郎：《印度古代文化》，商务印书馆，1936年，第39～40页。

第六部分

卡米拉霍——性的张扬与欢娱

20 世纪文化人类学的研究成果告诉我们：早期人类的生产活动中，最重要的是“生殖”活动，即人类自身繁衍后代的生产。因此，早期的人类把“性欲”和“性行为”赋予了神圣的意义，性欲的冲动被看作人类最珍贵的天性。

古希腊哲学家柏拉图在《会饮篇》中讲了关于人类“性的本能的冲动”的故事：人类原本是圆球形的生命体。后来，人类日渐强大，打算反叛宇宙的统治者宙斯，宙斯一气之下，就用剑把球体的“人类”一下子劈成了两半。从此，每个“人”都变成了“半个”球的样式。因此，每个人的内心深处都渴望着同另一半相结合，以满足人类“合二为一”的天性的追求，而“合二为一”的本性就是两性的结合，就是爱情和性交！

非常有趣的是，印度神话中也有同样的说法：妻子是丈夫一半的身体——喜马拉雅山的女儿婆婆蒂嫁给了大神湿婆后，湿婆就同她融为了一体。从此，你中有我，我中有你，浑然一体，不可分离。

早期的各民族都有过相当长时期的“生殖崇拜”的历史。在文明发展较早的古代的民族中，也有一些民族故意张扬“性”的力量，赞美“性力”神圣。尼采曾说过：“在古代世界的各个地区（这里不谈现代世界），从罗马到巴比伦，我们都能够指出酒神节的存在……几乎在所有的地方，这些节日的核心都是一种颠狂的性放纵，它的浪潮冲决每个家庭及其庄严规矩。”① 古希腊时期盛行“狄奥尼索斯节”（酒神祭）。这是男人与女人共同享有的狂欢节日。在这个集会上，女人们高举男性生殖器的模型进行嘉年华式的狂欢游行，表达她们对男性生殖器的赞美和渴望！参加集会的男人与女人们都打破一切禁忌，返回到生命的自然的原始的状态。他们按仪式的程序狂饮滥醉，放纵性欲，在疯狂的情绪和性力的驱使下，尽情发泄情欲和性欲，直到精疲力竭为止……在这一活动中，人类深刻体验到了“合二为一”融为一体之后的最高的快乐！

英国哲学家罗素对此曾指出：“在沉醉状态中，肉体和精神方面都恢复了那种被审慎所摧毁了的强烈真实感情。人们觉得世界充满了欢愉和美；人们想象到从日常焦虑的监狱中解放出来的快乐。”② 因此，尼采鼓吹：酒神作为一种

① ［德］尼采：《尼采美学文选——悲剧的诞生》，周国平译，生活·读书·新知三联书店，1986 年，第 7～8 页。

② 转引自高宣扬：《后现代论》，中国人民大学出版社，2005 年，第 457 页。

"醉"的精神状态的象征，标志着人性、情绪、欲望尽情放纵，表达了还原自然人性的精神诉求。所以尼采说，性的沉醉"这种醉是最古老最原始的形式"①。在艺术中"性"冲动是"最理想化的基本力量"②。艺术创作的完满程度，决定于肉体欲望本能的无限扩张，决定于敢于冲破一切障碍的强力的泛滥，只有这样的艺术才能体现生命力的旺盛，才是有生命张力的艺术！

20世纪后期，法国著名的后现代主义哲学家乔治·巴塔耶指出了人类情欲的重要意义：人类的思想和行为的最后的动力，不是意识，不是理性，而是欲望（le desir)，特别是欲望中的情欲（eros)。……所以，欲望和情欲是思想和意识背后的最后推动力量。巴塔耶认为：情欲中隐含着生命整个过程的全部奥秘；不仅生命本身靠"性"和情欲获得更新，获得它时时存在的原动力和内外条件，而且，"性"和情欲具有引导生命走向死亡的本能③。

非常相似的是：由性力创造新的生命到丧失性力的生命的衰亡，这一永恒的轮回正是古老的印度民族心中永不消失的意念！自古以来，印度民族一直把"性欲"和"性行为"当作崇拜对象，他们为性爱高唱赞歌：他们用圣洁美丽的莲花、荷花象征和比喻女性生殖器，用最硕壮的"林伽"和巨大的"塔"来表现男性的生殖器。更令人瞠目结舌的是，印度民族居然在卡拉朱霍和科拉纳克等地，用雕塑的方式，用直观的形象的方式来逼真地再现男女之间的性行为，竟然把人类的性行为表现得细致入微，淋漓尽致……

然而，文明同自然的人性似乎是冲突和对立的：文明越发展，自然的人性越是被压抑、被扭曲。自然的人性随着文明的发展而被挤压为"人化了的自然"。自然的人性被文明斥之为：愚昧、粗野、下流、肮脏……于是，人类语言中全部的污秽的词汇都泼向了自然人性。

人的性欲是自然人性中最重要的部分，但是，也是最早受到压抑和排斥的对象。四千多年前的古埃及文明已开始把人的性欲和性行为遮掩起来：生活中的宫廷舞女在墓室的壁画上已被穿上了类似"比基尼"的遮羞布。三千多年前的犹太《圣经》中，亚当和夏娃就因为"知羞耻"而遮掩了阴部。三千多年前

① 转引自高宣扬：《后现代论》，中国人民大学出版社，2005年，第457页。

② 转引自高宣扬：《后现代论》，中国人民大学出版社，2005年，第457页。

③ ［法］乔治·巴塔耶：《文学和恶》，转引自冯俊：《后现代主义哲学讲演录》，商务印书馆，2003年，第169页。

的中国，性行为已被规范为氏族、家族的行为，男女结婚的性交合只能在幽深的、隐秘的洞房进行。在中国，即便当下，你在北京的雍和宫、山西五台山的佛教寺庙中，只能看到几尊男女交欢的所谓的“欢喜佛”的铜像，而且还故意用黄色、红色的哈达把下身围了起来，以免有碍观瞻！这只能说明：在浅薄的道德家的眼中，男女天性中的性爱和性交被简单地等同于“色情”！

在文明的规范约束下，人类的性行为、性欲望都被潜藏于生活的表层之下，成为人类“做得说不得”“能做不能看”的重要禁忌之一。

卡朱拉霍（khajuraho）和科拉纳克那些表现性行为的雕塑，无论从它们的规模和放肆的程度都远远超过了世界上任何一个国家的“性博物馆”，由于它实在“不堪入目”而震惊了全世界！这简直是在同文明社会挑战嘛！有意思的是，1986年联合国教科文组织居然认定卡朱拉霍神庙群遗址为世界文化遗产。那以后，全世界的观光客都手持长筒的长焦镜头跑到卡朱拉霍来看男女性交、人兽性交的雕塑。它比荷兰首都阿姆斯特丹的著名的性博物馆更露骨、更丰富、更精彩！

这个表现性行为的雕塑艺术的地方，是地处北印度的“中央邦”的一个叫做卡朱拉霍的小村庄。它距印度首都德里约六百公里，处于阿格拉城和瓦拉纳西城之间。从瓦拉纳西到卡朱拉霍有二百多公里路程。现今响当当的卡朱拉霍在一百七十多年前还是一个全封闭的小村庄，谁也不知道在一大片古老的林莽中，还隐藏着一些庙宇和高塔；更没有人想到这些庙宇和高塔上的雕塑日后会震惊全世界，竟然让飞机飞往这里，火车奔向这里，汽车驰向这里。现在从瓦拉纳西去卡朱拉霍很方便，乘汽车去的车费约二百卢比，合人民币40多元。

1838年，英国工程师T. S. 伯特（T. S. Burt）因工程勘查而穿越卡朱拉霍森林，意外地发现了大量的寺庙和精美绝伦的雕像，他立即公布了自己的发现。1852年至1858年，英国著名的考古学家康宁汉（Alexander Cunningham）几次来这里考察。经过他的调查、考证，他认定，卡朱拉霍神庙群建于公元950年至1050年间，由昌德拉王朝所建。一千年前，昌德拉王朝在这里建立了一座繁荣的都城，都城中的建筑都是砖木结构，千年之后，赫然变成了高高低低起伏不平的灰土。当时的昌德拉小王朝倾其国力，动用了一千多名雕刻师和工程师，在长达一百年的时间中，连续不断地施工，建造了八十五座印度教神庙。神庙建成不久，昌德拉王朝国力衰微了，又恰逢信仰伊斯兰教的突厥人入侵印度，昌德拉王朝灭亡。由于卡朱拉霍神庙被林莽遮蔽，这样才免于战火的破坏而保存了下来。康宁汉在考察中发现，村庄里的居民依然过着与世隔绝的、自给自足的生活，并一直在这些神庙中延续着古代的宗教信仰和祭祀活动。由于地处偏僻、交通极为不便，卡朱拉霍神庙群的勘察、修复工作直到 1953 年才由印度政府实施。

卡朱拉霍寺庙建筑群分为三组：东区、南区和西区，现在共存二十二座保存较好的神庙。三个区域中，保存得最完整的是西区。因此，当地政府就把西区圈了起来，开始售票收钱。自从联合国教科文组织确定卡朱拉霍为世界文化遗产后，外国人的参观票价更是高涨，达 250 卢比（合人民币 50 元），印度人是 10 卢比。现在西区神庙建筑群维护得很好，四周还开辟了绿茵茵的草地，周边种上了茂密的树和鲜艳的花卉，好像是为了让众多的处于性爱中的男女生活在伊甸园般美好的环境中。但是，村里的老百姓似乎并没有从卡朱拉霍的旅游资源的利润中得到多大的好处，他们的生活依然贫困，身上的衣服穿得也很一般，甚至有的孩子还穿得破破烂烂，看来生活条件依然很差。在卡朱拉霍生活的人真是远远不如神啊！

远眺卡朱拉霍众多的神庙群，它们巨大的身影赫然耸立，它们的轮廓和图像非常清晰；浅米色的神庙在蓝天的映衬下真像耸立的竹笋似的森林，颇有视觉的冲击力，显得非常的亮丽。最著名的寺庙有马哈达瓦神庙(Mahadava)、坎达里亚·摩诃提婆神庙、帕尔希瓦塔神庙、拉斯玛纳神庙、威斯瓦纳斯神庙、南迪神庙等。

卡朱拉霍神庙之一

你要了解印度教的建筑艺术，就得仔细欣赏卡朱拉霍的神庙建筑；你要读懂印度雕塑艺术，就得认真观察卡朱拉霍的神庙雕像；你想理解印度教建筑艺术和雕塑艺术背后的精神理念的话，那就跟我走吧！让我们边走边看，边看边讲吧……

印度教的建筑和雕塑纠结在一起，谁也说不清楚哪是主、哪是次；也道不明白谁是目的、谁是手段。可以说：建筑是支撑雕塑的托架，雕塑是建筑的靓丽的脸面！

卡朱拉霍西区神庙建筑群的建筑样式集中地体现了印度教建筑的重要特点。

印度教的神庙一向就被认为是印度教的众神在人间的住所。每个神都有自己的庙宇，就像每个人都有自己的家一样；也有几个神放在同一个庙里接受膜拜，组成了一个神的家庭。历代以来，神庙中供养的神经常变换，就像人的住所的主人经常变换一样。到了笈多王朝时期，印度教作为婆罗门教的复兴者把传统的大神明确了下来，并固定起来。在民众的信仰中，原来的大神、主神梵天已逐渐被边缘化，人们的信仰开始转向对湿婆（Shiva）、毗湿奴（Vishnu）和克里希纳（Krishna，意为“黑天”）的崇拜，也顺便把他们的老婆也放在一起崇拜。

湿婆的老婆是“雪山女神”（Parvati，又叫“迦梨”女神），她是一个狂暴易怒的泼妇；毗湿奴的老婆是“拉克什米”（Lakshmi），佛教称她为“吉祥天女”，她是一位掌管财富、美和幸运的女神。

众神居住的地方就是“天界”。天界是什么样子？谁也没见过。既然没人见过就好办啰！印度教徒们施展他们狂野的想象力，不仅想象出了“天界”的样子，而且还建造出了“天界”的模样。他们创造出来的就是山寨版的“天界”——神庙。神庙不仅可以供奉众神，而且可以随时观赏到神仙们的幸福快乐的生活状态！

在印度教徒的想象中，宇宙（天）是多重的结构，不同的层次居住着不同的神灵；不同的神灵统治着不同的山峰！这就形成了闻名世界的印度“宇宙山”的建筑形式。

为什么说建筑是艺术？因为它是想象力的结果，是无中生有的创造。建筑从来就不是“现实主义”似的再现，它没有现成的可以模仿的东西。所以，建筑师就是艺术家，他们同画家、雕塑家、音乐家和诗人一样，建筑师的思维方式也是诗性的！

“宇宙山”的寺庙建筑样式由圣所、柱廊、高塔三个单元组成。

圣所是神住的卧室，又叫做“密室”（梵文 Garbha-griha，它的字面义为“子宫”，孕育万物生命的地方），就是寺庙下层的中心部分墙上的“神龛”。它象征宇宙的胚胎，是安置神像的地方，也是这所寺庙所崇拜的神的标志——人们只要见到神龛中的神像，就知道了这所寺庙所崇拜的是哪一位大神。印度教寺庙的神龛中，最常见的是象征湿婆的“林伽”。每个圣所的中心点，就是寺庙顶上的高塔的中轴线；换句话说，寺庙大塔的中心垂直线的底端，就是圣所的中心点。

柱廊（梵文 Martaba，意思是指神庙四周的用柱子支撑的“遮雨棚”、“遮阳棚”），柱廊主要是信众围绕圣所转圈的通道，也是信徒集会或休息的地方。

高塔（梵文 Sikhara，悉卡罗），原意是指“山峰”。在印度教的神庙中，它象征神话中的宇宙中心的圣山——弥卢山；或者象征湿婆所居住的神山（雪山）“凯拉萨”。在印度教的宇宙观中，弥卢山或“凯拉萨”也叫做“妙高山”（Mount Meru），妙高山是世界的轴心，上面居住着梵天。神庙的高塔就是妙高山的象征。

早期印度教神庙就是模仿佛教寺庙的，后来才根据自己的宗教理念进行独立创造。现存的印度教庙宇与晚期的佛教庙宇的样式完全相同，唯一的区别是在原来供奉佛陀的神龛上供奉的是印度教的大神而已。例如，中印度著名的埃洛拉石窟中最早的印度教石窟寺庙和雕刻，与同一地方的晚期佛教庙宇的石窟和雕刻几乎无法分别。再如，中印度山奇地区的佛教建筑群的 17 号庙，其正方形平顶结构和前门立有 4 根廊柱的样式，也都成为印度教庙宇最早的也是最基本的形式。

这说明，模仿中总有创新的元素，山寨产品也有自己的价值！

印度教庙宇的过渡期的形式，是“艾荷尔”地方的“难近母庙”的样式：就是在平地上建筑起一座独立的神庙，神庙建立在方形的台基上，圣所的四面都建有柱廊，四周都可以采光，从而，在密室外形成了一个向右绕行的甬道。同时，又在难近母庙的后半部的半圆形屋顶上建立了一个四方锥体的、像一座山峰的高塔。这个四方锥体形的高塔其实是由若干个四方形的楼室不断地向上叠加，同时又将上面的塔楼逐层缩小。这样，随着方塔的高度不

印度神庙的典型样式——印度山

断增高，就形成一个四方锥体形的山峰。由此构成了典型的“印度山”。这种四方锥体的印度山是笈多王朝时代标志性的建筑样式。

以后，人们把印度山建得越来越高、越来越大。为了增加印度山的高度和强度，建筑师就给塔楼的边上加上多条的“筋肋”：就是把正方形的塔基的直线的底边变为凸凹的造型，把塔底的直线的底边变成了凸凹的底边，从而大大增强了墙体表面的承重力，墙体由此向上，就像加上了若干纵向的“肋骨”似的。

圆形样式的印度山

层层叠叠的神的世界

这样建成的塔楼，在不知不觉中就变成了多棱型的四方塔楼。神有大神，有小神；大神的塔楼最高大，一些小神的塔楼紧紧挨着大神塔楼。人们远远望去，在视觉上，印度山既是重重叠叠的，又是凸凹多棱的，从而非常鲜明地显现了印度教多神观念和纷繁复杂的“宇宙之山”的理念。

再后来，印度山由四方锥体的塔形的山峰逐渐变为圆锥体形的山峰。圆锥体的塔形状似竹笋，圆周表面同样增加了许多从下到上的方齿形肋条，远远看去，这些圆锥体

圆形高塔

高塔更像是一个个耸立的男性生殖器。

再往后，印度教建筑师们又在圆锥体塔形的顶部加上一个圆盘形的顶盖，后来人们称之为宝瓶式高塔。

宝瓶式高塔

印度教神庙建筑有这样一些突出的特点：

首先，庙宇的门几乎都朝向东方，这是印度传统的太阳崇拜和生命崇拜的理念在建筑形式上的表达。

其次，所有的神庙都显现出了典型的印度教庙宇建筑的形式——每一间庙宇顶上都建有“世界山”的尖塔，它表明宇宙就是由这样的多层的天宇构成的。每一座神庙和塔身上都被分隔为由下而上的多层的天地；这就是印度的“世界山”的概念的形象表达。

再次，每一座寺庙都由大大小小的尖塔拥挤在一起，显得重重叠叠、密密匝匝，并且神庙之间的距离也显得密密匝匝，印度神庙的层层叠叠的建筑形式，凸显了印度民族喜好繁复之美的审美特性。

印度寺庙的形制和它的装饰都是富有象征意义的。

例如，卡朱拉霍的“马荷代奥神庙”是为湿婆建的。湿婆是“凯拉萨”雪山大神，印度教徒们认为这座雪山是宇宙的垂直中轴线。因此，就把象征“凯拉萨雪山”的神庙的高塔用白色的石膏粉涂绘成白色，使它像白雪覆盖的喜马拉雅山峰。

再如，印度北部的斯瓦尔大塔是一座称为峰顶的蜂巢式高塔。整个建筑的每一部分都是经过周密的计算而设计的，其运用的数字和比例都有特定的神秘的意义。在印度教徒看来，一座印度寺庙就是一个袖珍的宇宙，它是按比例缩小而加以复制的宇宙结构。神庙的底座雕刻着几何形状的花纹图案，中间部分雕刻着男神和女神、舞蹈女和奏乐师……顶部是像竹笋似的白雪塔峰。

卡朱拉霍和科拉纳克的印度山可以说是印度山的典范。它们既有四方锥体形的高塔，又有圆锥体形的高塔。黑格尔说：艺术美的本质在于“美是理念的感性显现”。任何艺术形式都蕴含着特定的精神的观念，显现着精神思想。“塔”在印度原本就是象征大神湿婆的生殖器，塔的形制从四方锥体形转化为圆锥体形，正值印度思想中的“性力崇拜”思潮喷涌的时代。

神庙是大神或众神的住所，光有神庙而没有神和他的女人们是不可想象的。所以，神和他拥有的女人们的雕像就成为了神庙的主体部分。

卡朱拉霍神庙上雕刻的神有四个明显的特征：

第一，形象的多样性。

印度教所崇拜的三位一体的三个大神各自具有不同的性格和功能，这决定了印度雕刻艺术具有形象多样性的特点。例如，毗湿奴的特点是善变。传说中，他的化身有十几种之多：鱼、龟、熊、野猪、人狮、矮人、持斧罗摩、罗摩、黑天、佛陀以及代表“未来化身”的迦尔基神。你只要看到其中任何一种形象，就知道他是毗湿奴。毗湿奴的形体符号还代表苦行和解脱。

湿婆的形象也有多样性。湿婆的特点是具有两面性或者说是对立面的统一体：他既是生命的创造者，又是毁灭者；既是苦行禁欲的象征，又是纵欲的典范——林伽，即男性生殖器，就是他的象征。你看见林伽就是看到了湿婆。

印度教的三大主神各自有众多变化之像，再加上他们不断运用富有象征含义的姿态和手势（手印），更使得神的形象变化多端，丰富多彩，在生动活泼方面远远超出了佛教雕像。佛教的雕刻重在表现佛陀和菩萨静穆的神态，重在对涅槃精神境界的刻画，总体上是表现静态之美。而印度教雕刻则是表现大神的创造和毁灭的蛮劲，表现他们无穷的生命力和宇宙生命的律动和变化。因此，印度教雕刻总体上追求表现动态，突出动感，所以才有大量的“湿婆之舞蹈”、众神之舞蹈和“飞天”等作品出现。可以说，在世界雕刻史上，真正做到“化静为动”，把僵硬冰冷的岩石融化为一个个有生命的活泼跳动的艺术的就是印度教的雕刻。

卡朱拉霍雕像的多样性还表现在大神的妻子和舞女形象的多样化上。有的旅行者只谈卡朱拉霍那些表现性行为的雕像，有的旅行者干脆就把卡朱拉霍叫做“性城”。这不仅离谱，而且给人们造成一个错觉，好像卡朱拉霍真是一个性博物馆似的。

卡朱拉霍神庙是神的居所。有许多雕像描述了神和他的美女们怎样过日子的场景，从而，就表现了大神和美女们的千姿百态。例如，在帕斯瓦纳特神庙（Parsvanath）南侧的雕像中，有一位美女正在给自己的眼睛涂饰眼圈。在德威加格丹巴神庙（Devi jagdamba）的北墙上，一位美女正在脱去裤子，她下体的阴毛和肚皮上的细纹清晰可见；有一个美女在身后反翘起脚板，用手拔去脚底的刺；有一个美女正在给飞到她肩头上的小鸟喂食；有一个美女刚沐浴归来，正用劲地拧干头发上的水；有的美女正手写书信；有的美女在跳舞或演奏乐器。

此外，还有一些雕像表现各个大神威仪的样子；那些装扮着华丽毛毯和黄金宝座的大象缓缓地走在布满莲花的路径上；有几位大神站在一起，微笑着在商谈什么。

总之，建筑师和雕塑家按照千姿百态的人间生活去描绘天界；人间景象的丰富性全都被移植到了神的天界。

第二，多重的意象性。

印度思维遵循原始思维的传统，以巨大的数量、巨大的体积来表现巨大的神力。例如，湿婆神有四只手，上部两只手分别持有小鼓和光焰；下部的两只手做出舞蹈的形状；左脚高高扬起，右脚支撑全身的重量。毗湿奴的站立像（马土腊出土，约创作于公元 5 世纪）被创作成四手两脚；四只手分别拿着法螺、轮宝、仙杖、莲花。后来在著名的《舞蹈的湿婆》的青铜雕像中，湿婆前面有四只手，身后有呈装饰状的十四只手。这种种怪异的意象本质上是象征主义的。美国著名的文化史家威尔·杜兰指出："这众多的手臂与腿所表示的复杂的任务与超自然的力量，这些奇妙的形体，可怕的现实主义，它们所表现的，乃是印度人对于那些茫昧的创造、繁殖以及毁灭的力量的体认。"① 佛教雕刻中的人像基本上是写实的；印度教雕像大多是想象的、意象的形象。此外，印度教雕刻中有不少人身兽首或男女同体的怪异的多功能形象，如毗湿奴化身的野猪就是人身猪头；还有一种特殊的形式，就是湿婆的半女像（Ardhanari），是表现湿婆和他所爱的女性结合为一体的形象：左半为男身，右半为女身。此外，湿婆和妻子帕尔瓦蒂生的儿子迦那神就是象头、长鼻和人的身体的组合。可以说，印度雕刻把印度艺术的想象性、意象性发挥到淋漓尽致

① ［美］威尔·杜兰：《世界文明史·东方的遗产》（下），幼狮文化公司译，东方出版社，1999 年，第 724 页。

的程度。

第三，女性雕像展示了生动的舞姿和强烈的性感。

卡朱拉霍神庙的雕像非常具有动感，可谓千姿百态，有的简直就是在展示印度舞蹈。如果把女神们身体的“姿”“势”的变化和舞蹈的动作编纂起来，大概就是一本古代的“舞谱”。印度教的寺庙同世界上其他一些宗教的寺庙一样，为了让大神高兴，为了让大神拥有超过常人的性享受和性快乐，因此总是豢养着一批为神舞蹈的美女。她们圣洁美丽，终身侍奉大神而不嫁人。有的宗教寺庙，例如古代的波斯教的寺庙中也同样豢养着舞女，但这些舞女却要承担对大众的性服务，她们是寺庙中的“神妓”——不仅要满足神的性欲，而且还要满足信徒的性欲。

印度教的舞女只侍奉神而不提供性服务。她们幼小就进入神庙，接受严格的宗教规范教育和舞蹈训练。她们被称之为“戴舞达西”，意思是：神的女人、神的仆人。她们要用肉体和音乐舞蹈来取悦神灵。所以，她们必须拥有迷人的媚态和各种刺激性感的身姿。这是她们每天必修的功课。她们的日常生活状态和各种性感的媚态，都被雕塑家凝固在了卡朱拉霍神庙的墙上。

女性人体美是印度雕刻最主要的表现对象。印度雕刻中的人体雕刻有悠久的传统，在人体雕刻中，女性的人体雕像占有很大的比重。这是因为自古以来印度民族就有强烈的生殖和生命崇拜意识，他们崇尚一切生物和大自然旺盛的生命力和繁殖能力。

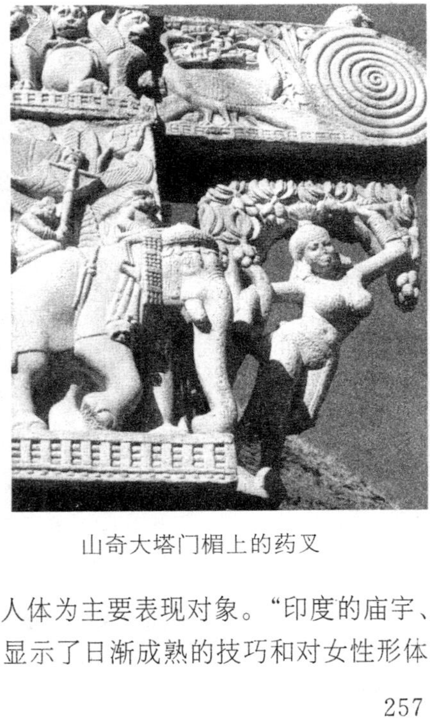
山奇大塔门楣上的药叉

例如，药叉是山川和树木的小神灵，他们的形象是生动活泼的大自然生命的表征。印度雕刻中大量地表现药叉就是生命与生殖崇拜意识的体现。药叉既有男性又有女性，但古代的人类从感性经验中认识到女性在人类生殖中直接的、主要的作用，因此在表现生殖崇拜的观念时，自然地就以女性的人体为主要表现对象。“印度的庙宇、寺院和石窟，比比皆是雕刻精致的美女，显示了日渐成熟的技巧和对女性形体之美的喜爱。”①

早在山奇地区佛教的“大窣堵坡”的门楼建筑上，就有许多性感的药叉形象。山奇大塔的东门和北门托架上的女药叉形象都是裸体的：女药叉双脚蹬在突出的托架上，身体向外倾斜，两手向上紧攀头顶上的藤蔓。这一姿态的设计充分地显现出当时印度人的人体美观念：丰臀细腰，两乳硕大饱满，身体自然地扭曲为S形，形成了所谓的“三屈式”（梵文，Tribhanga）或叫做“三道弯”姿态：即头部向右边倾斜，胸部则转向左边，丰满的臀部向右凸出，两腿又转向左方，这样可以最大限度地表现出女性胴体曲线的丰富和优美。“随着若干世纪的流逝，人们可以注意到雕刻绝色美女形象的兴趣在不断增长，其中许多美女都表现为近乎裸体。”② 这是因为“在印度，裸体却更为自然，特别是在古代印度，妇女从不穿任何上衣（受异国影响的“犍陀罗”地区除外）”③。

如果你有机会去参观德干高原南麓著名的阿旃陀石窟，你就可以亲眼看到那些洞窟壁画中的赤裸身体的妩媚的美女，也可以看到那些激情迸发后的男人还在深情地抚摸性交后的倦慵的美女的景象！“倦慵”之美，是笈多王朝时期最受人们喜爱的美女的形态！

继女性裸体雕像之后，又发展为“密修那”的形象，即以一对身体结实茁壮的春情勃发的青年男女来体现生殖和生命崇拜的理念。最早表达“密修那”理念的形象是卡尔利石窟礼拜堂大门边的一对年轻药叉神像。他们身体强健，浑身长满了团块形的肌肉，就像现今的健美运动员或特警队员一样。如果说，在佛教雕刻中，人体雕刻，尤其是女性人体形象是追求健康、优美、柔韧与和谐之美感的话，那么，后来的印度教的人体雕刻就更加突出性崇拜意识，更加凸现性行为表现。公元7世纪时期，印度教发展出了“夏克提”（Shakti）崇拜的教义。它的基本信仰是男性只有与女性结合在一起，才能够激发生命的活力。所以，在短短的时间里，印度教的众神都配上了妻子。妻子们以她们在性方面

---

① ［英］查尔斯·法布里：《印度雕刻》，王镛、孙士海译，文化艺术出版社，1987年，第9页。

② ［英］查尔斯·法布里：《印度雕刻》，王镛、孙士海译，文化艺术出版社，1987年，第10页。

③ ［英］查尔斯·法布里：《印度雕刻》，王镛、孙士海译，文化艺术出版社，1987年，第36页。

的重要作用而受到崇敬。从那时起，印度教神庙的雕刻就开始汪洋恣肆地表现两性的肉体，展示各种性爱姿势。

第四，肆无忌惮的性爱和性交的表现。

卡朱拉霍宇宙山的雕像

在印度教的宇宙观中，宇宙山（妙高山）是神的居所。神庙象征着宇宙山，它是世界的轴心；最上面居住着梵天。宇宙山是多层累叠起来的，因此每一层就是“一重天”。每“一重天”中生活着不同的神祇，雕塑家就要刻上神话中的大大小小的神仙们的形象和故事。神仙的生活总应该比人间的帝王更加豪华奢靡吧！大神应该享有更多的女色吧！宇宙山上的每一重天——每一个神的领地里都应当有大量的擅长舞蹈的美女吧！因此，神庙中大量的舞女就被分别镌刻在墙面上了。这些美丽的舞女如何被大神享用呢？大神如何显示他巨大的生殖力呢？大神如何进行性享受，用什么独特的性技巧来创造世界和人类呢？这样，各式各样的性行为的雕像就凝固在卡朱拉霍神庙的墙体上了！

在印度教的寺庙中，性感的雕像、性交的雕像到处都有，不仅仅在卡朱拉霍。在孟加拉湾的科拉纳克神庙的墙上，也同样镌刻着许多尊大神同舞女性交的场面！

在道学家和绅士、淑女们看来，这些表现性交的雕像丑恶致极，不堪入目！性交这种事，“只能做而不能看、不能说”的嘛！怎么能够如此肆无忌惮地展现在光天化日之下呢？

卡朱拉霍神庙墙上的雕像中，有相当一部分表现性爱和性交的作品。就表现性爱和性交的主题来说，世界上没有任何一个民族的艺术能与卡朱拉霍、科拉纳克神庙相比。东方艺术史家 P. S. 罗森说：“围绕寺庙中的天堂条带刻着一些天上的人物，其中许多公然表现性爱的姿势与一群人的形态，全都具有耽于声色的情味，被广泛地认为是印度艺术最伟大的和无与伦比的成就，是人类最珍贵遗产的精华部分。"①

卡朱拉霍表现性交的雕像有三种：男女性交；男人与动物性交；女人与动物性交。

男女性交有多种姿势，还包括口交；有些复杂的动作，男女双方的肢体没有相当的柔软度是不行的。如果把它们全部拍摄下来，简单编辑一下，足可以充当"性学"的教科书。

公元4世纪至6世纪之间，印度出现了一本署名为"犊子氏"（伐蹉衍那）的专论谈情说爱的、具体指导性交的"学术专著"《爱欲经》(Kama Sutra)。它出版后就立马成了印度教的著名的经典，可以猜想，这本书的发行量一定是很大的。《爱欲经》同古代中国人所写的《房中术》时间相差不远。

《爱欲经》认为，两性的爱是神圣的——因为它意味着"创造"生命。同时，男女的性交是对《奥义书》哲学——真理"无内无外"而"和合为一"的真切体验。《奥义书》经常用男女性爱、性交来比喻个体与大梵天（宇宙）的关系："当一个男人和心爱的妻子拥抱时，不知道哪是里，哪是外；当他和理智的灵魂拥抱时，也不知道哪是里，哪是外。"把宗教崇拜的激情同两性之爱联系在一起，看来不单单是伊斯兰教的苏菲派的创造；印度教也有同样的宗教体验！

犊子氏有了这样的理由，他就可以在《爱欲经》中大肆宣扬性爱的神圣性，详细展示他对于性爱和性交的研究成果。犊子氏认为，性爱是一门具有创造性的艺术，它能"无中生有"，在两人之中创造出第三个人出来！性爱还是一种特殊的享受，它能使激情勃发的男女双方都得到性的享受和满足。在性交中，男女双方都处于非理性的忘我的状态，忘乎了世间的一切，沉溺于梦幻之中：忘记了自我，忘记了时间，体验到了"瞬间即永恒"的真理！性力所唤起的生命激情使人处于超常的兴奋与美丽的状态：情侣的双眼闪烁放光，身躯难以自禁地颤抖，迸发出巨大的力量，与平时判若两人！这就是性力的激情所拥有的超常的力量！

犊子氏为了让他的教科书更具有实践意义，所以他非常繁琐细致地介绍了"做爱"的过程与方法。例如，他写道：拥抱有八种方式；口交分八个阶段；接

① ［澳］A. L. 巴沙姆主编：《印度文化史》，闵光沛等译，商务印书馆，1997年，第302页。

吻有十六种姿势；性交有几十种姿态，等等。

可以说，卡朱拉霍和科拉纳克神庙上塑造的种种性爱、性交的雕像，正是《爱欲经》的插图版。

有的雕像表现的是男人（大神）同马、猴、鹿、驴等动物相交；有的雕像表现的是神女同猕猴等动物相交。

印度教的雕像为什么要表现人与动物的性交呢？这是出于雕塑家的狂野肉欲的驱使呢，还是因为他们在猥亵心理的支配下把人混同于野兽了呢？

如果我们还原历史，从当时人们的审美心理看待这种现象，一切就变得非常简单。

自古以来，印度民族就持有“万物有灵”和“万物有生命”的观念。一切事物都处于永远的轮回之中。万物可以互相转化。每一个个体的生命都经历了无数次的轮回。例如，释迦牟尼的生命轮回中就经历了三十二种变相：他曾转生为鹿、强盗、王子、鸽子、国王……同样，有的神或仙人凭借自己的法力可以在瞬间变化为熊、鹿、马、猴、飞鸽、莲花、菩提树等动物或植物的形态。例如，善变的毗湿奴的化身有十几种之多：鱼、龟、熊、野猪、人狮、矮人、持斧罗摩、罗摩、黑天、佛陀以及代表“未来化身”的迦尔基神。其他的大神也都有若干种形态的化身。如果雕塑家要表现变成了野猪的毗湿奴正同他的妻子性交，就必然要把他们雕刻为一个野猪同一个女人性交！如果要表现毗湿奴的妻子拉克什米正在与变成了猴子的毗湿奴性交的话，雕刻家必然要雕刻一个美女正在同一只猴子性交！

在拥有现代道德文明的人看来猥亵至极、丑恶至极的人兽性交的场面，对于古代的人们来说一点也不猥亵，更谈不上丑恶！各民族古代的神话和传说中，都有人兽相交而诞生人类的故事。例如，中国东北的女真族（满族等民族的祖先）的神话和传说告诉我们：女真族是由一只巨大的熊同女人交媾而产生的。现今，北京雍和宫满清王朝的宗庙中，还有大幅的绘画来讲述这故事哩！

卡朱拉霍神庙和科拉纳克神庙上的性爱和性交的雕像，为什么会出现在中古时期的印度？这些性爱艺术为什么又如此张扬？生成这种文化现象背后的原因是什么呢？

19 世纪法国著名的艺术史家丹纳在《艺术哲学》中提出这样的看法：每一种独特的艺术形式都取决于产生这种艺术的“地理环境、种族、时代”三大因素。印度民族为什么会在短短的一两百年中，花那么大的力气，花费那么多的金钱来为性爱高唱赞美歌，并且制造如此众多（仅卡朱拉霍西区就有近万尊雕像）的张扬性的欢娱的雕像来？其原因是多方面的。

首先，印度民族有漫长而持续不断的生殖崇拜的文化传统。

在公元前2500年的莫亨焦·达罗文明遗址中，就出土了大量的“母神”的崇拜和公牛性力崇拜的器物。大量的“母神”雕像证明，这种崇拜与后来印度教的性力崇拜（Sakti）还有些不同，但基本观念是一样的：都相信女性的生殖能力是万物生命的根本。同一文明的考古发掘中，还出土了不少的“兽主”的小雕像，它们被认为是后来的湿婆神的雏形；此外，还发掘出了石头制造的湿婆林伽（Linga，男性生殖器）。这些都表明了当时的宗教信仰与婆罗门教和后来的印度教有深刻的联系。生殖崇拜与生命崇拜，例如“林伽”和“公牛”崇拜等，很早就成为印度民族民间宗教信仰的主要内容。

在佛教的雕像艺术中，我们就看到许多非常性感的小神灵（药叉）的形象。女药叉们个个都容貌美丽，胸部有两个硕大而坚挺的乳房；她们身体结实而柔软，非常富有弹性。她们的姿势都有舞蹈般的“三屈式”造型，因此女性的曲线显得非常丰满动人。

每当看到印度佛教雕刻艺术和印度教雕刻艺术中这些性感的、迷人的女药叉形象，我不止一次地怀疑：20世纪西方早期现代艺术的女性形象是否是直接“克隆”佛教的女药叉和印度教的女神的。因为，西方博物馆中的馆藏的印度佛教雕像和印度教雕像比德里博物馆更多，更有代表性。你去看看伦敦大英博物馆、美国波士顿博物馆、芝加哥博物馆中收藏的印度雕像，就知道，西方现代艺术家要“克隆”这些性感美女的形象，比东方艺术家方便得多！

作为一个印度人，一生下来就看到这些性感的美女雕像，就看到健壮的男子同性感的美女如胶似漆地搂抱在一起的样子，自然就习以为常了。对性感和肉欲见惯不惊，早就成为印度民族的“集体无意识”，每个人的骨髓中都不自觉地拥有了这种民族共同的“性意识”和“性审美”的元素了。

其次，民间宗教信仰激发了各派宗教向“性力”崇拜转向。

大约在8—10世纪，印度教的状态是教派林立、教义混乱，宗教崇拜五花八门。印度教为了同佛教争夺信徒，为了维持自身的生存，它撇开了佛教专注于精神思辨的路子而转向了民间宗教信仰。印度教大量吸取印度民间流行的宗教观念和宗教习俗，并使这些宗教观念和崇拜方式逐渐系统化和理论化。很快，印度教走的群众路线就收到了很好的效果，获得了空前的成功，印度教徒陡增，占据了印度人口的大部分。而追求精神修养的精英宗教——佛教则由于脱离群众而信徒陡减，从而迅速走向衰颓，只好流亡外国——一路走向东南亚地区（这一路中，有的印度和尚从海路走向中国南方，例如中国禅宗的始祖菩提·达摩），另一路经中亚走向中国，并在这些地方开花结果。佛教在印度本土几乎绝迹。面对难以遏止的颓势，佛教中还有一派干脆就向印度教举手投降，把印度教信仰中的基本元素纳入自己的教义中，成为佛教中的“密宗”。

尽管印度教一直没有统一的严格的教义、教规，但是在发展中，印度教逐渐形成了两个主要的教派：湿婆派和毗湿奴派。这两派中各自又分为许多不同的小宗派。

在湿婆派中有一个“性力派”（Tantrism）。这一派针对人们对湿婆的“林伽”崇拜，反倒认为：伟大的湿婆神自身并不具有什么特别的创造性能力，倒是湿婆神的老婆们具有巨大无穷的“性力”！所以他们格外崇拜湿婆的老婆“迦梨”女神和“难近母”，崇拜毗湿奴的老婆吉祥天女和梵天的老婆辩才天女等等。

性力派认为：性欲的力量是世界的根本，世间的万事万物的生命样态都是它们的性力的呈现！不同种类的事物的“性力”会产生不同的声音，例如马儿发情的嘶叫，鸟儿发情的叫声，猫儿发情的鸣叫，蜜蜂嗡嗡的叫声等等。这些声音其实就是“灵力”，是潜藏神秘力量的“咒语”。人们依靠性力就可以获得生命力，可以在危难时得到拯救。因此性力派相信咒语的力量；相信在“两性合一”中产生的巨大的创造性的能量；专门修炼如何激发“性力”的瑜伽功夫。

性力派在实践中，供奉迦梨女神和湿婆“林伽”；在深夜时分施行“轮座”(男女之间互换配偶的性交)。

在毗湿奴各派中，也有一个名叫“潘查拉加拉派”的教派。这个派别是婆罗门教同民间生殖崇拜的习俗相混合之后形成的教派。这派认为，“宇宙的最高实在”（本体、本原）是大神毗湿奴同这一个“最高实在”的性力混合而成的。所以，“性力”是最根本的创造力量。只要你崇拜性力，你就可以获得救赎。

应该说，性力派倡导了淫秽之风。性力派认为，人体的机能分属“六轮”(六个部分)，下部的生殖器最为重要。在提倡修炼男女双身的瑜伽术的同时，又进一步把女性生殖器奉为修男女双身瑜伽术的“曼陀罗”(Mudra，印契、标志、级别)，修炼曼陀罗的过程是通过在神庙密室中，实施一种强烈肉欲的秘密仪式，这种修炼方式被称之为“最上秘密法”。

总之，性力派的核心，就是性爱和性交所表达的性的激情和性的欢娱！

可以说，自古以来，印度民间传统中的从对湿婆生殖器的“林伽”崇拜，到对女性生殖器的“优尼”崇拜，再到“林伽”同“优尼”结合在一起的“性力”崇拜，表现了印度人在印度教的信仰的驱使下，在性力崇拜方面不断强化的趋势。

值得注意的是，当时的哲学家，也有意无意地把性力派的思想主张系统化和强化。哲学家们论证说：“梵我合一”的境界就是“无内无外”“既内又外”。这一理论观念在当时著名的戏剧家“迦梨陀娑看来，美的经验不会单独出现在主体或客体之中，而只能出现在两者的合一之中。……主体为了自身的需要而融入客体之中，就像神仙夫妇之间的婚姻关系那样”，“美是对自然那神秘规律的表现，而这种规律如果没有美，便会永远是个不解之谜。自然的神秘规律是神性的——神性的和声、神性的节奏和完美无缺。这些和声与完美都进入了人类的生活”①。

英国艺术史家 L. 比尼恩说：在印度艺术中“感官的因素和精神的因素有一种完美的融合”②。正因为印度思想把现实人生看作攀登崇高精神境界的必由阶梯，所以其美学和艺术才充盈着对现实之美的和自然之美的热烈情绪。所以，在诗歌、戏剧和雕塑绘画中，才能够大胆率真地表现性爱和情欲，才有大量高亢赞美女性富于肉感的人体美艺术。

性力崇拜的新趋势也深刻地影响了佛教，它促使佛教转化为了以性力崇拜为主要方式的“密宗”。

释迦牟尼的佛教反对婆罗门教的咒语、迷信，佛教认为追求“解脱”是精

① 引自［印］帕德玛·苏蒂：《印度美学理论》，欧建平译，中国人民大学出版社，1992 年，第 187 页。

② ［英］L. 比尼恩：《亚洲艺术中人的精神》，孙乃修译，辽宁人民出版社，1988 年，第 31 页。

神方面的事，与迷信、咒语无关。但是，到了佛教走向大众化、世俗化的大乘佛教时代，佛教徒为了吸引信徒，开始承认咒语的作用，并且把婆罗门教的“六字真言”（唵、呢、嘛、叭、咪、哞）当作重要的念经口诀。到公元7世纪时，佛教徒开始把印度传统的民间宗教信仰的东西（主要是性力崇拜方面）纳入佛教，佛教逐渐衍变为“密宗”。

密宗的开山祖师名叫“龙猛”（Nagarjuna，生活于公元600年左右）。密教的主要经典是《大日经》和《金刚顶经》。这一派佛教徒认为：幸福不在于“解脱”，幸福就在人间。因此，做人就应当满足人性的要求，充分享有生活中的各种乐趣，不仅吃肉喝酒，甚至主张用五种动物的肉（狗、牛、马、象、人肉）向神献祭。密宗教徒深受印度教“性力派”的影响，有一部分佛教的密宗教徒崇拜男女的性力结合，提倡男女在性交过程中获得的快乐才是真正的“胜乐”；男女双方达到了“胜乐”就是达到了“涅槃”的境界，你就“涅槃成佛”了。

如果你有机会去尼泊尔首都加德满都旅游，你可以去杜巴尔广场上的一座寺庙去参观称之为“性的狂欢”的一组木雕。寺庙一个殿堂外的几个斜衬柱头上雕刻着一些裸体男女性交的雕像，其性交姿态繁多，性观念的大胆和露骨，几乎就是卡朱拉霍的再版！这也是佛教密宗的性力派的寺院。

尼泊尔杜巴尔广场寺庙的
表现性力的雕像

公元9世纪之后，佛教对于印度传统的民间宗教采取了更加妥协的态度，离佛教最初的宗旨越来越远！佛教徒自己用力抹去了佛教与印度教之间的界线，把自己融入了印度教之中，失去了自我，佛教在印度也就走向了灭亡！印度著名哲学家拉达·克里希南对于佛教的灭亡，说过一段深刻的话：“对于道德的笃信是佛教力量的秘密；对于人性神秘方面的忽视是促使它失败的原因。”①

公元 8—10 世纪时，印度各派的宗教信仰都同时转向民间宗教，都热衷于性力崇拜，可以说，卡朱拉霍神庙和科拉纳克神庙所表现的性爱艺术景观，产生于印度多种宗教文化思想的对抗和竞争中，在一个特殊的历史点上，都聚焦于性力崇拜，并以性爱和性交的艺术方式喷涌出来。

这样，我们就可以理解，为什么卡朱拉霍和科拉纳克神庙中的印度教“性爱”和“性交”的雕塑艺术就像是历史长河中突然涌现的一股巨浪，似乎一下子就汹涌澎湃，直冲道德的堤岸。这些显得另类的雕像更像是沉默的高山，瞬间喷发，令人毫无准备而震撼万分！这火山猛烈喷发的炽热的岩浆在地上堆积，结晶成卡朱拉霍和科拉纳克神庙的美丽的雕像。

人类的性爱、性交活动被印度民族用宗教的方式提升到了精神信仰和艺术审美的高度，充分表达了性爱的美感，教会你从美感的角度去欣赏人类的性行为，这当中没有猥亵、没有卑琐、没有色情和下流！可以说，卡朱拉霍神庙中的大神们掀起了一股张扬“性”的欢娱的热潮，前无古人，后无来者！

至今，印度人每年都要在卡朱拉霍举办盛大的舞蹈节，印度最顶尖的舞蹈艺术家们都要在这里表演古典舞蹈；表演着情深意长的、充满性感和性美的舞蹈。她们是在告慰千百年前的古典舞蹈家，印度古典舞蹈依然以原生态的方式存在并不断地产生着世界性的影响。

---

① 黄心川：《印度哲学史》，商务印书馆，1989 年，第 262 页。

第七部分

阿旃陀和埃洛拉石窟艺术

中国的佛教艺术石窟早已名扬天下，新疆库车克孜尔石窟、大同云冈石窟、敦煌石窟、天水麦积山石窟、洛阳龙门石窟、重庆大足石窟大致上以历史的时间顺序展现了中国佛教的发展历程。中国的洞窟、壁画和雕像是现今世界上数量最多、保存得最丰富而完整的佛教艺术的珍品。然而，可能有些人不知道，石窟艺术的原生地却在印度；中国石窟建筑艺术是“复制”印度石窟建筑而来的，在“复制”的过程中，逐渐走出了自己的创新之路！

由于英国殖民统治者的别有用心的“操盘”，古代的印度被分裂为了今天的巴基斯坦共和国、孟加拉共和国、印度共和国，过去一些很有名的佛教艺术的遗存不再在印度共和国境内，有的还因为宗教和政治的冲突而消失了。例如，位于阿富汗共和国的“巴米扬石窟”在十多年前被“塔利班”的坦克车轰毁了！著名的佛教雕塑的起源地之一的“犍陀罗”现属巴基斯坦共和国领土，我们只有到巴基斯坦才能见到它们了。

你去印度，并且要去探访中国石窟艺术的“奶妈”，就得去参观位于印度中部的卡尔利石窟（梵文 Karle）、阿旃陀石窟（梵文 Ajanta）和埃洛拉石窟。阿旃陀和埃洛拉石窟位于印度西部的马哈拉施特拉邦，德干高原西北部文底耶山脉的丘陵地带。

从首都德里出发去探访这些石窟有两条线路可行：一条线路是坐火车或汽车翻越印度中部著名的德干高原、翻越大吉岭，就像印度电影《大篷车》中那两位男青年所驾驶的杂技团的破卡车所经历的道路一样！另一条路就是乘飞机到西海岸的印度第二大城市孟买，然后坐火车或飞机去孟买东北方向的奥兰巴德市，再乘汽车到 104 公里外的阿旃陀石窟，三个多小时就可以到达。

埃洛拉石窟离阿旃陀石窟不远，仅二十多公里的车程。由于这两个著名的石窟相距不远，旅游的人们总是走这条线路，一次参观完两个景点。卡利尔石窟位于孟买东南边一百六十公里的地方，由于它单另在一处，普通的旅游者就很难专程去拜访它了。

酷热的天气限制了中国旅行者在印度的旅行期限——中国人只有在中国寒冷的冬季中的四五个月内才能到印度旅游，尤其是到中、南部印度旅游；加之又转飞机，还要坐几小时的汽车，才能到达石窟，所以，专程来阿旃陀、埃洛拉、卡利尔石窟参观的中国人是很少的。

一、绝壁上凿出来的阿旃陀石窟

从奥兰巴德市汽车站换乘空调车去阿旃陀需85卢比。即便是在中国的冬季时节，如果你在中、南部印度旅行，不坐空调车是会感到非常闷热的；加上普通汽车永远都拥挤不堪，在三个小时的行程中，那闷热、那拥挤、那颠簸真叫人难以忍受。我乘车大约经过3个小时的颠簸，终于来到了文底耶山脉一个丘陵的顶上，车停在一个较大的平台前。下车后，一个很大的马蹄形河湾展现在我的眼前：从高处俯瞰阿旃陀石窟群，它开凿在瓦古尔纳河河湾的峭壁上，像一轮弯月似的散落在马蹄形的峡谷中。崖壁上的石窟星星点点，大小不一，错落有致。

游客下车后还得再买上一张7卢比的门票进入景区的大门，然后再花12卢比坐上景区的电瓶车才能够直抵景点。参观阿旃陀的门票，同样是“内外有别”——外国人是250卢比，印度人是10卢比。在经过一系列各种名目的收费之后，乘上电瓶车绕着弯弯曲曲的山路，经过大约二十分钟的车程，闻名世界的阿旃陀石窟终于显现在眼前！阿旃陀石窟建在著名的文底耶山脉的一个马蹄形的河谷的悬崖上。公元7世纪时，古代印度伟大诗人迦梨陀娑写的著名诗篇《云使》中就歌颂了文底耶山。那个给妻子带音信的小药叉，对那朵向北飞翔的云（云使）说：

> 你将看到那在嶙峋的文底耶山脚下的列瓦河
> 分为支流，
> 仿佛大象身上装饰的彩色条纹。
> ……
> 尼文底耶河以随波喧闹的一行鸟为腰带，
> 露出了肚脐的旋涡，妖媚地扭扭摆摆；
> 你在路上遇见时就去饮一饮她的美味吧！

几十万年以来，这条名叫瓦古尔纳（Waghora）的小河，在文底耶山的阿旃陀崖壁下的马蹄形河谷中急匆匆地转了一转，又晕头晕脑地流走了。在暴雨和洪水季节，瓦古尔纳河湍急的河水不断冲刷和下切周围的崖壁，久而久之，把这个马蹄形的山谷弄得像中国重庆武隆和奉节的“天坑”一样！阿旃陀石窟就修建在悬空的崖壁上，离谷底约 76 米高！

这个世界闻名的佛教石窟早先连名字都没有！“阿旃陀”一词源于梵文“阿谨提那”，意为“无想”“无思”。19 世纪初期被发现时，人们就用河谷外边的一个叫做“阿旃陀”的破旧小村庄的名字来称呼它。在古代，可能是阿旃陀石窟给这个小村庄带来了名称；近代却又是“阿旃陀村”给石窟恢复了名称。19 世纪时，当地的村民可能做梦都没想到，他们村庄的名字很快闻名全世界，阿旃陀石窟给他们带来了无限的生机：闭塞的山村通了公路，来了旅客，有了亮着霓虹灯的旅社和商店，现在还有了娱乐场所……

阿旃陀石窟的发现过程同世界上许多考古发现一样，离奇而意外！我听说了三个版本：

第一个版本是：1819 年一位名叫约翰·史密斯的英国军官专程从海德拉巴城来到文底耶山脉打猎。他无意中来到阿旃陀石窟对面的山顶上。他突然发现在他下方的悬崖边上蜷伏着一只斑斓大虎。他禁不住激动万分，急忙端起步枪瞄准了老虎。他在激动和紧张中扣动了扳机，可惜老虎没有被打中。受到枪声惊吓的老虎一下子就窜下悬崖，好在几十米高的悬崖上布满了藤蔓，老虎窜下谷底就慌忙渡过了湍急的小河，直奔对面的悬崖上的一个布满了藤蔓的洞穴而去。史密斯在望远镜中不但看到了老虎的行踪，而且还看到了一些很像是人工修建的石头建筑，他感到非常奇怪。但他无法走近对面的悬崖。史密斯回到海德拉巴后就把他所见到的景象向海德拉巴邦国的藩王讲了。藩王听了之后说：“你看到的或许是古人留下的石窟什么的。我曾听过这样的传说：在德干高原的大山中，古代曾经有人在悬崖上凿山造窟，建立寺院。只是这些石窟和寺院在什么地方，人们从来也没有见过！既然你亲眼所见，那么我叫人去当地清除掉藤蔓，再仔细看看吧！”

之后，藩王派出了大量的军队和民工对阿旃陀的马蹄形河谷加以全面清理，当崖壁变成光秃秃的时候，人们惊讶地发现，在崖壁的半山腰不止一处石窟，而是接连不断的有 29 处石窟！天哪！这里居然暗藏着一个规模如此庞大的石窟寺庙群！约翰·史密斯没有射中老虎，却意外地发现了世界上最有价值的佛教石窟艺术！这个惊世骇俗的大发现立刻轰动世界！

第二个版本是：19 世纪 20 年代，一队英国军队在现今的阿旃陀石窟的山顶上进行军事演习。一个士兵不慎摔下悬崖，被茂密的藤蔓挂在了半空中，士兵们在救援这个士兵的过程中发现了这些石窟。

第三个版本是：1819 年一个阿旃陀当地的小孩引领一队英国军队在这附近打猎。英国士兵在搜索猎物的过程中，发现了石窟。

三个版本的故事都有书记载，但稍有不同。这三个故事的共同元素是：英国军人在打猎或军事活动中非常意外地发现了石窟。

进出阿旃陀石窟区只有一个山口。阿旃陀石窟被发现后，英国学者吉姆斯·福格于 1839 年专程对石窟进行了调查，并按山口行进的方向先后对洞窟的顺序进行了编号，至今人们依然沿用这个编号，但这一编号并不代表石窟开凿年代的先后。29 个洞窟大体上是呈横向的一排开凿，洞窟沿着河湾的崖壁延伸约 550 米。进入山口后，人们首先见到的是第一窟，然后依次按编号进入其他洞窟。

刚进入山口的游客们在环顾这马蹄形的山谷和悬崖上的一排石窟后，会禁不住倒抽一股冷气！他们感到犯晕：两千多年前，印度佛教徒在这断壁绝崖上不惜生命挖掘这些石窟来干什么？在这崇山峻岭荒无人烟的地方，佛教徒怎样生存下去呢？

阿旃陀石窟

释迦牟尼是伟大的创新者，建立宗教的僧团组织又是他的一大创新！婆罗门教和后来的印度教都没有严格的僧团组织，信仰的方式也都显得松散自由；即便是婆罗门教的祭司也同普通民众一样，生活在城市或村庄里。正因为印度教的松散和散漫，任何外来的军事力量和宗教势力都无法从根本上摧毁印度教。因为，印度教就在人民中，信仰就在日常生活中，印度教永远都是“农村包围城市”，只要老百姓没绝种，这种宗教就永远会存在下去。

释迦牟尼创立佛教的初期，就与婆罗门教反其道而行之，他揭竿而起，亲自“打起招兵旗”，建立起了最初的佛教僧团组织。善于学习的耆那教的教主大雄，也赶紧采取同样的方法创建了耆那教僧团。

佛教强调建立严密的僧团组织，据说，在释迦牟尼成道二十年后，他还亲自制定了最初的仪轨：第一，每月的初八、十四、十五的夜晚，僧团组织都要集会，大家一起进行认真的学术讨论或背诵佛经和戒律；每个教徒可以在集会上反思自己的精神思想。第二，佛教僧团在雨季一定要定居一地，因为“雨季旅行困难，而尤为紧要的是道路不通时容易糟蹋庄稼。所以要求各僧团雨季静居不出，每一僧人至少要停留三个月……自然产生了住房的需要。大家的要求是将全体僧团的住处建在一起，所以，结果准备兴建一些永久性的僧寺”。上座部的经典中还“记录了有关的建筑形式、家具、设备和居住其中的行为要求的详细规定”①。作为群居的佛教的宗教团体，它所需要的基本的生活条件就是：环境安静，既能保证个人静修，又能够随时聚集在一起活动；佛教的建筑要求既能满足简陋的生活居住条件，又能坚固而长久使用。佛教的寺庙由此产生了。

公元前 3 世纪，孔雀王朝的伟大国王阿育王皈依了佛教，他把咚咚的战鼓声变成了吟诵佛经的法鼓声。阿育王举全国之力弘扬佛法，到处建寺造塔。这股巨大的宗教浪潮从北印度一直波及德干高原——孔雀王朝的边疆。

就是在这个浪潮中，佛教徒为了远离红尘，静心修炼，便在荒山野岭中开掘洞窟，建立佛殿和寺院。从公元前 3 世纪到公元前 1 世纪，陆续有一些佛教僧团在德干高原的崇山峻岭中凿窟造寺。阿旃陀的洞窟分早、晚两个时期建造。属于早期的只有 4 个洞窟，其中两个洞窟是佛堂（编号为第 9、10 号窟），其余两个石窟是供僧人们居住的石屋。

印度文化具有很强的包容性和调和性。各个宗教彼此不排斥，相互容忍，不仅佛教徒在这里开凿石窟，而且耆那教、印度教徒都闻讯而来，大家都在邻近的地方开凿石窟。经过上千年艰辛的开掘，佛教徒、耆那教徒和印度教徒们先后在阿旃陀和邻近的埃洛拉，甚至更远的卡尔利等地先后开凿了 1200 多个石窟。石窟建筑是古代印度建筑的典范形式之一。在印度石窟建筑中，现存最早的是洛马斯里和苏德玛两个石洞。然而，最著名的是卡尔利、阿旃陀、埃洛拉石窟。

卡尔利石窟以设计的精细、结构的复杂为特点；阿旃陀石窟以精美绝伦的壁画艺术为特点；埃洛拉石窟以精细入微的雕刻著称于世。此外，著名的还有

---

① ［英］渥德尔：《印度佛教史》，王世安译，商务印书馆，1987 年，第 60 页。

南印度的“象岛”石窟等。它们是古代印度佛教和印度教艺术的卓越代表。

印度佛教石窟的建筑形式一般分为两种类型：支提洞（梵文 Caitya）和毗诃罗洞（梵文 Vihara）。

“支提洞”原来的意思是指珍藏有佛陀舍利子的“塔”（即“窣堵坡”）的佛殿或佛堂，中国人叫做“塔庙”，是供僧众参拜佛陀，进行礼佛仪式所用的。所谓佛殿，即“供奉圣骨和圣物的地方”。公元前小乘佛教时期的佛教僧众，把释迦牟尼看作“圣人”、精神导师，并没有把他当作神来崇拜。因此，那时的佛教寺院都不制作佛像，不礼拜佛像。只是把佛陀的一些遗物当作象征物来表示对导师的缅怀。最早的象征物有法轮（象征佛陀的精神永在）、菩提树（象征佛陀的觉悟成道）、还有佛陀的鞋和足印等。到了阿育王时代，阿育王建造了许多佛塔，并把佛陀的遗骨埋在其中，人们对这些供奉佛骨舍利的佛塔做礼拜，因此，“佛塔”就成为佛寺的主体建筑。同样，佛教僧众们在开凿石窟的寺院时，也就在洞窟中建立一个佛塔来象征佛陀的真身在此。早期石窟中的佛塔上并没有雕刻佛像，后来，到了大乘佛教时期，在洞窟中修建的佛塔上才开始雕刻上佛陀的立像。阿旃陀前期的佛殿（佛塔堂）有两座（第 9、10 窟），现编号的第 9 窟是阿旃陀石窟中最古老的一座。后期的佛殿有 3 个（第 19、26 和 29 窟）。共有五座佛殿窟（第 9、10、19、26、29 号窟），其余的洞窟都是僧人生活的僧院。

阿旃陀 26 号洞窟内景

阿旃陀的佛殿窟，规模最大的佛殿要数 26 号窟。公元 2 世纪前期洞窟开凿结束。大约经过 300 年，在 5 世纪时再次开始大规模地开凿。阿旃陀的石窟在笈多王朝统治下，迎来了鼎盛期。早期的毗诃罗洞口与支提洞口是有区别的。

毗诃罗的洞口外面都建筑有一横排的柱子。如果你看到石窟的大门口只是一个大型的圆拱门，而没有横向排列的几根大柱子，这肯定就是支提洞。此外，毗诃罗洞中凿有石床，而支提洞中只有坐禅的耳室。无论是支提洞口或毗诃罗洞口，洞口的顶上都建有天窗，既是为了采光，也是为了透气。天窗上都装饰有花纹或彩绘。

后期佛堂的特点不同于前期。形制的突出变化是在中厅正壁的正中向内增开一间佛龛。佛堂多数为前后两进，后部（里间）有庞大的石雕佛像。大部分僧房都有许多装饰，在中厅的顶部和回廊的外侧壁画满了壁画，正门里外和回廊列柱面都有细致繁复的浮雕。僧房也不再如过去那样朴素无华，而成了富丽堂皇的佛陀壁画世界。

洞窟正厅内的塔基大大升高，在塔基正面开出大龛，龛内刻高大的主尊佛像，主尊佛像和塔身连为一体，占去塔身正面绝大部分。第 26 窟规模庞大，前庭正壁有建窟铭文，铭文作者是高僧阿折罗，施主是当朝权臣。

佛教在印度盛行了千余年。一代又一代的僧人们不断化缘来累积资金，持续不断地在这里开凿石窟，真是每天挖山不止啊！阿旃陀第二次大规模的开凿洞窟的活动大约开始于公元 4—5 世纪。当时阿旃陀这个地方是在瓦卡塔卡王朝统治之下，瓦卡塔卡王朝和北方强大的笈多王朝有联姻关系，所以洞窟的浮雕和壁画也受到笈多王朝艺术的影响。

笈多王朝时代是印度历史上最推崇装饰的时代。那时，佛教也进入了大乘佛教时期，石窟内外都装饰着佛像，连前期石窟的内部也都画满了壁画。佛陀的雕像也放进了僧众居住的毗诃罗寺院内，毗诃罗寺院也逐渐演变成为佛堂。毗诃罗与支提堂的界线弄得模糊了。从支提洞殿堂的平面图可以看出：殿堂的门前部分为矩形，后部为半圆形。石窟的大殿是仿造普通木结构的大殿而成的：在大殿的两边排列着两排石柱，这两排石柱是在挖凿洞窟时，预先留下不挖凿的部分。两排石柱把殿堂的空间分隔为四个部分：中间的大殿、两边柱子外面的走廊、壁上开凿的耳室。中间的大殿很宽敞，柱子两边的走道显得较狭窄；走道的石壁上开凿有一间间小的耳室，估计是供佛教徒坐禅静修的地方。佛殿顶部呈拱形，就像现代公路隧洞一样；平面结构则是马蹄形，前殿是矩形，后殿是圆弧形。大殿中排列着数十根石柱，把大殿分为前殿和后殿，后殿设有佛龛，佛龛中雕刻有佛陀的立像。当时的石窟大多都模仿平地的木造佛殿和僧院而建，因此无论是佛殿还是僧院，都在石头上仿照木制建筑的结构而雕刻出柱子和屋梁。石窟最大的佛殿是第 26 窟，它的内部有两层楼高，洞顶呈圆拱形，就像现代的公路隧洞一样，洞顶也模仿木制的建筑，特意等距离地雕刻了若干方形的、长条的椽子。从使用上讲，石窟在构造上不需要这些东西，但为了更像木结构的建筑，整个石窟从走廊到佛殿，都使用了这种仿木的雕刻形制。

阿旃陀19号洞窟正门

阿旃陀石窟的19号洞窟是典型的佛殿（礼拜堂）。它的正门建造得特别精美，充分显示出了笈多王朝那个时代的艺术风格——细致、典雅而富丽堂皇。19号洞窟的正门由两根雕饰华美的圆柱支撑着门廊。大门两边各有三根连墙体的石柱支撑着宽阔的门墙。门廊中央的顶上是一个巨大的马蹄形的支提窗；支提窗两旁各雕刻着一个威武雄壮的守门的药叉神。正门两侧的上下层都开掘有若干的神龛，这些神龛内雕刻有各种优美姿态的“笈多萨拉纳特式”佛像。19号洞窟的内部的大厅中耸立着15根装饰华丽的列柱；八角形的柱身上刻有凹槽与花格饰带；半圆形后殿的岩壁上雕刻有一尊笈多萨拉纳特式佛陀立像；佛像前是一个岩石雕凿出来的窣堵坡。通过观赏阿旃陀19号洞窟的建筑，不仅可以看出古代印度石窟建筑的细致精美和强烈的装饰风格，还可以体悟到它的仿本——木制建筑的细致精美和重视装饰的印度建筑艺术的传统。

阿旃陀石窟毗诃罗洞

所谓毗诃罗洞，就是僧房，佛僧们居住的房屋，也是佛僧生活和修道、讲学、集会之处。毗诃罗的基本形式是洞中大殿后部建造佛龛，其中有佛陀的雕像供众僧礼拜。大殿中间是厅堂，四周围建有僧房，厅堂与僧房之间用排列整齐的石柱相隔开。僧房洞窟大多是正方形，洞的正面有一排石柱，前方有走廊，中间为集会的场所，三面凿有僧人的住房。

僧房窟雕刻得十分简单，洞窟内仅有石床、石枕和佛龛。而佛殿窟却雕凿得富丽堂皇、十分精美。窟门方形，门拱上方有一个突出的门楣，其下有两根列柱支撑。门楣上方雕一巨大的半圆形明窗，既增加窟外装饰又为窟内采光之用。明窗两侧雕有两尊力士和佛教人物形象。窟内后部平面为半圆形，前半部为长方形，两侧雕刻有八面体的列柱环壁一周，顶部雕为仿木结构形式。巨大的“覆钵塔”位于石窟后部，列柱柱头与柱础雕刻纹饰简朴，柱身上有壁画，所画佛像服饰为通肩、半袒右肩式两种。窟内壁画与雕刻反映了佛祖释迦牟尼的生平故事及当时印度的社会和宫廷生活，人物形象生动，构图繁复紧凑，色彩明快大方，表现了当时的艺术家丰富的想象和对艺术表现形式的驾驭能力。整体形象生动活泼、真实细腻。僧室内凿有一张或两张石床，可以容纳1～2人，较宽大的石床可以容纳一个人舒展地躺下，但一般来说，佛教徒睡觉都采取侧身卷曲的卧姿，石床就无须开凿得像居家的人住的那样宽大。从最早两个洞窟中僧室的石床的数量上判断，那时候长住在此的僧人有二十多人。这最早的四个洞窟原来都饰有壁画，但由于年代久远保存下来的很少，只看得出一些模糊的人物形象和故事情节。

精美的 1 号洞窟的门窗和柱头

中国唐代高僧玄奘亲自到阿旃陀石窟礼拜，并在《大唐西域记》中记录了此地的形状，抒发了他对阿旃陀寺庙的印象：“摩诃刺侘国（Maharattha）周六千余里。国大都城，西临大河，周三十余里，土地沃壤，稼穑殷盛，气序温暑，风俗淳质……伽蓝百余所，僧徒五千余人，大小乘兼功综习……国东境有大山，迭岭连嶂，重峦绝巘，爰有伽蓝，基于幽谷，高堂邃宇，疏崖枕峰，重阁层台，背岩面壑，阿折罗阿罗汉所建。罗汉西印度人也……精舍四周雕镂石壁，作如来在昔修菩萨行诸因地事。证圣果之祯祥，入寂灭之灵应，巨细无遗，备尽镌镂。”在古代，中国一代又一代的佛教高僧大德们，大概都在这里留下了他们的足迹，绝对不只玄奘大师一个人。中国汉代的朱士行等人就开始西行求法，他们为了追求真理，心怀坚定的信念，穿越河西走廊，西出阳关，穿越茫茫的戈壁沙漠，翻越雪山，涉过无数条河流，经过数年的长途跋涉，来到佛教的发源地印度。法显在《佛国记》中曾根据别人的描述对阿旃陀石窟进行了最早的文字记录。这些“别人”大概就是那些不知名的探索者。或许就是他们，不仅带回了大量的佛经、对佛教真谛的感悟，而且还带回来了印度石窟的形制样式的图案以及一些技艺高超的工匠、画师和雕刻家！总之，是他们带来了印度石窟建筑和佛教艺术！

面对阿旃陀精美绝伦的石窟艺术，我们在短短的几小时中怎样才能够领略它的精粹呢？

我的建议是：参观阿旃陀石窟要注意三个看点，即它的建筑形式、佛像雕像、壁画。

对于阿旃陀石窟的建筑形制，首先要关注它的支提洞（佛殿、礼拜堂）和毗诃罗（僧人的居室）的门廊、门窗和柱式的格局和装饰。它们是仿造印度木制建筑而成的，了解了石窟的建筑形制就可以了解印度建筑的基本特点。这就是气势宏大，布局紧凑严谨。门窗、廊柱和门廊都建造成得相当精美细致。其次，它的装饰非常精美、细致而繁复，只要能装饰的地方都想办法用雕刻的花纹或彩绘来填充，能雕刻佛像或菩萨、罗汉的地方都要雕刻上浮雕或立雕。整个建筑没有较大的被闲置的空间或平面。早期的建筑在装饰上显得简朴、简单，但在后期的笈多王朝时代的装饰浪潮中，艺术家们又为这些早期建筑补上了装饰的一课——重新又给它们打扮了一次。相比较，中国古代石窟在建筑形制的严谨有序和布局合理、美观方面完全不能够与印度的阿旃陀、埃洛

精美繁复的装饰

拉、卡尔利石窟相比。

阿旃陀石窟的佛像雕刻属于较早期的佛像风格，其特点是写实和简朴。印度佛教雕像经历了早期的希腊化的写实和简朴、流畅的风格；中期佛教雕像具有写实、优美、简洁而富有装饰之美；到了笈多王朝时代的后期，尤其是北方的佛像雕刻更是尽显雕缋满眼、错彩镂金的矫饰之美，以至于佛像变成了过度装饰的模特儿：佛陀头上戴着缀满珠宝的黄金王冠，颈项上带着镶嵌着珠宝的项圈，胸膛上斜戴着缀满宝石的璎珞，手和脚上带着镶嵌着宝石的手镯、脚镯！对印度佛像的风格和流变，英国著名的艺术史家查尔斯·法布里在《印度雕刻》一书中发表了非常深刻的见解。

中国石窟中的石质雕像和泥塑彩绘的佛像，在造型的比例、优美以及对精神性的表现来说，都超过了阿旃陀石窟的雕像，尤其是敦煌的泥塑彩绘的菩萨像，龙门石窟的宾阳洞和卢舍那佛，天水麦积山的石雕像和泥塑，以及重庆大足北山石窟的观音雕像等在造型的唯美方面，更是达到了东方雕像的极致。

就艺术成就而论，阿旃陀石窟的建筑、雕刻和壁画不仅数量多，而且作品集中又非常精美，历史形态也很显明。

阿旃陀石窟最令人称绝的是它的绘制精美的壁画。壁画的内容主要是佛陀生前的故事，也有不少是关于佛陀成佛之前若干轮回中的事迹。这些内容归结为“佛本生故事”。

同开凿的年代一样，阿旃陀石窟壁画可以分为古风时期、古典时期和矫饰时期，三个时期的壁画风格不同，时代愈后技巧愈娴熟，也愈显华丽之美，这与同时期雕刻风格的变化完全同步。最早的洞窟为第9、10号窟，建造于约公元前100年，即安达罗王朝时期。就壁画的艺术水平而言，绘于公元7世纪的第1、2号洞窟的壁画尤为著名。印度美术史上把安达罗王朝时期的首都阿玛拉瓦提（Amaravati）地区的艺术称之为“阿玛拉瓦提艺术”。阿玛拉瓦提艺术风格直接继承了巴卢特和山奇的艺术传统，而阿旃陀石窟的雕刻和壁画又与阿玛拉瓦提艺术有着内在的亲缘性和一致性，由此发展为笈多时代阿旃陀石窟的古典主义绘画艺术风格。

阿旃陀的壁画艺术典型地体现了笈多王朝时代的自然主义的艺术理论。“艺术是对现实的模仿”，这既是美学理论中一个古老的命题，也是人类在共同的艺术实践中所得出的一致性的结论。东方民族与西方民族无一例外。但是由于对

“模仿”的理解不同、模仿方式不同而导致了东方艺术与西方艺术在形态上、风格上的重大差别。印度古代绘画坚持了一条模仿自然的道路，并且在笈多王朝时期形成了古典主义绘画美学原则，这些原则成为了印度艺术模仿现实的规范。对于印度艺术富有民族特点的模仿自然的实践与理论，法国著名的文化史家雷奈·格鲁塞把印度的艺术称之为“不朽的印度自然主义”①。印度著名诗圣泰戈尔的弟弟，20 世纪印度首席大画家阿巴宁德罗那特·泰戈尔（Abanindranath Tagore，1871—1951）在《关于印度艺术解剖学上的几点说明》一文中指出：笈多王朝时期的雕刻和绘画“在表现身体各部分的比例时，它不用希腊人的几何标准来度量，而是采取了在大自然中所发现的活的曲线——采自花枝生长的习性中，和在毛皮下的动物形体的灵活运动中”②。这就是说，印度绘画的比例来自大自然中事物的天然的结构和尺寸关系，而不是像希腊雕刻、绘画那样，是通过人为的数学的计算总结出来的、符合审美主体视觉快感的那种“人工的比例”。阿·泰戈尔指出，印度绘画不仅比例来自大自然事物的原生状态，而且人体美的形态直接来自大自然事物的美的形态，艺术家从这些美的形态中选用丰富的、千变万化的柔美的线条。这同西方美学家，例如达·芬奇或荷迦兹所采取的、从人工的线条中发现美的线条的途径完全不同。例如，笈多王朝时期的绘画中，人的面部“成为造型优美的椭圆的卵形，而到了在孟加拉的波罗王朝艺术中，则又用了蒟酱叶子状的更为神经质的线条。在眉发之间的前额，要如拉开的弓形；眼目也要像弯弓或楝树叶子。女人的眼睛在急瞥时如鹡鸰，温柔时如小鹿；诸神的眼睛则比之莲花。女人的鼻子要像胡麻花，‘润、软、红’的唇则与红相思果相比。下颚比作芒果核，颈上横纹比作贝壳；身躯的柔软要如母牛的口鼻，而英雄的胸膛则如狮子的肢体。肩部与前臂要弯曲得似象鼻，同时前臂也似橡树干，手指的丰满如豆荚，腿的腓部要隆起像产卵的鱼，手与足则为两枝莲花”③。印度古代绘画典籍《画像量度经》（又译为《绘画的特

① ［法］雷奈·格鲁塞：《东方的文明》（上），常任侠、袁音译，中华书局，1999 年，第 281 页。

② ［法］雷奈·格鲁塞：《东方的文明》（上），常任侠、袁音译，中华书局，1999 年，第 270 页。

③ ［法］雷奈·格鲁塞：《东方的文明》（上），常任侠、袁音译，中华书局，1999 年，第 270 页。

点》）也强调：画家所画的人的大脚趾“应该使人联想到莲花瓣的顶尖”；“脚掌是隆起的，犹如龟背，并有美的一切特征”①。“手掌好像一个红色的巴德姆莲”；“手掌如同棉花和毛线团。”②“人主的肩应该像牛的尾部那样好看。”③ 可以说，笈多王朝时期的绘画艺术的特点，在阿旃陀壁画上的人物形象中得到了最充分的表达。

在绘画的制作工艺上，阿旃陀壁画也采取了笈多王朝时期的新的绘画制作工艺。阿旃陀壁画的制作与欧洲文艺复兴时期的“湿壁画”非常相近：即先在岩石表面抹上掺和了植物纤维的灰泥，然后在平整的灰泥上抹上一层薄薄的白色石灰，待石灰稍干后，即用红色颜料勾勒人或物的轮廓，最后上色。其基本画法是以线造型，色彩基本上是平涂，某些重要部位如菩萨的脸、鼻梁、肩膀、手臂等凸起部位采用高光晕染，轮廓附近则用阴影来增强形体的立体感和质感。但是，这种用光原则与欧洲文艺复兴初期的绘画用光原则明显不同。西方绘画注重凸出部位采用高光的同时，还特别注意光源方向的一致性和各部位之间的细微的明暗对比，与此相联系的是，明、暗部分的色彩也在悄然地细微地变化。阿旃陀的绘画基本上是同一色彩平涂，明暗的变化不影响色彩的变化。阿旃陀石窟绘画的经典之作是第1号窟中的一幅创作于公元7世纪的《持莲花的菩萨像》。这幅巨大的壁画整体和谐，人物形态优美。画中的菩萨以

阿旃陀1号洞窟持莲花的菩萨像

① ［俄］阿·阿·古贝尔、符·符·巴甫洛夫编：《艺术大师论艺术》第一卷，文化艺术出版社，1987年，第23页。

② ［俄］阿·阿·古贝尔、符·符·巴甫洛夫编：《艺术大师论艺术》第一卷，文化艺术出版社，1987年，第24页。

③ ［俄］阿·阿·古贝尔、符·符·巴甫洛夫编：《艺术大师论艺术》第一卷，文化艺术出版社，1987年，第25页。

“三道弯”的姿态站立着；双目低垂向下凝视，似处于沉思之中，神情娴静，心境空灵。其面部呈现出典型的古典主义的造型特征：眉毛弯曲似一张弓，眼似莲花瓣，肩膀和两臂弯曲像大象的鼻子，嘴唇如同频婆罗果——红、润、软；右手持一朵盛开的莲花，左手自然地下垂大腿上；头上戴着金饰头冠，颈上和胸部都佩戴着镶嵌有蓝宝石的珍珠项链，这些华美的装饰使人物显得富丽堂皇、雍容华贵。从右手所持的莲花这一标记来判断，这是佛教的“内觉者”——中国人称之为观世音的菩萨形象。菩萨与周围的人物相比较不成比例，他显得格外高大。画面上有一对多情的侍从倚在菩萨的左侧，另一个皮肤黝黑的、浑身珠光宝气的妇女站立在左侧，她们都是表情恬静、祥和。整个画面的其他空间都绘满了植物和动物，由于主体非常突出而使人并不感到空间拥挤或零乱，反倒使人觉得和谐、充实。

后期洞窟的壁画以第1、2、16和17号这四个毗诃罗窟最多，这是因为僧房内能作壁画的壁面比佛堂窟多。由于毗诃罗洞窟建筑空间进深很大，光线进入很少，白天中厅里的光线也很暗，因而壁画才保存了新鲜的颜色，可谓琳琅满目。这四个洞窟的壁画是笈多盛期重彩画的代表作。

阿旃陀壁画的题材的分布也十分有规律，在前廊正壁和列柱画佛像和菩萨像，中厅四壁主要画佛传和本生。天花板画各种纹饰、人物、动植物和几何图形。这些纷繁的纹饰显示出热带环境下到处生气勃勃的景象，增加了中厅的华丽气氛。

美国著名文化史家威尔·杜兰指出：阿旃陀壁画“主题的高贵，构图的宏伟，笔触的一致，线条的简洁分明，以及许多细节的优点……在此具有着惊人的完美。……在阿旃陀，宗教的虔诚溶合建筑、雕刻与绘画为一炉，而产生了印度艺术卓越的纪念碑之一”①。雷奈·格鲁塞认为：“这画像在世界美术中应占一席地位而可与罗马教皇礼拜堂中的庄严的天主下凡像或如《最后的晚餐》中的基督并列。”②

公元7—8世纪，印度佛教式微了，佛教缺乏号召力和吸引力，人们对佛教失去了信仰的热情，从此，大量的佛教僧人流散于东亚、西亚各地。人往高处

① ［美］威尔·杜兰：《世界文明史·东方的遗产》（下），幼狮文化公司译，东方出版社，1999年，第724页。

② ［法］雷奈·格鲁塞：《东方的文明》（上），常任侠、袁音译，中华书局，1999年，第282页。

走嘛，哪里能化缘，哪里能安静修炼就往哪里奔嘛。大量的佛教徒和佛教艺术的工匠们通过中亚的山口涌向了克什米尔，涌向了中国人称之为西域的各地，然后他们又来到广阔而富裕的中国。

另有一帮人马一直向北，攀爬喜马拉雅山，进入了不丹、尼泊尔；他们又从各个山口翻越喜马拉雅山来到西藏。另外还有一大帮人马一直向东，走向了东亚和南亚，走进了中国的西南部。喜马拉雅山的南麓和东南亚、中国的西南部都是广袤的森林，可以用来建房造寺。而中亚的一路，只有沙漠、荒烟、光秃秃的山，佛教徒要在这里居住传法，只有凿山建窟，把印度的先辈工匠的技术用起来。中国皇帝、地方官员和乡绅们十分有钱，就开始大把地抛掷金钱来凿窟造寺。印度佛教石窟的典型样式在中国西部地区的佛教洞窟中得到完全的再现。阿富汗巴米扬石窟、新疆克孜尔石窟、敦煌石窟、麦积山石窟、山西大同云冈石窟、洛阳龙门石窟、重庆大足石窟……都是仿造阿旃陀、埃洛拉石窟的形式建成，可以说是它们的克隆版。印度阿旃陀、埃洛拉、卡尔利石窟与中国佛教石窟艺术的区别在于，中国佛教的石窟艺术无论在建筑的细致精美上，还是在总体和细部的装饰上，都没有达到印度石窟艺术的高度。这大概与中国人重实用、重简洁而轻装饰的民族性格有关。

阿旃陀 19 号支提窟和卡尔利石窟支提洞是佛教洞窟的精品。印度石窟建筑艺术对中国佛教石窟建筑艺术影响直接而深远，从新疆的诸石窟到敦煌、云冈、麦积山、龙门、天龙山、响堂山、江南的摄山、四川广元的石窟建筑艺术与卡尔利、阿旃陀石窟艺术同属一个系统。

阿旃陀洞窟壁画中的笈多王朝时期的绘画对中亚和我国新疆的石窟壁画也有影响。人们把泰姬陵和阿旃陀石窟誉为印度艺术的两颗明珠。1983 年阿旃陀石窟被列入《世界遗产名录》。

二、埃洛拉石窟的惊世之作——凯拉萨神庙

阿旃陀石窟和埃洛拉石窟像双子星座，璀璨闪烁、相互辉映。埃洛拉石窟与阿旃陀石窟并称为印度艺术的两大宝库，1983 年它们同时被联合国教科文组

织列入《世界遗产名录》。埃洛拉石窟与阿旃陀石窟相距大约二十公里，也属于印度马哈拉施特拉邦奥兰巴德市。埃洛拉石窟建于公元 4 世纪中叶至 11 世纪，是古代印度佛教、印度教和耆那教艺术的杰作。

从奥兰巴德汽车站乘坐汽车前往埃洛拉石窟，大约有一小时车程，票价是 23 卢比。在路口下车就能看见景区的售票处，外国人的参观票价是 250 卢比，景区入口不远处有存包的地方，游客背包的寄存费是 10 卢比。景区前面有较宽阔的停车场。

阿旃陀石窟是佛教石窟，埃洛拉石窟却是佛教、耆那教、印度教三个教派先后共同开凿的石窟。可以说，阿旃陀石窟开凿工程的衰退式微，正是埃洛拉石窟的崛起。埃洛拉石窟的开凿，有意无意就让人们把阿旃陀石窟晾在了一边；加之茂密的灌木和藤蔓的覆盖，阿旃陀石窟就渐渐被人们遗忘了，埃洛拉石窟成为人们热情朝拜的地方。造成这种局面的原因大概是阿旃陀石窟已开凿了 29 个洞窟，从第 29 窟向前，就是人难以立足的整块的绝壁，要继续开凿石窟，工人就得把自己悬挂在空中施工，因此继续施工几乎不可能；其次，阿旃陀由于地处深邃的河谷，不在通行的商道上，因此人迹罕至。埃洛拉石窟则地处印度古代从西向东的大商道旁，来往的人多，朝拜的人也多，香火就更旺。加之三大教派都先后竞相开凿埃洛拉石窟，不管你是什么教派的信众都可以各取所需，到埃洛拉石窟的神庙来朝拜，所以人们对它的朝拜一直延绵至现代。

埃洛拉石窟开凿在南北走向的一座新月形的山麓边，几百年间共开凿了 34 座洞窟，比阿旃陀石窟长三倍，全长达两公里。埃洛拉石窟是按由南向北的次序编号。南端的 1—12 窟是佛教的洞窟；中间的 13—29 窟是印度教的洞窟；北边的 30—34 窟是耆那教的洞窟。

阿旃陀以壁画称绝；埃洛拉以雕像闻名于世。由于埃洛拉是三个宗教共同的圣地，而且又开凿在印度古代文化的成熟期，古代印度典型的建筑样式、雕像、装饰的花纹和文化精神都凝聚在这里。现在，我们在北印度所看到的许多建筑、雕像、装饰花纹都融合了阿拉伯-伊斯兰艺术的元素，只有埃洛拉石窟艺术原汁原味地体现了“古代印度艺术的精髓”。

埃洛拉石窟艺术有三个值得注意的看点：

第一，石窟规模气势宏大，精美华丽。

第二，它充分地展示了笈多王朝时期艺术的唯美主义和重视装饰之美的特征。

第三，凯拉萨神庙展示了印度神话世界以及印度艺术所特有的“繁复之美”。

笈多王朝是印度历史上继孔雀王朝和贵霜王朝之后又一个统一了北印度的大王朝。强盛的王朝总要显示它铺张扬厉的气势，总要炫耀它的豪华富丽。这种时代精神体现在艺术上就是理想主义的美学观念，主张自然、高雅、装饰的唯美主义的风格。但是，到了“后笈多王朝时期”，艺术家的创作激情和艺术才能都无法赶超前辈艺术家时，印度艺术就出现了类似于欧洲“文艺复兴”后期的“巴洛克艺术”。欧洲文艺复兴后期的巴洛克艺术的主要特点就是纷繁复杂的“矫饰主义”——装饰的风气把艺术创造活动改变成了艺术上的奢侈和装扮。艺术家们想尽办法给简朴的艺术形式罩上花枝招展的装饰的外衣。

大约在公元600年到公元900年期间，印度的“巴洛克风格”风靡了印度全境，“表现为惊人的、狂热的神庙建造时期”①。“到了（公元）900年，简朴的墙壁变成了装饰之林，到处都布满了花卉、旋涡和几何图案。男女众神的雕像几乎都消失在这种繁丽的装饰之中。”②

埃洛拉石窟的开凿和截止的时间，正是印度笈多王朝时代装饰艺术盛行的时期。埃洛拉石窟尽显印度“巴洛克艺术”的装饰之美的美学理念。

首先，埃洛拉石窟规模宏大，气势宏阔。

埃洛拉石窟的早期佛教洞窟开始凿于公元4世纪，到公元6—7世纪时已有很大的规模。它在数量上比不过阿旃陀的佛教石窟，但是在气势的宏大上，却远远超过了阿旃陀的佛教石窟。

埃洛拉石窟最大的毗诃罗洞——第5窟

埃洛拉佛教石窟的第5窟是最大的毗诃罗洞。它宽约17.6米，纵深达35.1米，

① 邱紫华：《印度古典美学》，华中师范大学出版社，2006年，第237页。

② ［英］查尔斯·法布里：《印度雕刻》，王镛、孙士海译，文化艺术出版社，1987年，第37页。

高约 12.4 米，由 24 根两排坐垫式列柱把长方形的洞窟分为中殿和两个侧廊，后边的柱廊末端是一座佛龛。两侧凿有 20 余间小房间和两个壁龛。两排狭长的石凳分别安置在两边的列柱前。这表明了它既是居住的地方，又是讲经堂。

埃洛拉石窟第 10 窟大佛堂

第 10 窟是埃洛拉唯一的“支提洞”（佛堂、礼拜堂）。它宽约 13.1 米，纵深约 26.2 米,高约 10.2 米，由 28 根八角形的列柱把大殿分隔成中殿和两个侧殿。凿有一座直达顶端的佛龛，佛龛中有一尊高达 3.3 米的佛像。这个佛龛也是装饰得雕缋满眼，显得非常华丽精美。

第 12 窟是支提洞和毗诃罗洞的融合。殿宽也达到 12 米，纵深约 35 米。规模也很宏大。

公元 9 世纪，耆那教教徒来到这里，进行了最后的开凿。他们受到印度教凯拉萨庙样式的启发，积极建造石雕寺庙，共建造了 30 号至 34 号四个洞窟。其中的 30 号窟宽达 25 米，进深达 40 米，被称为“小凯拉萨”。但是，这座石窟尚未完成就因为战争的原因被废弃了。

埃洛拉石窟三层楼的僧舍

最令人惊异的是埃洛拉石窟凿建的那座供僧人居住的三层“楼房”（僧房）。它像现代社会流行的办公楼的样式，可以居住 40 个僧人。它巨大的规模、严整的格局、精美的布置都令人惊叹不已！例如，它的天花板和地面都像现代建筑一样光滑平整！

其次，埃洛拉的佛教石窟显示出了笈多王朝追求繁缛华美的特点。

埃洛拉的佛教洞窟开始出现大量的美女般的菩萨、女神和曼陀罗的密教图

高度装饰化了的佛像

案。它的佛殿建造装饰得富丽堂皇；佛龛有了华丽的饰带，佛像也带上了高高的宝石皇冠；佛像背后也有了繁饰的圆形的“背光”；殿顶上也装饰了华丽的藻井；飞天也满布墙壁。释迦牟尼的形象完全变成奢侈豪华的帝王！

然而相比之下，印度教的石窟开凿得更宏大，装饰更豪华精美，湿婆以及各种神的雕像都戴上了镶嵌宝石的皇冠；身上披着镶嵌了贵重宝石的璎珞，项上带着项圈，手腕和脚腕都带着手链脚链；女神都展现着“三曲式”的柔软而性感的肢体；柱子和墙壁都用各种繁复细致的花纹图案加以装饰。可以看出，在装饰方面，其奢靡的程度远远超过了佛教洞窟。

埃洛拉雕像的唯美主义和注重装饰之美的特征成为印度艺术的典范和传统。

埃洛拉石窟的明珠和“镇窟之宝”则是著名的印度教的凯拉萨神庙。

公元 8 世纪时，埃洛拉当地一个名叫拉施特拉古德的部族击败了它的统治者遮卢迦王朝，建立了拉施特拉古德王朝，并且把势力扩展到整个南印度。为了庆贺胜利，国王克利希那一世决定在埃洛拉石英窟修建一个超大型的印度教神庙，以庆祝胜利。这就是“凯拉萨神庙”（也称为“凯拉萨纳特”），当地人俗称它为“胜利庙”。根据印度教的传说，“凯拉萨”是大神湿婆在喜马拉雅山中居住的一座雪峰，类似于希腊神话中的奥林匹斯神山。凯拉萨神庙就是印度教信徒中的“凯拉萨山峰”。凯拉萨神庙开凿于公元 757—790 年，用了三十多年的时间。

凯拉萨神庙是由巴德格的建筑师巴拉姆希瓦尔·塔克谢格设计建造的。凯拉萨神庙规模宏大，结构复杂，是印度岩石艺术的顶峰之作，被建筑学家誉为“雕刻出来的建筑”“世界建筑史上的奇迹”！

凯拉萨神庙是在一整块巨大的岩石上从上往下逐渐雕凿出来的，也就是说，建筑师在雕刻这个超大的神庙前，已经是“成竹在胸”，他的心中已有“完成了的神庙”的复杂的形象样式，在雕刻过程中，只不过是按照“胸中之竹”的模样逐一剥离出所有的形象，去掉多余的岩石而已！文艺复兴时期著名的意大利雕塑家米开朗基罗就说过：人体的雕刻的奥秘就是“去掉多余的部分，留下所需要的东西”。凯拉萨神庙的雕刻过程正是这样。这种雕刻是高难度的艺术，一凿一刻都不能出现差错，因为，它无法补救，一旦出现差错，那就不是整体的石头雕凿出来的东西，而是用石头堆砌出来的东西了！据说，中国昆明西山上的龙门石雕也是依傍山崖整体雕凿出来的。但这位伟大的工匠在刻到最后的雕像“魁星点斗”的时候却意外地把神仙手中的毛笔尖给弄断了！他几十年的心血，他一直想独创的“整体艺术”的奇迹，最终功亏一篑，悲愤之下，这位雕刻家就从万丈悬崖上跳进了滇池中！这足以说明整体雕刻的难度！

埃洛拉凯拉萨神庙全景

凯拉萨神庙从上往下切削出三面石壁，镂刻出一座巍峨的神庙和大批的神像和动物像，真可以说工程宏大，结构复杂，技艺精湛啊！凯拉萨神庙总体的纵深达 84 米，宽 47 米，后壁的崖高达 33 米，相当于现今的 11 层楼房的高度！凯拉萨神庙的总面积有五千多平方米，是希腊雅典著名的帕特隆神庙的 2 倍，高度是帕特隆神庙的 1.5 倍。帕特隆神庙是石头堆出来的，凯拉萨神庙却是雕刻出来的！

凯拉萨石窟艺术的精华表现在三个方面：

凯拉萨神庙雕刻的史诗故事图像

首先，它用不同的人物雕像展示了印度两大史诗《罗摩衍那》和《摩诃婆罗多》主要的故事情节。

在凯萨拉神庙的后殿一、二楼整个外壁的墙面上，用浮雕镌刻《罗摩衍那》的故事情节。浮雕的画面用横线相互隔开成十来个画面，从而构成了既独立又相互连续的图像。画面讲述了罗摩王子被父王的小王妃所陷害，携同妻子悉多（Sita）和弟弟罗什曼那（Laksmana）进入森林静修；魔王罗波那（Lavana）见到美丽性感的悉多，就劫持了悉多，并将悉多关押在楞伽岛的宫殿中，不停地威逼悉多嫁给自己。英雄的罗摩王子和兄弟罗什曼那得到了猴王哈奴曼（Hanuman）的帮助，猴王派出大量的猴兵攻占了楞伽岛，罗摩在决战中，终于打败魔王罗波那，救回了美丽的妻子悉多。在史诗中，英雄罗摩是大神毗湿奴的化身，他下凡来就是为了消灭魔鬼，完成英雄救世的壮举。罗摩是印度民族心中伟大的人格楷模。

大史诗《摩诃婆罗多》中的人物故事和著名的决战场景也得到细致的表现。

埃洛拉凯拉萨神庙的宇宙山

其次，它按照地势的逐渐抬升，在最高处建造了印度教多神观念的宇宙山的结构模式。

从公元 4 世纪开始，印度教重新获得了信众。印度教的多神信仰也逐渐系统化，天神世界的观念也日渐清晰，三大主神——梵天、湿婆、毗湿奴的地位也得以确定。公元 7 世纪时，印度全境的建筑都用形象的方式来再现“天界”和三位主神。建筑宇宙山（世界山）成为当时的时尚。那时在北印度建筑的卡朱拉霍的神庙也就是表现宇宙山神仙们的生活场景的。在主楼下面的一楼外侧的石壁上，就雕刻着印度三大主神的各种化身的形象。他们的肢体动作幅度很大，动感强烈：有端坐着的湿婆夫妻像，有湿婆结婚像以及他的舞蹈像，也有湿婆降魔的化身。

前殿的一楼正面雕刻有一尊毗湿奴的妻子、女神拉克什米坐在莲花上的浮雕。画面上的水面布满了荷叶、莲花和各种水禽。女神的左右共有四只大象伸出长鼻子向莲花女神洒水淋浴，天上的神祇都来此祝贺。女神拉克什米的信仰在印度非常古老。佛教兴起后，佛教徒把她称之为“吉祥天女”。

最后，它刻有许多美丽而性感的人体雕像，充分表达了笈多王朝时代的审美观念和繁缛的装饰风格。

性感妩媚的女神

凯拉萨神庙中所雕刻的女神们也颇有“时代精神”——她们呈现了典型的笈多时代女性的“三屈式”造型；头上戴着宝冠，身上佩带璎珞；都有一对又圆又大的挤占满了胸膛的乳房；既性感又妩媚。

这一造型也影响到后来的耆那教的雕像。9 世纪后耆那教开凿的洞窟中就有非常性感的男女神搂抱在一起以及肉感的抚摸的雕像。耆那教是禁欲主义的教派，在埃洛拉石窟中，由耆那教开凿的洞窟中出现这样的雕像真有些不可思议！大概这是时代风气使然，正像现在谁不会唱两句流行歌曲，就被别人看作“老土”一样。

凯拉萨神庙建筑的所有墙面、柱子都雕刻满了动物、人物，布满了植物的花纹、藤蔓和几何的图案。你很难寻找到一个空荡的平面。印度民族喜好繁复之美和装饰之美的审美情趣早在一千多年前就已形成，至今不衰！

在我走进埃洛拉石窟时，又看到好几拨前来参观的印度的小学生们。从他们身穿的校服看，不是一个学校的学生。他们很活泼但不喧闹。印度的小学和中学都规定，学生们要定期参观自己家乡的文物古迹和文化遗址。这就是他们的乡土教育，也是历史和文化艺术的教育。无论我在印度的什么地方参观（除了在瓦拉纳西河岸)，总是有活泼可爱的孩子们走在一起。每当我回忆起在印度的活动时，脑中总是浮现出这些可爱的孩子们的样子。

结束语——回味印度

在印度的日子里，我总在问自己，我还会再来这个地方吗？当我站在山顶上的斋格尔城堞（老虎堡）旁环视安贝尔城和连绵不断的山峰时，当我在阿格拉城的窗口遥望泰姬陵和朱木那河时，当我徜徉在阿旃陀的石窟时，当我深夜一个人坐在加尔各答机场候机厅等候回国的航班时，我不断地问自己，我到底喜欢还是不喜欢印度呢？我为什么每到一个地方都要死死地盯住那些令人惊讶的艺术品看个不停呢？我为什么要用相机拍下上千张照片呢？为什么总是想对这些艺术品和人们的生活景象留下最深刻的、永远也无法抹去的印象呢？我内心中的意识悄悄告诉自己：你永远不会再来这里了！因此，我每到一处，既是初遇，也意味着向它永别！如果我还想再来，我为什么一路上总是把这些奇异而美丽的景象尽力地镌刻在心底里呢？尤其是当黎明来临，我一个人坐在昆明机场对面的快餐厅吃着热腾腾的美味的中式早餐时，我也曾想过：印度的食品如此难以下咽，我还会去印度吗？

在写作本书的日子里，我总是在琢磨自己对印度到底是什么样的感觉？我在回味印度之旅时，有几种情绪在心中起伏荡漾！

首先，在写作本书的日子里，我越来越多地回忆起水运博士和他的一家。这种回忆变得越来越温馨、美好，并且伴随着越来越浓厚的愧意！

记得我们从英迪拉·甘地国际机场乘出租汽车前往印度学者 T. R. Sareen 博士家。博士家在新德里一个名叫“Kaveri Apartment”的小区里。天刚亮，我们车到达了小区门口。T. R. Sareen 博士已在大门口迎接我们。

博士的家住在第四层楼，中国则称之为五楼，因为中国人是把地上的一层称之为“一楼”的。上下楼有电梯。但印度小区中的电梯与中国的封闭式的电梯不同。它是敞开式的：电梯的门是可以折叠收缩的铁条做成的栅栏，就同20世纪西方早期的电梯的形状一样，20世纪中国上海、天津等地的洋楼中也是这种形状的电梯。在使用上要麻烦一些，先要用手把外层的栅栏关上，再把内层电梯内的栅栏关上，再按楼层按钮，电梯就开动了。我估计，电梯设计为开放式的原因是德里的气候。夏季德里的最高气温可达43℃，极限温度曾达到45℃，一般都在40℃左右。小区居民楼中没有中央空调，全封闭式的电梯无论是在等候客人和运行中，都令人难以忍受其中的高温。这种电梯唯一不方便的地方在于，如果双手都提着一些东西，又刚好是一个人乘电梯的话，要打开或关上栅栏门就有些困难了！

博士家的住房面积约130平方米，三居室两厅，这在印度算是相当宽敞的了。印度人居家基本上不装修，更不像中国家庭居室那样搞什么“吊顶”“玄关”“糊墙面”“打地笼”并铺上木地板等等。他们的居室同中国八十年代以前的房屋一样，白色的粉墙、光滑的水泥地面，家具也不多，显得简单而朴素。印度民族是一个非常喜欢装饰和打扮的民族，为什么他们的居室却显得如此简单呢？我想大概与炎热的气候有关。德里的冬天也有20来度，一点也不感到冷，而夏天气温往往达到摄氏42℃～43℃以上，酷暑难当！谁都知道，装修过的居室就像一个保温杯，晚上散热极慢，室内气温极高。如果要防暑降温的话，将付出一笔很大的开销！博士的家没装修，后来我在印度各地下榻的宾馆的客房中也看到，这些居室同样没有装修，室内只有简单的陈设和小巧的装饰。

博士是典型的雅利安人的模样：瘦瘦高高的，个子足有一米八以上，背有些轻微的佝偻了；白皮肤，深深的眼窝，敏锐的眼光，高高的、微微弯曲的鼻梁，面容活泼而慈祥，年纪大约七十岁。从外表上看，她的夫人是典型的印度女性的模样，六十多岁，中等身材，有些肥胖，性格活泼而热情。她一看见我们就很兴奋地叫了起来。他们多次来中国，她与同去的陶教授早就相识，陶教授曾陪同这对老夫妻游览过三峡和宜昌等风景名胜之地，所以一见如故。

印度历史学家水运博士

夫妻俩都是历史学家

互致问候之后，博士夫妇分别领我们进了自己的住房。我住的是博士的书房，有十平方米左右，它也是博士家常设的客房。客人来了都在地上打地铺：一个宽大的“席梦思”软垫、洁净的床单和一床薄呢毛毯，就是一个舒适的“窝”。房中有一张不大的书桌、一个小书架。书房不大，但由于东西不多而显得简洁、清爽。

博士夫人笑眯眯地忙着为我们做早餐。我们先是喝早茶。博士夫人为我们每人准备了一杯放了糖的“地道的中国茶”，一些面包片和甜点心。早茶后，大家又聊起了天。博士抽空扫描了一下今天的《印度时报》和其他几份报纸。半小时后，早饭端上来了，桌上放上了一点薄饼、一盘咖喱饭、几片烤面包、几杯牛奶和一些捣成了糊状的绿色和黄色的调料，还有几个印度的水果，色彩和形状像中国没长熟的绿色的小橘子一样。这些调料和这些小水果的气味不仅令我感到陌生，而且使我感到恶心，差一点要呕吐！我一再友好地推辞他们热情的招待，早饭几乎没有吃什么东西。我很快就意识到，我的嗅觉和胃肠拒收印度食品。哎呀，往后的日子就难过了！这下惨了！

一两天下来，水运博士夫人注意到我吃得很少，她开始做一些“中国风味”的食品招待我们。但是，我依然感到难以下咽，但还是装着很习惯的样子，每一种食物都尽力吃一点点。几天以后，他们的儿子、媳妇招待我们吃晚餐，我注意到主要的食品是西式的面包和点心，这真是难为他们了！

后来几次在外面的餐厅用餐，水运博士都点鸡蛋炒饭或“中国炒面”、西红柿炒鸡蛋以及不放任何印度调料的蔬菜招待我们。他自己则要一点调料蘸着吃。水运博士一家人的厚道和热情，令我感动不已！

博士夫人生了两个儿子。大儿子早已结婚，在德里一家公司当高管(CEO)。他身材很高，大约有一米九，是一个美男子。大儿媳妇在德里大学经济学院当讲师，她有着高高的个头和瘦削的身材，长相俊俏。她说话轻声细气的，除了礼貌地同客人应答之外，总是低垂着眼睛。有一次，她开车去德里大学上课，顺便送她的两个小男孩上学，也送我们去德里大学会见印度学者。一路上，她总是主动地给我们介绍沿途经过的德里的一些景点，显得很有教养。

大儿子一家同博士住在一幢楼里。博士住在四楼，大儿子一家住在同一幢的另一单元的二楼，这样便于照料两个老人。水运博士有两个孙子，大孙子八岁，很有绅士风度，懂礼貌，有教养；小孙子才五岁，在生人面前很腼腆，在家里却很活泼。这两个孙子长得都很俊美。大孙子读小学，小孙子上幼儿园，兄弟俩上同一所学校。每天早上由他们的父亲或母亲开车送他们上学，中午由他们父亲的司机接送到博士家，他们天天中午都在博士家吃午餐。夫人退休后，主要操持家务，尽力照顾丈夫和孙子。夫人是虔诚的印度教徒，她崇拜的神是象王神。这位神的功能相当于中国佛教中的观世音。

小儿子在美国定居和工作，是 IT 方面的专家。前两年他同一个日本女孩子结婚，在日本举行了热闹的婚礼，水运博士和夫人携全家去日本参加婚礼。近几年，老夫妻多次去美国同小儿子居住一段时间。

我们以德里为居住的中心，每次外出到阿格拉城、斋浦尔、瓦拉纳西等地，都是水运博士的大儿子给我们策划并安排行程，并通过互联网给我们预定车票，联系当地的宾馆。在出行前，他总是要抽出时间来，给我们交代注意事项，也同时给我们所雇用的小车司机交代如何照顾我们。每当我们到达当地时，就收到他的电话，问候我们的安全；返程途中快到德里时，也总是收到他的问候电话。印度的司机习惯于开快车，有几次我们在行程中，他还同我们雇用的司机讲话，要求控制车速等。从这些方面都可以体会到他对我们的热心关切和办事的干练。

在德里的日子里，水运博士总是隔三差五地安排我们参观德里的文物古迹。他似乎总想把德里最美的、最有文化价值和特点的景观，包括老德里的陈旧的地方，都介绍给我们了解和体验。尼赫鲁的总理府和博物馆、甘地墓和甘地博物馆、印度国际中心、库特布大塔、伊斯兰圣徒墓园、印度国家博物馆、洛迪花园、尼赫鲁大学和德里大学等，都是水运博士陪同我们参观和访问的。到这些地方去时，他总是让他的司机开车接送，让我们有更多的时间参观。如果水运博士有事不能够陪同我们去参观，就请夫人帮忙陪同我们前去。参观著名的“莲花庙”就是博士夫人亲自开车陪同我们去的。水运博士和夫人看到我每到一个地方就端着相机猛拍时，他们总是十分兴奋和高兴。他们问我对德里的印象如何，我回答说，德里是一个美丽的花园城市，我很喜欢。他们全家听到我的回答，都非常高兴，露出了快活的笑脸！

有好几次，水运博士带领我们去德里的“印度国际中心”图书馆，有一次还参加了在那里举行的“纪念圣雄甘地”的国际学术讨论会。“印度国际中心”和它的图书馆是会员制，它的会员都是专门的研究人员或政府高层人士，那里一般都不接待非会员。水运博士联系并安排我们到那里查阅和复印了许多新的有价值的资料。

每天，当我们外出后，水运博士夫人就叫清洁工给我们的房间做清洁，我们的房间总是显得清爽整洁。晚餐后我们就进行愉快的交谈。晚上八点钟之后，水运博士和夫人就退到他们的住房内，让我们写日记和整理相关的资料。

我们在德里居住了近一个月。每当我们从外面返回时，在小区外顺便买一点蔬菜和水果回来，水运博士和夫人都很客气地说："谢谢！"然而，我心中一直感到深深的愧疚：长时间住在他们家中又时时麻烦两位老人，这种情况即便在好客的中国人家里，也是少有的。我在国内，从来也没有在别人家住过三天以上。不仅如此，中印两国人民生活方式和习惯有很大的差别，水运博士一家在这些方面也肯定感到很不习惯。例如，到他们家住下的当天，我习惯性地倒上茶叶，径直走进他们家的厨房，我看到博士夫人一下子变得惊愕和紧张，她连忙迎上前来，问我需要什么。当她知道我要用开水泡茶时，她连忙把我的茶杯接过去，叫我在外面等候。茶泡好了，我又主动进厨房去拿茶杯，以表示客气和礼貌，但博士夫人又快速地走到厨房门口，把茶杯递给我。我发现博士夫人脸上有些不愉快。我以为，她嫌我这样的喝茶方式很麻烦！他们是用茶壶沏好茶，在大家用茶点时才喝茶。于是，第二天，我就停止泡茶了。过了两天，博士夫人发现我不再泡茶了，她主动叫我泡茶，并连声说："邱，你喜欢中国茶！"没想到，我依然是那么的不知趣，又主动走进他家的厨房。这次博士夫人倒没有惊讶，倒是他们家的女清洁工一下子愣住了，不禁叫了起来："哎呀！"我呆在那里，不知她为什么这么惊叫。这时，博士夫人笑着对清洁工说："他是中国人，不是印度人！"清洁工才放心地不好意思地笑了笑。

此后，博士夫人总是在我们外出时，就把我的茶杯泡上茶，我要加开水时，也是自己走进厨房……回国后，我在一本中国驻印度记者写的文章中才看到：印度人很忌讳外人走进家中的厨房，就像忌讳别人给他家中扔进牛肉一样！外国人随意地走进印度人的厨房，是极不礼貌的行为。这时，我才知道我是怎样深深地冒犯和亵渎了他们，感到了深深的羞愧啊！

这就是水运博士和他的夫人厚道、宽容、有教养的表现。

水运博士和夫人都是历史学家。水运博士是一位知名的、有影响力的学者。有好几次水运博士陪同我们在国际中心查阅资料时，他招待我们在"印度国际中心"的餐厅午餐，席间，总是有人向他致意，有的人还走过来同他握手。他顺便也把我们介绍给印度的学者或官员。他们已退休，但在做学问上仍然退而不休。水运博士已出版了好几本著作。他的著作就放在我住的房间的书架上。他正在写一本比较中国和印度军事发展的著作。博士夫人也饶有兴致地把她的著作介绍给我。在德里居住期间，平日我们在一起参观时也谈一些中、印文化的事，晚饭后，我们就一起闲谈。我们的谈话内容很广泛，但水运博士和夫人却绝口不提过去的那场不愉快的中印战争。

当我们即将结束德里的行程，从德里飞往加尔各答的前夜，我们又在一起聊天，水运博士突然兴起，问我："邱，您想不想看老照片？"我表示最喜欢看老照片。他回到卧室中，拿出几大本相册给我们看，我们一边看，他一边给我们讲解。

年轻时的水运博士长得一表人才，比现在更壮实一点，很帅气，显得风华正茂。他的夫人年轻时也是一位美丽活泼的女人。水运博士毕业于旁遮普大学图书情报系，专攻历史文献学，后来去伦敦牛津大学攻读历史文献学的博士学位，他做学问的起点是从历史文献学开始的。回到印度后，他一面在大学教书，一面又受聘于印度政府的文化部门，负责文化事务。我从照片上看到，他多次陪同英迪拉·甘地总理和后来的拉吉夫·甘地总理参加对文化方面的视察，有不少照片显示他正在向印度总理汇报工作或讲解着什么。还有几张是陪同后任的政府首脑和高官进行视察时的照片。这足以证明他在印度政府的文化事务中具有重要地位。

至此，我才知道，水运博士曾经是一个风云人物！

离别的前夜，水运博士的大儿子送给我一些印度古典音乐的光盘。他说，这是印度最正统、最有名的古典乐曲。回国后我听了这些古典乐曲，才知道我几十年来一直错把印度电影歌曲和流行歌曲当成了纯正的印度音乐！这完全是一个大大的误解！

我们在水运博士家住这么久，给他们增添了这么多的麻烦，我欠他们的情谊，却无法偿还。这正是我感到非常愧疚的原因！当我回味印度之行时，还想再去看一看这友善的一家人！

另外，由于对印度感到非常陌生，缺乏真正的了解，回国后在回味印度之旅时，才发现当初有些值得深入细致了解的地方却被忽略了，例如，在阿格拉时，对废都西克里的宫殿建筑就缺乏更深入细致的观察和记录；对卡朱拉霍的关注与研究也显得重视不够；南印度的象岛和马杜拉居然没有去。我不仅对印度的文化古迹还缺乏全面的了解，而且对印度社会到处可见的贫民窟和贫民的生活状况更是了解甚少……

因此当我回味印度时，总想再一次忍饥挨饿，再一次踏上那古老而丰厚的土地。

作　者

2011年10月15日

后 记

这本书断断续续地写了一年多。其间只要有其他事务，就得放下本书的写作，把其他事搞完了再接着写。为什么能坚持写完？这大概是因为印度这块多样化的、迷人的土地，以及我对神奇的印度文化艺术的浓厚兴趣。把自己在这个国家的所见所闻以及经历的各种感受奉献给尚未去过的朋友们分享，这是一大乐事；而写作的过程对于我来说，又是一次重新神游和再次品味的过程，这是非常惬意的。

为了增加读者朋友的真切的感受，我特意给本书配上了一些图片，目的不是通过这些图片来获取什么商业利润。历来写书的人都不是为了钱，也赚不来什么钱，只为了传播知识和促进人与人之间的文化交流。我在印度期间拍了近两千张照片，这些配图基本上是从自己拍的照片中选出来的。其中有不多的照片来源于互联网。原因是我拍摄的当时，因天气原因或现场有某些活动而受到限制，无法拍摄。在本书出版时，我又无法逐一同这些拍友联系，获得这些拍友们的赞同与支持。我在此对他们表示深深感谢！如有拍友有什么意见或要求，可以同作者联系，以求解决。

本书的出版得到了华中师范大学出版社范军社长、董中锋副社长以及其他朋友的有力支持；朱峰编审、沈继成编审对本书提出了非常具体细致的修改意见；责任编辑庞丹女士对本书的语言文字、译文和其他方面进行了反复的推敲，不断地提出修改意见，她在不少地方指出了作者的疏漏。可以说，他们的指教和帮助，大大提升了本书的质量。我对他们的辛勤劳动表示深深的谢意。

本书出版我得特意感谢我校历史文化学院陶笑虹教授。我们一起申报美国基督教“亚联董”的印度文化研究课题，又一起去印度访学。此行的行程和许多事务都是由她具体安排的。她于十多年前曾去德里大学历史系做访问学者，对于印度的历史文化有相当的了解和体验。我在内行专家的引导和陪同下，去触摸印度的脉搏，去观赏和体验印度的种种世相，收获是丰厚的，对此，我一直心存谢意。

作 者

2013 年 9 月 28 日